# 气候俱乐部的
## 有效性研究

胡王云 ——————— 著

时事出版社
北京

北京语言大学梧桐创新平台项目"软权力视域下的中美亚太政策走势研究"（中央高校基本科研业务费专项资金资助，项目编号：18PT03）阶段性成果和北京语言大学博士科研启动基金项目"全球气候治理的连环结构"（中央高校基本科研业务费专项资金资助，项目编号：18YBB17）成果。感谢能源基金会项目"碳中和目标下中国2035年低碳发展目标与战略研究"课题2"2035年全球气候治理发展趋势和中国的对策"的支持。

# 目 录

## 绪 论

一、研究背景与问题的提出 ………………………………… 003
二、选题意义 ………………………………………………… 011
三、文献回顾 ………………………………………………… 015
四、对于气候俱乐部有效性的解释框架和初步假设 ……… 029
五、研究方法与本书结构 …………………………………… 030
六、本书的创新与研究难点 ………………………………… 032

## 第一章 气候俱乐部概述

第一节 气候俱乐部兴起的背景 …………………………… 034
 一、"自上而下"全球气候治理的困局 …………………… 035
 二、美国"另起炉灶"的国际气候合作策略 ……………… 039
第二节 气候俱乐部的概念范畴与分类 …………………… 040
 一、气候俱乐部的概念与四项界定标准 ………………… 040
 二、按产品属性分类：布坎南俱乐部与准俱乐部 ……… 048
 三、按主要功能分类：对话论坛和执行团体 …………… 051
第三节 气候俱乐部的优势与潜在不足 …………………… 053
 一、聚合少数关键国，谈判效率高 ……………………… 055
 二、专注具体问题，推动试验式治理 …………………… 056

三、激励自愿行动，防止搭便车 …………………………………… 058
四、气候俱乐部的潜在不足 ………………………………………… 059

## 第二章 气候俱乐部的发展状况及有效性

第一节 气候俱乐部的发展历程与当前格局 ……………………………… 061
第二节 气候俱乐部的实际表现：有效性界定及评估 …………………… 066
  一、国际机制有效性的研究视角与概念内涵 …………………… 066
  二、气候俱乐部框架下行为变化的研究范畴 …………………… 072
  三、气候俱乐部有效性的评估指标与评价体系 ………………… 075
第三节 现有气候俱乐部的有效性及其差异 ……………………………… 078
  一、有效性高的气候俱乐部：调整俱乐部内、外行为体的行为 … 080
  二、有效性较高的气候俱乐部：俱乐部内、外影响不均衡 …… 089
  三、有效性较低的气候俱乐部：内部有效性不足、
    外部有效性稍弱 ……………………………………………… 095
  四、有效性低的气候俱乐部：对行为体缺乏实质性影响 ……… 097

## 第三章 气候俱乐部有效性的影响因素

第一节 内生变量：气候俱乐部有关产品供给与分配的规则
    及其明确性 …………………………………………………… 100
  一、自下而上气候治理的关键：行动规则的明确程度 ………… 101
  二、气候俱乐部的产品供给及其规则 …………………………… 103
  三、气候俱乐部的产品结构、配置及其规则 …………………… 107
第二节 外生变量：气候俱乐部的网络镶嵌程度 ………………………… 110
  一、全球治理扁平化、网络化 …………………………………… 110
  二、扁平化网络结构中的制度关系及其影响 …………………… 112
  三、社会网络分析中的网络镶嵌概念：中心度与连带 ………… 116
第三节 现有气候俱乐部的产品规则和网络镶嵌性及其影响 …………… 120
  一、产品规则明确且网络镶嵌度高的气候俱乐部 ……………… 122

二、产品规则比较明确但网络镶嵌度比较低的气候俱乐部 ………… 133
三、产品规则比较模糊但网络镶嵌度比较高的气候俱乐部 ………… 135
四、产品规则模糊且网络镶嵌度低的气候俱乐部 …………………… 143

## 总结  本书的研究结论及启示

一、气候俱乐部的有效性 ……………………………………………… 146
二、俱乐部产品规则、外部网络关系与气候俱乐部有效性的相关性 …… 150
三、提高气候俱乐部有效性的直接途径：俱乐部设计 ………………… 156
四、研究启示 …………………………………………………………… 161

## 参考文献

## 附件1  目前正在运行的气候俱乐部

## 附件2  气候俱乐部有效性及其影响因素

## 附件3  遴选气候俱乐部的中间性中心度

## 附件4  主要大国参与减排相关气候俱乐部的概况

## 后记

# 绪 论

自20世纪90年代气候变化问题演变为全球政治问题并开启全球谈判的历程以来,经过20多年的发展,国际社会已经形成一个以《联合国气候变化框架公约》(United Nations Framework Convention on Climate Change,后文简称UNFCCC)为核心的旨在应对气候变化的全球制度,但有关UNFCCC框架下具体机制和后续协议的全球性多边谈判却一直进展缓慢、难有突破。全球性多边气候谈判的高度复杂性也促使达沃斯世界经济论坛(World Economic Forum)于2007年将气候问题列为当今世界极具挑战性的全球问题之一。① 全球气候谈判僵局促使国内外学术界和气候政策的实践者寻求更加灵活有效的国际气候合作新形式。气候俱乐部(Climate Club)便是受到广泛关注、细致设计并被普遍看好的补充性或替代性方案之一。②

气候俱乐部通常被定义为在UNFCCC框架外,在气候变化相关议题领域(尤其是减排方面),针对特定的具体问题,基于共同意愿采取额外行动的数量有限的一组国家。③ 2009年哥本哈根气候谈判后,国外学术界(主要是美国学

---

① 朱松丽、高翔著:《从哥本哈根到巴黎:国际气候制度的变迁和发展》,清华大学出版社2017年版,第5页、第14—15页。

② David Victor, "Three-Dimensional Climate Clubs: Implications for Climate Cooperation and the G20," report of the ICTSD Programme on Climate and Energy and the ICTSD project "Enhancing Climate Action through Trade Policy: Opportunities for the G20," August 23, 2017, https://www.ictsd.org/themes/climate-and-energy/research/three-dimensional-climate-clubs-implications-for-climate.(上网时间:2018年1月31日)

③ Lutz Weischer, Jennifer Morgan and Milap Patel, "Climate Clubs: Can Small Groups of Countries make a Big Difference in Addressing Climate Change?" Review of European, Comparative and International Law, Vol. 21, Issue 2, 2012, pp. 177–192.

界）从制度经济学领域借用"俱乐部"这个概念以研究自下而上的、小规模的、UNFCCC框架外的国际气候合作模式，并在十年左右的时间内积累了一定的学术成果。但现有的气候俱乐部研究大多采用博弈论模型和经济理论模型，偏重于俱乐部的机制设计和潜力分析，对国际关系、国际政治、国际制度理论借鉴不多，对既有气候俱乐部的政治可行性、实际功能、真实表现、是否有效分析很少，所以与全球气候治理的进程结合并不是特别紧密，存在流于纸面讨论、操作性不强的问题。国内围绕气候俱乐部的研究和讨论则刚刚起步，尚不成熟。

鉴于此，本书将气候俱乐部确定为研究对象，在译介国外研究成果的基础上聚焦于研究气候俱乐部的有效性。研究的核心问题是：为何气候俱乐部有效性不同？或者说，什么因素导致气候俱乐部有效性不同？在国际机制研究中，加州大学圣塔芭芭拉分校布伦环境科学与管理学院荣休教授和可持续发展治理项目联合主任，国际治理和环境制度研究领域知名学者奥兰·扬（Oran Young）从行为角度对机制有效性做出的界定被广泛采纳[1]，本书也遵循这种思路，以气候俱乐部成员国和目标伙伴国在国家、国内层面调整行为的程度为主要标准评价气候俱乐部的有效性。

需要指出的是，国外学界所称的气候俱乐部主要是各国中央政府及其各部门发起或主导的俱乐部式合作。国家行为体的合作之外，还存在许多非国家行为体主导的类似气候俱乐部的国际合作，比如美国州和加拿大省之间的碳市场、城市气候领导联盟（C40）等城市联盟、商业企业构筑的行业联盟、全球淘汰低能效白炽灯运动（En.lighten Initiative）等国际组织和其他利益相关方建立的国际行动倡议以及一些公私合作伙伴关系（PPP）。长期以来，而对于非国家行为体主导的俱乐部式合作研究比较充分，对于国家行为体主导的俱乐部合作（Club Started by/of Countries）的研究却正式起于2010年，仍待完善。所以，非国家行为体主导的俱乐部式合作不在本书研究范围之内。本书所谓的气候俱乐部是国家行为体发起或主导的俱乐部式合作，但不排除非国家行为体作为"增量"的参与。

绪论主要在概述研究背景的基础上提出本书研究的核心问题，即气候俱

---

[1] Oran Young, Marc Levy, "The Effectiveness of International Environmental Regimes," In Oran R. Young, "The Effectiveness of International Environmental Regimes: Causal Connections and Behavior Mechanism," MIT Press, 1999, pp.1-32. ［美］奥兰·扬：《国际制度的有效性：棘手案例与关键因素》，［美］詹姆斯·罗西瑙主编：《没有政府的治理》，张胜军、刘小林等译，江西人民出版社2001年版，第186—224页。

乐部的有效性为何不同？由什么因素决定？然后对现有的相关研究做综述和反思。在此基础上，提出本书对于气候俱乐部有效性的补充性解释框架，并确定研究中使用的基本方法。最后，对正文各章节的内容进行统筹安排。

## 一、研究背景与问题的提出

### （一）研究背景

2017 年是未受厄尔尼诺现象影响的最暖年份，以及有记录以来全球 3 个最暖的年份之一，全球平均气温较工业化前水平高出 1.1℃[①]；2017 年也是有记录以来灾害性天气和气候事件所致损失最大的一年，极端天气和气候相关自然事件造成的灾害损失为 3200 亿美元，约占全年全球灾害总损失的 97%（3300 亿美元）[②]。极端天气对经济发展、粮食安全、人的健康和人口迁移等方面都具有较大影响力[③]，也正因如此，气候变化才能从科学问题演变为国际政治的核心议题之一，并在国际与国家安全的层面被赋予越来越突出的重要性。[④] 国际社

---

[①] WMO, "WMO Statement on the State of the Global Climate in 2017," 2018, https://library.wmo.int/opac/index.php?lvl=notice_display&id=20220#.WsSZlI4zMt8.（上网时间：2018 年 1 月 31 日）

[②] Munich RE, "Natural catastrophe review: Series of hurricanes makes 2017 year of highest insured losses ever," 2018, https://www.munichre.com/en/media-relations/publications/press-releases/2018/2018-01-04-press-release/index.html.（上网时间：2018 年 1 月 31 日）

[③] WMO, "State of Climate in 2017-Extreme weather and high impacts," 2018, https://public.wmo.int/en/media/press-release/state-of-climate-2017—extreme-weather-and-high-impacts.（上网时间：2018 年 1 月 31 日）

[④] UN Security Council, "In Hindsight: The Security Council and Climate Change-An Ambivalent Relationship," http://www.securitycouncilreport.org/monthly-forecast/2017-08/the_security_council_and_climate_change_an_ambivalent_relationship.php. The Center for Climate and Security, "UN Security Council Meeting on Climate Change as a Threat Multiplier for Global Security," July 31, 2017, https://climateandsecurity.org/2015/07/08/un-security-council-meeting-on-climate-change-as-a-threat-multiplier-for-global-security/.（上网时间：2018 年 1 月 31 日）涉及气候变化与国家安全关联性的文件参见：European Comission, "Shared Vision, Common Action: A Sronger Europe-Aglobal Strategy for the European Unions' Foreign and Security Policy," June 2016, https://eeas.europa.eu/archives/docs/top_stories/pdf/eugs_review_web.pdf; ESG, "the EU and Climate Security," March 7, 2017, https://www.e3g.org/publications/the-eu-and-climate-security/; American Security Project, "Climate Security is National Security," https://www.americansecurityproject.org/climate-security/; "习近平：坚持总体国家安全观 走中国特色国家安全道路"，新华网，2014 年 4 月 15 日，http://www.xinhuanet.com/politics/2014-04/15/c_1110253910.htm; "习近平在中国共产党第十九次全国代表大会上的报告"，人民网，2017 年 10 月 28 日，http://cpc.people.com.cn/n1/2017/1028/c64094-29613660-5.html。（上网时间：2018 年 1 月 31 日）

会亟须有效的制度、有力的合作来应对和解决气候变化问题。①

2015年11月30日至12月12日在法国巴黎召开的第21次气候变化框架公约缔约方大会（COP21）是自自哥本哈根气候大会以来国际气候谈判最重要的里程碑，也是全球气候治理的新起点。会上，各国最高领导人齐聚一堂、凝聚共识，为全球强化气候行动提振了信心，并达成《巴黎协定》（The Paris Agreement）。《巴黎协定》明确规定在21世纪内将全球温升幅度限制在2℃以内，并进一步设定更为雄心勃勃的1.5℃温控目标。《巴黎协定》还创新了全球减排模式，采用"国家自主贡献"（National Determined Contributions，NDCs）的自下而上自愿合作的形式推动国家行为体加快行动，确定了作为非签约方的利益相关方的地位和作用，并鼓励他们做出更多的努力。

《巴黎协定》在当前政策和21世纪末气候中和的目标之间设定了路径、搭建起桥梁，拉开了全球气候治理新秩序的序幕②，并有力地鼓舞了官方、非官方应对气候变化的行动③，但是国际社会仍面临气候合作赤字，协定的履约也存在诸多来自内部、外部的挑战和不确定性。内部挑战涉及缔约方国内批准程序、发展中国家能力建设和国家自主贡献目标的兑现、2℃温控目标的实现前景、国际评审和盘点的效力、碳市场机制的运行效果等。外部挑战与不确定性主要源自于英国"脱欧"和美国退出《巴黎协定》。④

2℃温控目标虽然被称为经大量研究与讨论得出的最合理的、最现实的温

---

① UNEP, "The Emissions Gap Report 2017: A UN Environment Synthesis Report," 2017, https://www.unep.org/resources/emissions-gap-report-2017.（上网时间：2018年1月31日）

② European Commission, "Comment on the Paris Agreement," https://ec.europa.eu/clima/policies/international/negotiations/paris_en.（上网时间：2018年1月31日）

③ UNFCCC, "Yearbook of Global Climate Action 2017," 2017, http://unfccc.int/tools/GCA_Yearbook/GCA_Yearbook2017.pdf.（上网时间：2018年1月31日）

④ 王瑜贺、张海滨：《国外学术界对〈巴黎协定〉的评价及履约前景分析》，《中国人口·资源与环境》2017年第9期，第128—134页。另参见，European Parliament, "Implementing the Paris Agreement-New Challenges in View of the COP23 Climate Change Conference," 2017, http://www.europarl.europa.eu/RegData/etudes/STUD/2017/607353/IPOL_STU(2017)607353_EN.pdf.（上网时间：2018年1月31日）

控目标，但它仍不足以避免气候灾难。① 联合国环境规划署（UNEP）发布的《2016年温室气体减排差距报告》突出强调，应致力于将全球变暖幅度控制在1.5℃以内，这有助于降低碳密集技术导致的"碳锁定"（技术和制度导致的对碳密集发展路径的系统性依赖）风险，避免全球长期低碳转型过程中的成本上升。② 而实际情况是，即便所有的国家都能完全履行其国家自主贡献预案，全球减排总量也只能达到实现2℃温控目标所需减排量的1/3，到2100年，全球仍极有可能升温3℃以上。③ 概言之，全球减排缺口依然很大，不仅要加快行动，保证温室气体排放到2020年达到峰值，确保在2030年全球温室气体排放水平能与《巴黎协定》确定的长期目标保持一致，还需要在自主贡献机制的基础之上，采取新的步骤、计划和办法，鼓励各国做出更多的努力。

由于美国宣布退出《巴黎协定》，国际气候谈判和全球气候治理的未来面临更多的不确定性。2017年，美国提供的资金占UNFCCC秘书处核心预算的21%；如果这部分资金被砍，不知道未来秘书处会采取何种方式继续履行其不断扩大的责任与义务。UNFCCC进程如果遭遇撤资，将不仅影响发展中国家减缓和适应气候变化行动的帮扶资金，同时也可能降低UNFCCC秘书处的行动力。④

与此同时，全球气候谈判中的固有障碍仍未消除。波恩气候大会上，在一场关于是否将立即采取气候行动纳入大会议题的闭门会议上，发展中国家

---

① Climate Home News, "How did we end up with a 2C climate limit?" August 23, 2017, http://www.climatechangenews.com/2017/08/23/end-2c-climate-limit/; "2C warming goal is a 'defence line', governments told," May 6, 2015, http://www.climatechangenews.com/2015/05/06/2c-warming-goal-is-a-defence-line-governments-told/; "2C climate change target 'utterly inadequate'," March 27, 2015, http://www.climatechangenews.com/2015/03/27/2c-climate-change-target-utterly-inadequate/.（上网时间：2018年1月31日）

② UNEP, "The Emissions Gap Report 2016: a UN Environment Synthesis Report," https://www.unenvironment.org/resources/publication/emissions-gap-report-2016-un-environment-synthesis-report.（上网时间：2018年1月31日）

③ UNEP, "The Emissions Gap Report 2017: Governments, non-state actors must do more to reach Paris Agreement," 2017, https://www.unenvironment.org/resources/emissions-gap-report.（上网时间：2018年1月31日）

④ "圆桌论坛：如果美国退出《巴黎气候协定》"，中外对话，2017年2月14日，https://www.chinadialogue.org.cn/article/show/single/ch/9608-Roundtable-How-will-countries-respond-if-the-US-withdraws-from-Paris-。（上网时间：2018年1月31日）

与发达国家之间的讨论未能产生突破,南北分歧仍是谈判的焦灼点。① 如何超越高级政治立场和谈判阵营之间的僵化界限,促使各方先行动起来,针对具体而明确的目标采取务实有效的国际气候合作,在合作中塑造政治共识、在实践中磨合政策立场、在试验式治理和社会学习中创新成为关键。

作为全球最大的经济体和第二大排放国,美国退出《巴黎协定》对全球气候体制造成冲击与损害,使全球谈判和大范围的多边行动难度更为困难。早在2016年11月10日特朗普获胜的消息传至马拉喀什之时,与会代表们就意识到:气候外交需要建立新的领导联盟。② 这意味着,在美国退局旁观、消极"拖后腿"的情况下推行气候治理,更需要"小多边"(Minilateralism)和"复边"(Plurilateralism)的国际合作方式。目前,以二十国集团(后文称G20)为代表的小国家团体自愿合作受到重视。比如,UNEP 2017年的《排放差距报告》就根据国家自主贡献和现行政策对G20各国的排放量、排放轨迹进行了评估,这是2017年《排放差距报告》相较于以往《排放差距报告》的最大不同点之一。报告指出,G20在全球减排和气候行动格局中占有重要位置,当下G20须采取务实的行动来实现短期减排,为未来10年实现更宏伟的变革开辟道路。③ 美国以外的许多国家也采取组团式的联合行动以保持《巴黎协定》的正确轨道,比如,中国与欧盟、加拿大联合应对美国退协。④ 第22次气候变化框架公约缔约方大会(COP22)上发起的国家自主贡献伙伴关系(NDC Partnership)则似乎是气候俱乐部支持者关于"减排俱乐部/转型俱乐部"(Mitigation Club/Transformational Club)政策建议的落实。⑤

---

① "会场札记:2020年前气候行动成波恩峰会焦灼点",中外对话,2017年2月14日,https://www.chinadialogue.org.cn/blog/10204-Climate-summit-deadlocked-over-immediate-action/ch。(上网时间:2018年1月31日)

② "德国将如何影响2017年国际气候议程?"中外对话,2017年2月14日,https://www.chinadialogue.org.cn/blog/9672-Where-will-Germany-sit-in-the-new-era-of-climate-alliances-/ch。(上网时间:2018年1月31日)

③ UNEP, "The Emissions Gap Report 2017: A UN Environment Synthesis Report," 2017, https://newclimate.org/2017/11/01/the-emissions-gap-report-2017/.(上网时间:2018年1月31日)

④ Climate Home News, "China, EU and Canada to take lead on climate at Montreal meeting," September 13, 2017, http://www.climatechangenews.com/2017/09/13/china-eu-canada-take-lead-climate/.(上网时间:2018年1月31日)

⑤ BMZ, "NDC Partnership," https://www.bmz.de/en/development-policy/climate-change-and-development/ndc-partnership.(上网时间:2018年1月31日)

随着各式各样的俱乐部模式（Club Approach）日益成为强力推动国际气候合作的重要方式，很有必要对气候俱乐部的原理和实践进行更加深入、系统、全面地研究，并将这种新的合作模式引入中国，再尝试借助中国经验进行阐释和发展。

（二）问题的提出

气候俱乐部最初是作为 UNFCCC 的补充性或替代方案提出的。国外学者普遍认为，气候俱乐部由少数积极国家（Enthusiastic Countries）出于自愿、基于兴趣发起或建立，共识基础比较牢；不受 UNFCCC 程序规则束缚或消极国家（Reluctant Countries）拖后腿，决策更灵活。[1] 成员国数量少，非正式性强，谈判效率比较高，不仅有助于打破"气候谈判僵局"（Global Warming Gridlock）[2]，还有助于在 UNFCCC 外推进政治对话，推行更加灵活的减排战略，克服应对气候变化的"制度性失败"。[3]

尽管大量理论性研究表明，气候俱乐部有巨大的潜力，能有效弥补 UNFCCC 自上而下气候治理框架下国际气候合作之不足，但学界仍缺乏对这一研究结论的经验性证据支持。

截至 2017 年初，全球正在运行的气候俱乐部共有 113 个。[4] 学者们主要从机制和组织设计的角度研究气候俱乐部应该发挥的功能以及有效发挥这些功能的条件。但是，目前的气候俱乐部研究只解决了"气候俱乐部为什么重要"和"理论上，气候俱乐部在什么条件下有效"的问题，未能充分总结、评估气候俱乐部迄今为止的实际表现，尚未辨识清楚气候俱乐部事实上是否有效、发挥了多大功效、哪些气候俱乐部有效、哪些气候俱乐部低效，也没有充分解释现有气候俱乐部实际表现中的差异。为什么有的气候俱乐部被认为"产生了积极作用"，有的气候俱乐部却"影响十分有限"？为什么学者普遍认为气候俱乐部应该可以有效解决气候减缓合作中的集体行动困境，现实

---

[1] David G. Victor, "Global Warming Gridlock: Creating Effective Strategies for Protecting the Planet," NY: Cambridge University Press, 2011, pp. 22 – 25.

[2] William Antholis, Storbe Talbott, "Fast Forward: Ethics and Politics in the Age of Global Warming," Washington, D. C.: Brookings Institution, 2010; Robyn Eckersley, "Moving Forward in the Climate Negotiations: Multilateralism of Minilateralism?" Global Environmental Politics, Vol. 12, No. 2, 2012, pp. 24 – 42.

[3] Jonatan Pinkse, Ans Kolk, "Multinational enterprises and climate change: Exploring institutional failures and embeddedness," Journal of International Business Studies, Volume 43, Issue 3, 2012, pp. 332 – 341.

[4] 此为作者自己统计的数据，详细信息请参见第一章第四节。

中的气候俱乐部在减排方面的表现却差强人意?也就是说,对于这些俱乐部到底做了什么、产生了什么效果,研究甚少。有学者指出,对气候俱乐部的有效性展开系统的经验分析和评估是一个急迫课题。

2012年,有学者列出当时比较重要的17个气候俱乐部,同时进行了理论基础、功能类型、整体表现方面的分析。他们认为,这17个气候俱乐部所带来的政策变化和减排贡献只是积累性的,而非变革性的。2014年,世界资源研究所(WRI)的一项报告指出,"气候俱乐部迄今为止影响十分有限"。南森研究中心的另一项研究则认为,某些气候俱乐部不仅有效地促进了国际对话,产生了广泛的政治影响,弥补了UNFCCC的不足,还有效地推动了应对气候变化的地方治理。[1]

此外,非专门性气候俱乐部的研究在涉及单个俱乐部式合作机制时偶尔会评价其有效性,但不同的学者对同一个气候俱乐部有效性的评价结果有时却截然相反。部分学者将亚太清洁发展和气候伙伴关系(Asia-Pacific Partnership on Clean Development and Climate,APP)视为气候俱乐部的良好范例之一、国际气候合作的新希望[2]。另有一些学者[3]、环保主义者[4]则批评该机制,将其视为美国、澳大利亚损害《京都议定书》的工具[5]。

八国集团(后文简称G8)、G20作为比较传统的"大国俱乐部"和"气候论坛",近年来在气候方面的行动颇受好评,被视为全球气候治理的领导候

---

[1] Steinar Andresen, "Exclusive Approaches to Climate Governance: More Effective than the UNFCCC?" In Todd L. Cherry, Jon Hovi, and David M. McEvoy, eds., "Toward a New Climate Agreement," London: Routledge, 2014.

[2] Aynsley Kellow, "A new process for negotiating multilateral environmental agreements? The Asia-Pacific climate partnership beyond Kyoto," Australian Journal of International Affairs, Volume 60, Issue 2, 2006, pp. 287–303; Aynsley Kellow, "Is the Asia-Pacific Partnership a Viable Alternative to Kyoto?" Wiley Interdisciplinary Reviews: Climate Change, Vol. 1, Issue 1, 2010, pp. 10–15.

[3] Jeffrey Mcgee, Ros Taplin, "The Asia-Pacific partnership on clean development and climate: A complement or competitor to the Kyoto protocol?" Global Change, Peace and Security, Volume 18, Issue 3, 2006, pp. 173–192.

[4] Green Peace, "Asia-Pacific Partnership no substitute for Kyoto Protocol," 2006, http://www.greenpeace.org/canada/en/archive/press-centre/press-releases/asisa-pacific/.(上网时间:2018年2月17日)

[5] BBC, "Business deal or bright idea?" 2006, http://news.bbc.co.uk/2/hi/science/nature/4602296.stm.(上网时间:2018年2月17日)

选者，未来可能发挥"关键性作用"[1]，比如 UNEP 和 UNFCCC 秘书处对 G20 低效化石能源补贴政策改革倡议的评价很高，认为该倡议产生了广泛的国际影响，有助于推动减排[2]。众多学者和国际组织对 G20 对该项倡议的执行情况则抱持批判的态度[3]。伦敦经济与政治学院格兰瑟姆气候变化与环境研究所主任罗伯特·福克纳（Robert Falkner）也指出，G20、G7/8、能源与气候问题主要经济体论坛（Major Economies Forum on Energy and Climate，MEF）等论坛型气候俱乐部在气候治理方面的表现受其议程排序和国际政治环境的影响比较大、不太稳定，所以它们领导全球气候治理行动的能力有限[4]。阿姆斯特丹自由大学环境研究所研究员奥斯卡·维德伯格（Oscar Widerberg）和绿色自由主义智库福瑞斯（FORES）环境计划协调员丹尼·斯滕森（Daniel Stenson）认为清洁能源部长会议（Clean Energy Ministerial，CEM）的成立奠定了坚实的政治基础，提供了充足的动力，是一个重要的气候论坛[5]。德国生态研究所执行总裁卡米拉·鲍什（Camilla Bausch）和麻省理工学院能源和环境政策研

---

[1] Joshua W. Busby, "After Copenhagen: Climate Governance and the Road Ahead," Council on Foreign Relations Working Paper, 2010, https://www.cfr.org/sites/default/files/pdf/2010/07/IIGG_Working%20Paper5_AfterCopenhagen.pdf; Camilla Bausch, Michael Mehling, "Alternative Venues of Climate Cooperation: An Institutional Perspective," in Erkki J. Hollo, Kati Kulovesi, Michael Mehling, eds., "Climate Change and the Law," Ius Gentium: Comparative Perspectives on Law and Justice, Vol. 21, Springer, Dordrecht, 2013, pp. 111 - 143; The Council on Foreign Relations, "The G7 Summit: An Exclusive Club—But a Global Role," June 3, 2015, https://www.cfr.org/blog/g7-summit-exclusive-club-global-role.（上网时间：2018 年 2 月 17 日）

[2] UNEP, "Appendix 4B: Coverage of international cooperative initiatives by thematic area," The Emission Gap Report, 2013, http://web.unep.org/sites/default/files/EGR2013/EmissionsGapReport_2013_high-res.pdf; UNFCCC, "Compilation of information on mitigation benefits of actions, initiatives and options to enhance mitigation action: list of selected cooperative initiatives," 2013, http://unfccc.int/meetings/bonn_jun_2013/items/7655.php.（上网时间：2018 年 2 月 17 日）

[3] Camilla Bausch, Michael Mehling, "Alternative Venues of Climate Cooperation: An Institutional Perspective," in Erkki J. Hollo, Kati Kulovesi, Michael Mehling, eds., "Climate Change and the Law," Ius Gentium: Comparative Perspectives on Law and Justice, Vol. 21, Springer, Dordrecht, 2013, pp. 111 - 143.

[4] Robert Falkner, "The burning hole at the heart of the G8 agenda. Why was climate change marginalised at the 2013 G8 summit?" June 17, 2013, https://www.lse.ac.uk/granthaminstitute/news/the-burning-hole-at-the-heart-of-the-g8-agenda-why-was-climate-change-marginalised-at-the-2013-g8-summit/.（上网时间：2018 年 2 月 17 日）

[5] Oscar Widerberg, Daniel E. Stenson, "Climate Clubs and the UNFCCC: Complement, Bypass or Conflict?" FORES Study, 2013, https://libris.kb.se/bib/14838424.（上网时间：2018 年 2 月 17 日）

究中心副主任迈克尔·梅林（Michael Mehling）则认为该机制欠缺透明度和资金支持，未来的地位和作用可能降低[①]。

对于2012年发起成立的减少短期气候污染物气候与清洁空气联盟（Climate and Clean Air Coalition To Reduce Short-Lived Climate Pollutants，CCAC），有的学者认为它只能扮演协调政策、协调气候相关国际机制的作用，难以促成结构性调整或行为变迁[②]。另有学者则十分看好气候与清洁空气联盟的表现和潜力，认为它不仅在减排短期气候污染物（SLCPs）方面表现突出，也有极大的技术减排温室气体的潜力[③]。

简言之，对气候俱乐部实际有效性（Effectiveness）研究比较缺乏，并且评价的结果差异很大，可大体分为总体有效、总体低效、部分有效、部分低效四种观点，举例如下。

**表1 零散的气候俱乐部有效性评价及其相互矛盾**

| 单个气候俱乐部的表现 | 有效果 | 不太有效 |
| --- | --- | --- |
| 总体表现 | G20、G8、MEF | G20、G8、MEF、CCAC |
| 在某个具体议题领域的表现 | G8、G20（能源）<br>APP、CEM（技术）<br>CCAC（SLCPs） | G20（取消化石能源补贴）<br>APP（与UNFCCC等核心机制/规范的关系） |

资料来源：作者自制。

可见，学界目前无法定论哪些气候俱乐部有效、哪些气候俱乐部低效，也难以判定气候俱乐部作为一种理想型的补充性、替代性合作方案究竟能在多大程度上得到运用、推广，并产生影响，主要原因有二：一是总体上缺乏对气候俱乐部实际表现、真实效果的研究；二是对气候俱乐部"有效""低效"的评价标准不一致。有效性是国际合作和国际机制的重要维度之一，而气候俱乐部

---

[①] Camilla Bausch, Michael Mehling, "Alternative Venues of Climate Cooperation: An Institutional Perspective," in Erkki J. Hollo, Kati Kulovesi, Michael Mehling, eds., "Climate Change and the Law," Ius Gentium: Comparative Perspectives on Law and Justice, Vol. 21, Dordrecht: Springer, 2013, pp. 111 – 143.

[②] Julia Schmale, Drew Shindell, Erika von Schneidemesser, Ilan Chabay, Mark Lawrence, "Air pollution: Clean up our skies," Nature, Vol. 515, Issue 7527, 2014, pp. 335 – 337.

[③] Kornelis Blok, Niklas Höhne, Kees van der Leun, Nicholas Harrison, "Bridging the greenhouse-gas emissions gap," Nature Climate Change, Vol. 2, 2012, pp. 471 – 474.

又是一种典型的新型气候合作形式和气候治理机制，所以气候俱乐部的有效性研究也是气候俱乐部研究的必要内容和关键要素。只有在对气候俱乐部的有效性展开经验性的实证研究基础之上，才能进一步分析是什么因素导致气候俱乐部有效性的不同。而了解气候俱乐部有效性的影响因素，有助于归纳总结哪些方式方法、建构与运作策略行得通，在什么条件下可行，而哪些方式方法行不通。如此，才能设计、推动更加有效的气候俱乐部，充分发挥这种新型合作模式的潜力，推动《巴黎协定》的落实和2020年以后的全球气候治理。

鉴于上述分析，本书将核心问题确定为：为何气候俱乐部的有效性不同？由什么因素决定？本书将结合国际机制的相关理论与既有气候俱乐部的实践，评估、分析、解释气候俱乐部的有效性及其差异。

## 二、选题意义

本书的研究对象是气候俱乐部。研究气候俱乐部是充分理解全球气候治理格局、细节、现状、经验与教训的重要任务，也是思考、设计未来落实《巴黎协定》，更有效地推动"自下而上"气候治理的关键。这主要是因为，随着 UNFCCC 框架外机制越来越活跃，小规模的部门性和跨部门自愿合作不断增加，国家行为体之间的非正式性、部分性务实合作与协调行动也日趋重要，气候俱乐部作为具备这些特质的一种比较突出的国际气候合作新形式、国际气候治理新机制，也正在并将扮演越来越重要的角色。[1]

气候俱乐部的重要性主要体现在两个方面：第一，作为一种更为"轻便"的新型气候合作模式，气候俱乐部本身具有一些独特的优势，主要体现在谈判效率高、雄心勃勃、参与度高、平等性强[2]；第二，《巴黎协定》鼓励缔约方之间采取灵活的自愿合作以落实国家自主贡献，赋予了气候俱乐部新的意义、价值和必要性。

第一，就气候俱乐部本身的特点而言，相较于20世纪出现的高度法制化的国际机制（主要指《联合国气候变化框架公约》和《京都议定书》），气候俱乐部更为"轻便"，有助于推动解决集体行动困境，加快气候行动，并激励

---

[1] Richard B. Stewart, Michael Oppenheimer, Bryce Rudyk, "A new strategy for global climate protection," *Climatic Change*, Vol. 120, No. 1－2, 2013, pp. 1－12.

[2] Frank Biermann, Philipp Pattberg, Harro van Asselt, Fariborz Zelli, "The Fragmentation of Global Governance Architectures: A Framework for Analysis," *Global Environmental Politics*, Vol. 9, Issue 4, 2009, pp. 14－40.

更多额外的努力以弥补 UNFCCC 框架下全球集体行动的不足。

首先，气候俱乐部是一种低成本、高收益，又兼顾参与度、平等性的灵活治理方式。气候俱乐部框架下，成员国针对某个具体问题自主、自愿地达成非正式性跨国合作安排，并开展政策协调，采取集体行动，分摊成本，创造互惠收益。气候俱乐部合作安排的自主自愿性、非正式性使成员国之间更容易达成协议，合作更为务实，有助于提高气候治理的政治意愿和执行力①。

其次，气候俱乐部讲究灵活、务实的实验主义治理（Experimental Governance），是气候政策创新的重要平台，也是有力推动国际气候合作、完善全球气候治理方案的切实可行途径。近年来，在气候俱乐部提供的合作平台和机制框架下，大量部门性实践和具体合作项目展开，涉及太阳能、风能等可再生能源、能效设备、交通能效、防止森林退化等。这些部门是全球气候减缓的重点部门，每年可实现 22Gt 二氧化碳的减排量。② 此外，气候俱乐部还是推动碳捕获与封存（CCS）等技术创新与部署、短期气候污染物治理和取消化石能源补贴政策的先锋，而这些措施恰恰是减缓气候变化方案中成本有效性比较高、可操作性比较强的种类。气候俱乐部的实践和"试水"有助于引领各国应对气候变化的政策加速转向绿色、低碳、务实而又成本有效的模式。

最后，气候俱乐部融合了基于国家主体的传统多边主义国际政治范式和基于多元行为体的新型多边主义全球治理范式，立足于国家行为体的中间地位，推动国家行为体行为模式转型，上承应对气候变化的全球正式制度，下接国际制度赖以生存的国际公民社会，因而有能力融合当前全球气候治理中出现的三个重要趋势。一是 UNFCCC 框架内，《巴黎协定》的签署开启了新型气候治理时代。尽管多边主义路径仍具有重要意义，但该协定的执行将主要依靠一个个的少数缔约国之间的合作性行动来推行。③ 为充分发挥《巴黎协

---

① Frank Biermann, Philipp Pattberg, Harro van Asselt, Fariborz Zelli, "The Fragmentation of Global Governance Architectures: A Framework for Analysis," Global Environmental Politics, Vol. 9, Issue 4, 2009, pp. 14–40.

② UNEP, "Chapter 4: Bridging the gap-sectoral greenhouse gas emission reduction potentials in 2030," in "The Emission Gap Report 2017: A UN Environment Synthesis Report," 2017, https://wedocs.unep.org/handle/20.500.11822/22070.（上网时间：2018 年 1 月 12 日）

③ OECD Joint Working Party on Trade and Environment, "Climate Change and Trade Policy Interaction: Implications of Regionalism," 2017, http://www.oecd-ilibrary.org/environment/climate-change-and-trade-policy-interactions_c1bb521e-en.（上网时间：2018 年 1 月 12 日）

定》的体制潜力，实现更加进取、公平、有效的气候治理，需要恰当地平衡、灵活地贯通、有效地结合自上而下的国际气候政治进程和自下而上的社会治理行动进程。二是全球制度方面，气候治理的机制复合体（Regime Complex）依然存在，寻求有效管理制度间部分交叠（Partially Overlapping）的努力不断加强，并取得《蒙特利尔议定书》（Montreal Protocol）"基加利修正案"（Kigali Amendment）、国际民航组织（ICAO）框架下国际航空碳抵消和减排机制（CORSIA）等重大进展。三是全球治理方面，跨国多元行为体间的合作治理发展迅速（International Cooperative Governance）、形式多样、活力十足，不仅被认为是弥补排放差距的有效方式，而且在气候适应、资金筹集、动员各层次各部门利益相关方等方面发挥了越来越突出的作用。

气候俱乐部既坚持国家行为体在气候治理中最终决策者（Ultimate Decision Maker）和关键支持者（Key Supporter）的地位，又在国家间合作形式上不拘一格，重视吸纳、鼓励、支持多元行为体的参与，调整国家行为体的行为模式，致力于拓宽气候行动的联合阵线，因而能够成为机制网络中的衔接点，引导国际气候体制更好地消化、融合上述三种趋势。正因为如此，有学者认为"一小群一小群的关键国家"[①]构成的气候俱乐部应该是有效气候机制复合体的一块基石（Building Block），除了世界银行（World Bank）等国际组织（IOs）以外，G20、G7等主要气候俱乐部作为一种典型的新型治理机制，也应成为制度复合体的组织者与编排者（Orchestrator），充分动员各个层次上的多元化气候治理力量，以推动更进取的减排行动。[②]

---

[①] "关键国家"，狭义上指温室气体排放大国；广义上，也包括在某个领域具有优势的国家，或具备政治或道义重要性的国家，即部分学者所称的"重要国家"。后文中，如无特别说明，皆采用广义。

[②] 气候制度碎片化理论与制度复合体理论存在深刻的关联，也可以说是制度复合体分析的起点。加州大学洛杉矶分校国际关系中心主任教授卡尔·劳斯迪亚（Kal Raustiala）和加州大学圣地亚哥分校全球政策与战略学院国际关系教授大卫·维克多（David Victor）为了理解全球治理中一对相悖的现象，才提出"制度复合体"这个分析性概念。这一悖论是：针对不同全球问题的治理机制（尤其是IGOs）之间高度互联（interlock），全球治理在总体上却呈现出碎片化的格局。有关G8、G20管理机制复合体的分析另见 Margulis, M. E, "Global Food Security Governance: The Committee for World Food Security, the Comprehensive Framework for Action and the G8/G20," In Rayfuse, R. and Wiesfelt, N., eds. "The Challenge of Food Security," Cheltenham: Edward Elgar Publishers, 2012, pp. 231-254.

第二，从2015年巴黎气候大会以后的全球气候治理新局势看，《巴黎协定》确定的新型治理模式突出气候俱乐部的重要性和必要性①，而气候俱乐部又契合以国家自主贡献为基础的全球气候治理新体制。所以，推动气候俱乐部，有助于落实《巴黎协定》。②

气候俱乐部在四个方面契合以国家自主贡献为基石的治理模式。一是国家自主贡献强调各国行动的自愿性，而气候俱乐部恰恰以意愿相似国家自愿采取行动、构成联合为基础。二是《巴黎协定》要求各国在决定、更新国家自主贡献时要充分考虑其他各方自主贡献的全球影响，但协定的参与方过多，这一原则应如何贯彻、相关过程应如何把控都不确定。协定的这项要求与气候俱乐部框架下各国提出"有条件的承诺"（Contingent Policy Commitment）思路是一致的。"有条件的承诺"即相互关联的自愿承诺，要求每个成员国在参加俱乐部时都参考其他成员国的承诺、政策出价和实际行动提出自己的承诺与政策意愿，进而在提出承诺、选择政策的时候应聚焦于本国政府可以明确掌控的事务，比如设置并实施能效标准、资助或启动技术工程，而不是UNFCCC强调的抽象的"排放水平"。如此，在成员数量有限的气候俱乐部里"试水""验证"，有助于为《巴黎协定》框架下提高各国自主贡献的力度积累经验。三是《巴黎协定》要求各国采取落实本国自主贡献目标所需采取的国内政策，而气候俱乐部强调成员国就感兴趣的政策领域协调行动、分摊成本、创造互惠性收益，正贴合协定此项要求的宗旨。四是协定还要求各国定期汇报落实国家自主贡献的进展，而气候俱乐部框架下的落实、评议、监督和意愿提升机制恰恰可以为协定框架下的MRV机制和全球盘点机制提供参照。

在译介、总结国外气候俱乐部研究的基础上，本书选取气候俱乐部的有效性为核心研究问题，不仅弥补了国外学术界气候俱乐部研究的一项空白，

---

① 《巴黎协定》没有直接用"club"这个词，但在正文（主要是第六条）和决定中，都明确提到并鼓励俱乐部式的合作，提到 new or Strengthened voluntary efforts, initiatives and coalitions 和 voluntary cancellation, voluntary actions。参见《巴黎大会决定》，第107段、第109段、第121段b&c，https://unfccc.int/resource/docs/2015/cop21/eng/l09r01.pdf.（上网时间：2017年12月12日）

② 胡王云、张海滨：《国外学术界关于气候俱乐部的研究述评》，《中国地质大学学报（社会科学版）》2018年第3期，第10—25页。

还有助于更有效地落实气候俱乐部方案，推动气候俱乐部实践。[1] 要充分发挥气候俱乐部的潜力和功效，需要合理、巧妙地设计，使气候俱乐部贴合社会、经济、政策环境。[2]

本书选题的重要性还在于，将气候俱乐部这种重要的国际气候合作新思路、新形式、新理念引入中国学界。气候俱乐部作为一种替代性气候合作方案，主要源于美国学术界，在欧美气候合作实践中已产生广泛影响，但对中国学术界而言还是一个较为陌生的概念。这不利于国内政策研究者、制定者和学术研究者参与国际交流与对话。考虑到全球气候治理体系的网络化趋势，和自下而上全球气候治理模式的确立，推广气候俱乐部的历史背景和现实需要都已成熟。积极参与气候俱乐部的国际产品供给与分配，可能是未来发展中大国推动国际气候合作的有效途径，通过气候俱乐部协调、编排应对气候俱乐部的机制复合体，则是引领全球气候治理体系的有效方法。在全球气候治理领导力出现真空，中国承担国际期待并展示引领雄心的背景下，有必要将气候俱乐部这种备受关注的新方案介绍给国内学界，并从吸取经验教训的角度、针对既有气候俱乐部的实际表现做更加深入、系统的分析。研究气候俱乐部的实践经验、有效性差异的决定因素，不仅有助于在实践中设计有效的气候俱乐部，也可为中国推动 G20、基础四国、金砖五国、应对气候变化的五方俱乐部（C5）[3] 等以国家集团为基础的小团体气候合作和部门导向的项目型合作提供理论支撑和经验参考。

## 三、文献回顾

（一）既有的气候俱乐部研究及其关于有效性的论述

气候俱乐部的有效性是气候俱乐部研究的应有内容之一，根据奥兰·扬

---

[1] Matthew Potoski, "Green Clubs in Building Block Climate Regimes," Climate Change, Volume 144, Issue 1, 2017, pp. 53 – 63. Potoski M, Prakash A, eds, Voluntary programs: a club theory approach, MIT Press: 2009. Thomas P. Lyon, "The pros and cons of voluntary approaches to environmental regulation," Written for Reflections on Responsible Regulation Conference Tulane University, 2013, https://pdfs.semanticschol-ar.org/93e0/3bf07947e5e816bbf6d336ae6687b28ad4b8.pdf.（上网时间：2017 年 12 月 12 日）; Jorge E. Rivera, "Business and public policy: responses to environmental and social protection processes," Cambridge: Cambridge University Press, 2010.

[2] Potoski M, Prakash A, eds, "Voluntary programs: a club theory approach," MIT Press, 2009.

[3] 张海滨、戴瀚程、赖华夏等：“美国退出《巴黎协定》的原因、影响及中国的对策”，《气候变化研究进展》2017 年第 5 期，第 439—447 页。

等人所做的、为国际机制研究者广泛采纳的机制有效性界定，气候俱乐部的有效性应该是指，气候俱乐部对于其成员国、目标伙伴国国家层面、国内层面行为的调整，以及调整的程度。①

现有的气候俱乐部研究虽然对气候俱乐部有效性的评价、阐释、分析、解释并不充分，但如果将研究综述的范围放宽，就可以从其他相关的研究领域中挖掘出涉及或可用于阐述、评估、解释气候俱乐部有效性的方法、路径和具体理论。根据既有的气候俱乐部研究，气候俱乐部实际上具备双重身份：从国家间博弈的角度看，它是一种新的国际合作方式；从国际制度的角度看，它是一种独特的气候机制。所以，国际气候合作研究、国际环境机制研究中关于"有效性"的分析路径、方法、理论和结论都可借鉴。

从国际气候合作、国际环境机制这两个侧面分析气候俱乐部并或多或少涉及有效性问题的研究主要包括应对气候变化的机制复合体研究、多中心治理体系研究、单项气候机制的设计与变迁研究（如北极地区黑碳减排合作机制）、管理气候机制复合体的"管弦理论"研究、气候治理体系碎片化研究、跨国气候治理机制研究、绿色俱乐部研究、地方性气候志愿项目研究、单个气候俱乐部研究。

其中，相较于经验性地总结、评估气候俱乐部实际表现（Ex Post Review）的文献而言，推演、设计气候俱乐部（Ex Ante Design）的组织结构、机制规范以使其更加有效的文献更多。大多数学者借助于制度理论、经济理论、博弈模型、回归分析等方法，分析其理想气候俱乐部应该具备的特征和气候俱乐部有效的前提条件。他们对气候俱乐部有效性的分析思路、解释路径各有侧重。

总结起来，气候俱乐部在具备六个要素的情况下会比较有效：（1）有限的成员规模和稳定的成员结构；（2）行动激励机制；（3）明确的目标与关联战略；（4）牵头国家和相对充足的资源；（5）一定的监督与遵约机制；（6）与其他气候机制之间的协调性关系。理想的、高效的气候俱乐部应该符合五个特质：（1）聚合少数关键国家，谈判效率高；（2）能提高各国减排意愿、推动政策转型；（3）专注具体问题，能推动试验式治理；（4）激励各国自愿行动，防止搭便车；（5）促进公平公正，不断吸纳新成员，扩大集体行动的规模。

---

① 至于本书为何采纳奥兰·扬等人对国际机制有效性的界定，请参见第二章第二节。

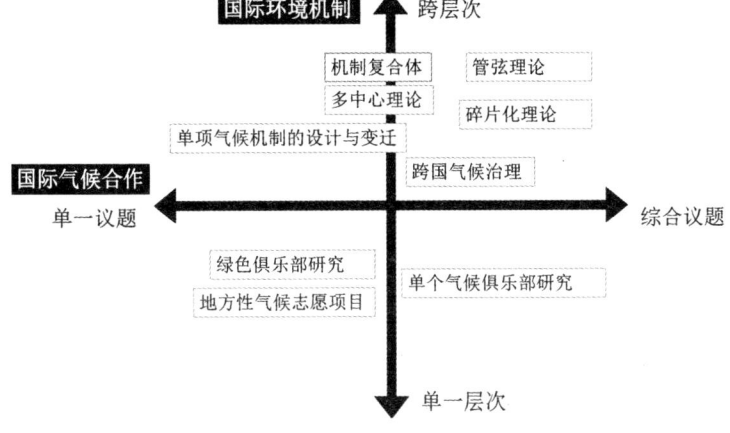

**图1 研究气候俱乐部的两种视角**

资料来源：作者自制。

1. 国际气候合作研究视角

国际合作研究主要将气候俱乐部作为国家间利益聚合、谈判博弈和理性设计的结果，主要分析气候俱乐部的生成前提、重要功能和有效行使功能的条件，偏重成员构成（合作体制与组织成本）、利益结构（成员国成本—收益结构的异同），也就是俱乐部的"质料因"和"目的因"。根据单项研究所采用的主导分析思路，气候俱乐部的国际合作研究又可分为两种。

第一种是气候变化单一议题导向的国际合作分析（图1中左半边），它将气候俱乐部视为各国在气候变化领域博弈的结果，着重分析各国气候成本—收益结构、国家间合作安排对气候俱乐部生成（Club Formation）的影响，关注"少数国家围绕核心利益设计的协议能否/如何产生实质性收益"[1]。这类研究从分析思路上看更贴近经济学经典意义上的俱乐部研究，多采用公共产品理论、博弈论、经济合作模型[2]，从参与国数量、分布，各国利益、能

---

[1] David G. Victor, "Toward Effective International Cooperation on Climate Change: Numbers, Interests and Institutions," Global Environmental Politics, Vol. 6, Issue 3, 2006, p. 96; Moises Naim, "Minilateralism: The Magic Number to Get Real International Action," Foreign Policy, 2009, No. 17, p. 135; David Roberts, "Away to Win the Climate Fight?" The American Prospect, 2009, http://prospect.org/article/way-win-climate-fight.

[2] Scott Barrett, "Environment and Statecraft: The Strategy of Environmental Treaty Making," Oxford: Oxford University Press, 2003.

力、认知的异同等方面探究建立气候俱乐部的可能性、条件，以及使气候俱乐部尽可能高效的手段、措施。建议采取的措施包括：学习关贸总协定/世界贸易组织（GATT/WTO）合作的经验[1]，为更有效的合作设计支付结构、激励机制；为防止"搭便车"设计履约机制[2]，或碳税等惩罚机制[3]；识别俱乐部最有可能发挥潜力的政策领域，如低碳、减排技术和能源技术[4]、气候融资[5]等；或聚焦于俱乐部的透明度，致力于监督其治理进展，对建立更

---

[1] Bernard Hoekman and Michel Kostecki, "The Political Economy of the World Trading System: The WTO and Beyond," Oxford: Oxford University Press, 2009; Judith L. Goldstein, Douglas Rivers, Michael Tomz, "Institutions in International Relations: Understanding the Effects of the GATT and the WTO on World Trade," International Organization, Vol. 61, Issue 1, 2007, pp. 37 – 67; Michele U. Fratianni, John C. Pattison, "International organizations in a world of regional trade agreements: Lessons from club theory," The World Economy, Vol. 24, Issue 3, 2007, pp. 333 – 358; Nico Jaspers, Robert Falkner, "International Trade, the Environment, and Climate Change," in Robert Falkner ed., "The Handbook of Global Climate and Environment," John Wiley & Sons Ltd, 2013: 412 – 427.

[2] William Nordhaus, "Climate Clubs: Overcoming Free-riding in International Climate Policy," American Economic Review, Vol. 105, Issue 4, 2015, pp. 1339 – 1370; Scott Barrett, "Environment and Statecraft: The Strategy of Environmental Treaty Making," Oxford: Oxford University Press, 2003. Scott Barrett, "A portfolio system of climate treaties," in Joseph E. Aldy, Robert N. Stavins eds., "Post-Kyoto international climate policy: Implementing architectures for agreement," Cambridge: Cambridge University Press, 2010, pp. 40 – 270; Richard B. Stewart, Michael Oppenheimer, Bryce Rudyk, "A new strategy for global climate protection," Climate Change, Vol. 120, Issue 1 – 2, 2013, pp. 1 – 12; Faure, M. and J. Lefevere, "Compliance with Global Environmental Policy: Climate Change and Ozone Layer Cases," in Regina S. Axelrod, Stacy D. Vandeveer, eds., "The Global Environment: Institutions, Law, and Policy," Washington, D. C.: CQ Press, 2014, pp. 110 – 130.

[3] William Nordhaus, "Climate Clubs: Overcoming Free-riding in International Climate Policy," American Economic Review, Vol. 105, Issue 4, 2015, pp. 1339 – 1370, Lorand Bartels, "The WTO Legality of the Application of the EU's Emission Trading System to Aviation," European Journal of International Law, Vol. 23, Issue 2, 2012, pp. 429 – 467.

[4] Nicholas Stern, "Why Are We Waiting? The Logic, Urgency, and Promise of Tackling Climate Change," MIT Press, 2015; Fergus Green, "Nationally Self Interested Climate Change Mitigation: A Unified Conceptual Framework," Centre for Climate Change Economics and Policy Working Paper No. 224, Available at, http://www.lse.ac.uk/GranthamInstitute/wp-content/uploads/2015/07/F_Green_Nationally_Self_Interested_Climate_Change_Mitigation.pdf. Benjamin K. Sovacool, "Energy policy and climate change," in Robert Falkner ed., The Handbook of Global Climate and Environment Policy, Wiley-Blackwell, 2013, pp. 446 – 468.

[5] UNFCCC, CDM Project Activities, http://cdm.unfccc.int/Statistics/Public/CDMinsights/index.html.

有效的汇报机制提出建议。

根据这种分析路径，气候俱乐部有效与否将取决于成员国是否拥有"收益大于成本"的明确预期①。而成员国关于参与气候俱乐部合作收益与成本的预期又受到其他因素的影响，比如气候俱乐部的成员结构，俱乐部是否具备特定的机制安排或措施以在某种程度上限定成员资格并维持成员结构的稳定②，是否设有旁支付、资格认证等具有一定排他性的措施以塑造较强的行动激励③。

（1）有限的成员规模和稳定的成员结构④。俱乐部规模影响成员国相互间的讨价还价和收支结构⑤。卡内基国际和平基金会专家、前《外交政策》杂志主编莫伊塞斯·纳伊姆（Moises Naim）认为，成员国应该是解决问题的关键国家，在此前提下，数量越少越好，所以，排放量占全球75%—80%的20国比较合适⑥。有人认为12—20国更合适⑦，美国布鲁金斯学会气候变化高级研究员、前美国国务院气候变化特使托德·斯特恩（Todd Stern）和弗吉

---

① Matthew Potoski, Aseem Prakash, "Green Clubs and Voluntary Governance: ISO 14001 and Firms' Regulatory Compliance," American Journal of Political Science, Volume 49, Issue 2, 2005, pp. 235 – 248.

② Stine Aakre, Steffen Kallbekken, Rita Van Dingenen and David G. Victor, "Incentives for small clubs of Arctic countries to limit black carbon and methane emissions," Nature Climate Change, 2018, No. 8, pp. 85 – 90.

③ William Nordhaus, "Climate Clubs: Designing a Mechanism to Overcome Free-riding in International Climate Policy," Presidential Address to the American Economic Association, January 4, 2014, http://carbon-price.com/wp-content/uploads/2015-01-Nordhaus-Climateclub_123014-main-wm.pdf.（上网时间：2018年2月10日）

④ Aseem Prakash, Matthew Potoski, "The voluntary environmentalist? Green Clubs and ISO 14001," Cambridge University Press, 2006; Aseem Prakash, Matthew Potoski, "Racing to the bottom? Trade, Environmental Governance, and ISO 14001," American Journal of Political Science, Vol. 50, Issue 2, 2006, pp. 350 – 364; Klaas van't Veld, Matthew J. Kotchen, "Green clubs," Journal of Environment Economical Management, Volume 62, Issue 3, November 2011, pp. 309 – 322; Phillip M. Hannam, Vítor V. Vasconcelos, Simon A. Levin, Jorge M. Pacheco, "Incomplete cooperation and co-benefits: Deepening climate cooperation with a proliferation of small agreements," Climatic Change, Volume 144, Issue 1, 2015, pp. 65 – 79.

⑤ David G. Victor, "Toward Effective International Cooperation on Climate Change: Numbers, Interests and Institutions," Global Environmental Politics, Vol. 6, Issue 3, 2006, p. 96.

⑥ Barry Carin and Alan Mehlenbacher, "Constituting global leadership: Which countries need to be around the summit table for climate change and energy security?" Global Governance, Vol. 16, Issue 1, 2010, pp. 12 – 37.

⑦ David G. Victor, "Plan B for Copenhagen," Nature, 2009, No. 461, pp. 342 – 344.

尼亚大学米勒公共事务中心董事兼首席执行官、前布鲁金斯学会董事威廉姆·安索利斯（William Antholis）则倾向于更小规模的 7—8 个国家。[①] 富布赖特学者、气候变化与国际法专家玛安娜·德林格（Myanna Dellinger）认为，由"EU+2"可建立有效的俱乐部，另外两个国家可以是较大国家中的任意两个。[②] 纽约大学国际法学院教授，环境、能源和土地利用法中心主任理查德·斯图尔特（Richard Stewart）等人则认为中美两国足矣[③]。德国观察智库政策负责人鲁兹·维舍尔（Lutz Wiescher）等人指出，俱乐部不必囊括所有的排放大国，只要包含一些"重要国家"（Relevant Countries）就可以。满足以下任一标准的国家都可算作"重要国家"：政治上，在某个地区或某个国家集团内扮演领导者角色，或发挥引领作用；经济上，国内生产总值高，或是某项特定产品的重要生产/消费国；具备一定象征意义，比如直接面临气候变化威胁，在低碳发展方面释放了强烈的政策信号并引起反响。[④]

就气候俱乐部的成员构成而言，耶鲁大学经济学教授、诺贝尔奖获得者威廉·诺德豪斯（William Nordhaus）强调，俱乐部要取得成功，需要维持成员资格与构成的稳定性，不能允许"退会"。[⑤] 相反地，奥斯陆大学政治学系教授霍维（Jon Hovi）等人认为，俱乐部只要保持成员资格的开放性，对消极国家提供激励，避免成员国之间围绕非气候议题产生的分歧干扰俱乐部，即便没有关键大国参与，也能确保俱乐部的有效性。因为初始成员国少，俱乐部减排对全球排放的影响有限，所以更需要吸纳新成员。[⑥]

---

[①] Todd Stern, William J. Antholis, "Climate Change: Creating an E8," 2007, Available at, https://www.americanprogress.org/article/creating-the-e-8/.（上网时间：2017 年 11 月 6 日）

[②] M. F. Dellinger, "Narrowed Constellations in a Supranational Climate Change Regime Complex: the Magic Number is Four," Fordham International Law Journal, 2014, pp. 373 – 401, https://ir.lawnet.fordham.edu/cgi/viewcontent.cgi?article=2330&context=ilj.

[③] William Antholis, Strobe Talbott, "Fast Forward: Ethics and Politics in the Age of Global Warming," Brookings Institution Press, 2010.

[④] Lutz Weischer, Jennifer Morgan, "The Solar Economy Club: Leadership Club Approach to International Climate Policy," a short study commissioned by the Green Party Parliamentary Group in the German Bundestag, 2014, https://www.hermann-e-ott.de/bt2014/fileadmin/content/dokumente/Downloads/WRI_Study_Climate_Clubs_Greens.pdf.（上网时间：2017 年 11 月 6 日）

[⑤] William Nordhaus, "Climate Clubs: Overcoming Free-riding in International Climate Policy," American Economic Review, Vol. 105, Issue 4, 2015, pp. 1339 – 1370.

[⑥] Jon Hovi, Detlef Sprinz, Håkon Sælen, Arild Underdal, "Climate change mitigation: a role for climate clubs?" Palgrave Communications, Vol. 2, 2016, pp. 1 – 9.

（2）行动激励。俱乐部的本质是利用收益结构激励主权国家和利益相关方参与合作，这种回报与收益应符合成员身份属性、需求和预期[1]。由于气候问题内涵广泛、各方利益差距较大，加之"国家利益"的主观性，提供可观、可预期的回报十分重要。

气候俱乐部要么直接生产气候收益，比如将减缓气候变化转化为私人产品[2]，要么间接生产气候收益。这时，气候减缓等结果要么与空气污染治理、能源治理等行动构成主产品与联产品、副产品的关系[3]，要么采用混合的方式[4]。通过加入俱乐部，国家至少可以得到四类收益。第一，通过强化减缓措施避免气候损害。相较于单边措施，合作有助于提高减缓行动的成本有效性，削减政策总成本，从而减少竞争劣势。第二，俱乐部产品，主要体现为成员国享受的排他性特权。第三，旁支付（Side Payment），即刻意设计的选择性激励，包括政策援助、碳交易收益等正的旁支付，也包括贸易、投资限制等对非合作国家进行惩罚时使用的负的旁支付。第四，非气候激励与额外收益，往往表现为非气候领域的实质性或声望收益，如地方能源与资源利用效率提高、获得产品认证或优化产品标签[5]。

（3）监督与评估机制[6]。为了确保成员按要求支付成本，俱乐部有时会建立政策监督机制[7]，以强化集体行动的保障，提高透明度，确保参与者遵循义务，避免搭便车。这项功能可由独立的第三方执行，也可由俱乐部框架下的专门机制执行。

第二种是综合议题导向的国际合作分析（图1中右半边），主要采用国际

---

[1] Nathaniel O. Keohane, Annie Petsonk, A. Hanafi, "Toward a Club of Carbon Market," Climatic Change, Volume 144, Issue 1, 2015, pp. 81–95.

[2] Aseem Prakash, Matthew Potoski, "Collective action through voluntary environmental programs: A club theory perspective," The Policy Studies Journal, Vol. 35, Issue 4, 2007, pp. 773–792.

[3] 73. Richard B. Stewart, Michael Oppenheimer, Bryce Rudyk, "Building blocks for global climate protection," Stanford Journal of Environmental Law, Vol. 32, Issue 2, 2013, pp. 341–390.

[4] Roert Falkner, "A minilateral solution for global climate," Perspectives on Politics, Vol. 14, Issue 1, 2015, pp. 87–101.

[5] Scott Barrett, "Environment and Statecraft: The Strategy of Environmental Treaty-Making," Oxford University Press, 2006.

[6] Matthew Potoski, Aseem Prakash, "Covenants with weak swords: ISO 14001 and Firms' environmental performance," Journal of Policy Analysis and Management, Vol. 24, Issue 4, 2005, pp. 745–769.

[7] Joseph E. Aldy, "Policy surveillance in the G–20 fossil fuel subsidies agreement: Lessons for climate policy," Climate Change, Volume 144, Issue 1, 2017, pp. 97–110.

关系中的合作理论和治理理论，不单单是考虑气候议题领域的成本—收益结构和博弈结构，还结合国际地缘政治经济格局、国际战略与国家治理、决策理论和公私关系等因素，将气候俱乐部视为国际体系与全球治理场域中的一环，使气候成本—收益以外的因素也纳入气候俱乐部组合策略的考量范围。这类研究认为，通过精心设计的制度关联，如共享成员国、目标与规范协调等，气候俱乐部的这种作用有助于在国际权力结构变迁的背景中重塑全球气候机制的合法性（Re-Legitimate）、提高全球气候治理的整体有效性①。这有时又被视为国际政治背景中的大国气候合作模型，冠以"俱乐部磋商"（Club-based Negotiation）或"关键集团路径"（K-Group Approach）之名，G8、G20被视为这种模型的典型案例。②

根据这种思路，气候俱乐部的有效性取决于气候俱乐部框架下政策协调或集体行动是否具有明确的目标与议题关联，俱乐部是否能采取权力政治的路径，动员大国牵头，撬动资源杠杆。

（1）明确目标与关联战略③。气候俱乐部主要在小尺度上，针对特定的问题或地理区域，通过针对性的激励机制广泛动员公私部门利益相关方的参与行动，关键在于非气候激励，比如地方空气质量改善、地方经济发展等。④所以，需要在不同机制之间建立关联，建立相对明确的行动目标和框架，使俱乐部的目标贴合成员的具体需求。这一方面意味着气候收益可能并非主要目标，

---

① Robert Falkner, "A miniateral solution for global climate change? On bargaining efficiency, club benefits and international legitimacy," Center for Climate Change Economics and Policy, Working Paper No. 222, 2015, http：//www. lse. ac. uk/GranthamInstitute/publication/a-miniateral-solution-for-global-climate-change-on-bargaining-efficiency-club-benefits-and-international-legitimacy/. （上网时间：2018年1月31日）；Robyn Eckersley, "Moving Forward in the Climate Negotiations," Global Environmental Politics, Vol. 12, Issue 2, 2012, pp. 24 - 42; Mlada Bukovansky, Ian Clark, eds., "Special Responsibilities: Global Problems and American Power," Cambridge, Cambridge University Press, 2012.

② Suzanne Godenberg, "Secret talks and a personal letter: how the US-China climate deal was done," The Guardian, November 12, 2014, https：//www. theguardian. com/environment/2014/nov/12/how-us-china-climate-deal-was-done-secret-talks-personal-letter. （上网时间：2018年1月31日）；其他案例包括2005年启动的Gleneagles对话，2007年启动的Heiligendamm对话，Asian Partnership on Clean Development and Climate（APP）等。

③ Matthew Potoski, "Green Clubs in Building Block Climate Regimes," Climate Change, Volume 144, Issue 1, 2017, pp. 53 - 63.

④ Joseph E. Aldy, Robert N. Satvins, "Architectures for agreement: addressing global climate change in the post-Kyoto world," Cambridge: Cambridge University Press, 2007.

而只是协同效益;另一方面还要求俱乐部协调与非气候机制的关系,包括《蒙特利尔议定书》、国际民航组织、国际海事组织等专门协定或组织,东南亚国家联盟、欧盟等地区性国家集团,亚洲银行、南南合作基金等资金机构。[1]

(2)主导行为体与相对充足的资源[2]。主导行为体模式在市场规制中利用得比较广泛,典型案例如"加州效应""布鲁塞尔效应"。[3] 俱乐部发起国如果在某区域、某议题领域具有比较优势,或在某个行业市场占据主导地位,俱乐部就具备一定的能力来撬动资源杠杆。所以,在设计、改进俱乐部机制时应有意识地识别关键国家,对其量身制定选择性激励,鼓励它率先采取行动。而关键国家的行为可能通过市场联结影响其他成员,或通过俱乐部的政策、信息交流机制对其他成员产生吸引力,促使其效仿之。这样,俱乐部就获得占先权和先动优势。如果关键国家牵头供给重要的俱乐部产品,"有条件的承诺"也会更加有效,有利于吸引"消极国家"采取合作行为。

2. 国际环境机制研究视角

环境机制研究将气候俱乐部视为具有自主运行轨道的独立行为体,以及气候机制复合体的组成部分,研究气候俱乐部在全球治理中的地位、作用及其对俱乐部成员国的影响(偏好、预期变化或组织成本的改变),也就是俱乐部的"形式因"和"动力因"。从环境制度角度研究气候俱乐部的文献相对较少,但根据研究层次,也可以分为两种。

第一种是单一层次的机制研究(图1中下半边),着眼于国家(间)、部门(间)层次,从经济学理性主义角度出发,研究气候俱乐部作为一种政府间、跨部门合作安排,通过改变支付、收益结构,在动员主权国家行动、影响中央政府偏好与政策、策略方面的作用和作用模式。有学者专门研究了G20作为气候俱乐部在气候治理中的作用,通过分析G20在气候融资、化石能源补贴政策改革、吸引多元行为体参与治理等方面对成员国的影响,得出

---

[1] Richard B. Stewart, Michael Oppenheimer, Bryce Rudyk, "Building blocks: A strategy for near-term action within the new global climate framework," Climatic Change, Vol. 144, Issue 1, 2017, pp. 1–13.

[2] Matthew Potoski, "Green Clubs in Building Block Climate Regimes," Climate Change, Volume 144, Issue 1, 2017, pp. 53–63; Lutz Weischer, Jennifer Morgan, "The Solar Economy Club: Leadership Club Approach to International Climate Policy," a short study commissioned by the Green Party Parliamentary Group in the German Bundestag, 2014, https://www.hermann-e-ott.de/bt2014/fileadmin/content/dokumente/Downloads/WRI_Study_Climate_Clubs_Greens.pdf.(上网时间:2018年1月31日)

[3] Anu Bradford, "The Brussels effect," Northwest University Law Review, Vol. 107, No. 1, 2013, pp. 1–68.

三点的基本结论。第一，G20本身是一个灵活的气候机制，它采用具体问题导向的气候动议模式是比较有效的，而成员国数量相对较小、首脑直接会晤、机制化的高级别非正式论坛、成员构成的代表性与平等性都是它进一步发挥潜力的有利条件。第二，G20相对于UNFCCC、G8等其他国际机制而言，主要还是起补充性、配合性和强化作用。第三，G20的问责机制与透明度有待强化，而这是其最大程度发挥潜力的主要制约条件。

根据国际制度理论，影响制度有效性的因素有合法性、问题结构、领导力、制度结构、国际政治环境等。所以，在这种研究框架下，每个气候俱乐部的有效性都单独取决于该气候俱乐部自身的内部差异、组织结构、行为规则和运行环境，这就难以建立起关于气候俱乐部有效性的统一解释框架。

第二种是跨层次的机制研究（图1中上半边），从全球层次的角度出发，着眼于全球气候治理的合作格局和制度体系，重视不同层次、不同议题领域气候机制之间的关系与互动。从这个角度研究气候俱乐部，主要是把它当作一种具有独立运行轨道和行为模式的国际机制，研究其在全球气候治理格局中的位置、作用，以及与其他国际机制的关系，尤其是与UNFCCC的关系。"制度复合体理论""碎片化"理论和"管弦"理论从功能"互补"或"重叠"（Overlapping）、规范"嵌套"（Nesting）、"协调"（Collaborative）或"冲突"（Conflictive）的角度解释气候俱乐部与正式国际气候制度之间的"互动"（Interplay），并认为迄今为止气候俱乐部对UNFCCC而言主要起补充作用而非替代作用，国际气候制度对气候俱乐部则直接、间接地提供了技术、智识、人力支持，产生了规范性影响，这都有助于提高气候俱乐部治理议程、政策目标、行动方式、工具手段的多元性。跨国治理研究和"多中心"理论则偶尔将个别气候俱乐部作为"跨国合作行动"的案例，分析在这些非正式机制框架下的决策、执行过程中属于不同层次的多元行为体如何互动。

这些研究都没有专门研究气候俱乐部。换言之，有关制度互动的分析在气候治理其他领域中研究充分[1]，在气候俱乐部研究中则比较少见。不过，这些理论给出一个启示——气候俱乐部与其他制度、机制之间的关系对于气候俱乐部有效性的影响很大。普林斯顿大学伍德罗·威尔逊公共与国际事务学院教授、美国政治学会前主席罗伯特·基欧汉（Robert Keohane）和加州大学圣地亚哥返校全球政策和战略学院教授、布鲁金斯学会气候变化研究项目主

---

[1] Regine Andersen, "The Time Dimension in International Regime Interplay," Global Environmental Politics, Vol. 2, Issue 3, 2002, pp. 98 – 117.

任大卫·维克多（David Victor）出于气候机制复合体的整体制度格局考虑提出，强化俱乐部并提高其有效性，需要重视联结战略和联结要素。重视气候俱乐部之间、气候俱乐部与其他类型的气候制度之间的联系，有助于优化俱乐部的表现，进而优化气候制度复合体。[①]

（二）关于气候俱乐部有效性问题的既有研究之不足

目前，有关俱乐部有效条件的分析主要是针对基于市场手段的气候俱乐部，比如环境标准认证的绿色俱乐部、碳定价俱乐部等，但不知这些标准是否同样适用于围绕其他气候政策议题建立的俱乐部，如能源效率、可再生能源部署、碳捕获与封存技术、气候适应、气候保险等。[②] 从总体上看，现有气候俱乐部研究只解决了"气候俱乐部为什么重要""气候俱乐部在什么条件下有效"的问题，却未能清楚地评估梳理迄今为止气候俱乐部的实际表现，也没有充分解释现有气候俱乐部实际表现中的差异。为什么有的气候俱乐部被认为"产生了积极作用"，有的气候俱乐部却"影响十分有限"？气候俱乐部有效性方面的差异是否与其类型有关？如果有关，哪种类型的气候俱乐部更有效？使气候俱乐部有效的六个前提条件的排序如何、孰轻孰重，相互关系如何、孰先孰后？

个别学者对"气候俱乐部为何影响十分有限"的问题提供了一些零星的初步解答，主要有四点：（1）缺乏对迄今为止气候俱乐部实际表现的经验性研究。奥斯卡·威德伯格（Oscar Widerberg）和丹尼尔·斯滕森（Daniel Stenson）在2013年的一项经验性研究表示，对于气候俱乐部的真实数量其实缺乏清除完整的统计，气候俱乐部大量存在，但大多数成立不足10年，所以难以对其实际情况展开"事后评估"（Ex-post Evaluation）。[③]（2）气候俱乐部的目标决定其有效性。目前存在的气候俱乐部都不以温室气体减排为主要目标、

---

[①] Robert O. Keohane, David G. Victor, "The Regime Comples for Climate Change," Perspectives on Politics, Vol. 9, Issue 1, 2011, pp. 7 – 23.

[②] Matthew Potoski, "Green Clubs in Building Block Climate Regimes," Climate Change, Volume 144, Issue 1, 2017, pp. 53 – 63.

[③] Oscar Widerberg, Daniel E. Stenson, "Climate Clubs and the UNFCCC: Complement, Bypass or Conflict?" FORES Study, 2013, https://libris.kb.se/bib/14838424. 另见，Lutz Weischer, Jennifer Morgan and Milap Patel, "Climate Clubs: Can Small Groups of Countries make a Big Difference in Addressing Climate Change?" Review of European, Comparative and International Law, Vol. 21, Issue 2, 2012, pp. 177 – 192; WRI, "Two Degrees Clubs: How Small Groups of Countries Can Make a Big Difference on Climate Change," 2012, https://www.environmental-expert.com/news/two-degrees-clubs-how-small-groups-of-countries-can-make-a-big-difference-on-climate-change-323773.（上网时间：2018年1月31日）

核心功能，在气候减缓方面的表现自然不尽如人意。（3）缺乏有效的执行、遵约机制，气候俱乐部的有效性便难以保障。气候俱乐部是一种非正式的合作机制，其制度功能、运行机制都以成员国的自愿承诺为基础，没有制度化的执行，自愿承诺很容易变为一纸空文。虽然某些气候俱乐部已经开始尝试解决这个问题，但至于具体成果如何、效果如何，研究相对匮乏。（4）气候俱乐部提供的行动激励不足。排他性的行动激励是气候俱乐部区别于其他气候机制的核心特点之一，也是气候俱乐部有效的重要条件。某些俱乐部对成员国提供的行动激励不足，使成员国缺乏调整政策、采取行动的意愿，在解决集体行动困境、防止"搭便车"方面的作用也就相对有限。

这些学者注意到气候俱乐部的有效性的问题，以及学界对此问题研究的不足，但仅仅点到为止，既没有深入系统地分析，也没有给出明确的解释。不过，将上述四点解释和气候俱乐部的六个有效条件研究的基本结论结合起来，可以得到四点启示，这对深入研究气候俱乐部的有效性而言至关重要。

第一，缺乏系统的有效性评估分析框架，难以对气候俱乐部迄今为止的实际表现进行整体评估，这是导致对气候俱乐部之间有效性差异分析、解释不足的直接原因。学者们先在地以气候俱乐部的目标、类型作为评估俱乐部有效性的基本标准，导致不同学者在评价不同功能、不同类型气候俱乐部的有效性时使用了不同的评价办法、不同的评估指标，比如减排目标、国际影响、资金贡献。评估的对象又以俱乐部的宣言宣示、成员国的政治承诺为主要对象，而非俱乐部的实际表现、成员国的具体行动。而政策宣示和政治承诺往往具有故意的模糊性，没有统一的监督评审机制，各方便能各执一词，如此更增加了评估气候俱乐部真实表现，研究其执行、遵约进程的难度。缺乏连贯而一致的评估标准、统一而透明的评价体系，就难以对照不同案例、展开比较分析，也就难以解释气候俱乐部有效性的差异。

第二，俱乐部产品有排他性和惩罚性，在国际实践中筹集、使用时可能会遇到源自国际政治和国内政策的阻碍，但现有研究只是假定"完全实施"（Full Implementation），并没有说明如何确保俱乐部产品的供给和使用。这与目前气候俱乐部研究的总体取向相关——重机制设计、轻行动落实，重组织结构、轻实践过程。缺少对气候俱乐部建立以后具体实践、实践效果、完善过程的关照，也就难以解释不同气候俱乐部之间实际有效性的差别。根据国际关系中的制度理论、建构理论和过程理论，结构与过程是了解制度与治理的两个基本面。制度框架下（或治理系统中）结构性要素与过程性要素的有效互动对制度（治理）解决问题的能力、长期表现产生重要甚至决定性影响。[1] 社会—政治关联与动态影响气候决策与气候治理，而气候政策成功与否也离不开其决策与执行的社会背景与社会过程[2]。研究俱乐部的目标、协议如何转化或分解落实为到各个成员的目标、政策，如何通过遵守、执行的具体行动，动员利益相关方的过程，在具体的政治经济环境与社会场域中改变行为、产出具体的成果，在此基础上才能分析俱乐部机制协调各国政策、指引集体行动能力的影响因素，以及针对不同的具体问题、具体目标，什么样的协调、指引策略更有效，什么样的执行、开展方式更有助于俱乐部吸纳多元行为体参与。

第三，根据学者们的推演和设计，气候俱乐部的核心特点和关键优势是设计一定的"支付—收益"结构为成员国提供行动激励/选择性激励，吸引潜在成员国加入俱乐部，鼓励成员国和利益相关方采取行动，以解决集体行动困境。那么，具体实践中，气候俱乐部为何没有达到这种效果？现有的研究仅仅指出缺乏行动激励是气候俱乐部效力低的重要原因，但未解释行动激励为何不足。

按照目前气候俱乐部理论研究和制度设计研究提供的思路，俱乐部创造的产品，借此对成员国提供的相对、绝对收益都是行动激励的最重要来源，行动激励是否充足，直接取决于气候俱乐部产品的供给与配置。产品的供给与配置情况有四种，不同情况下，俱乐部对提供的行动激励强弱不同，俱乐部的有效性也就不同。

表2 俱乐部产品、行动激励与有效性的关系

| 不同情景 | 俱乐部产品 | | 行动激励 | 俱乐部有效性 |
| --- | --- | --- | --- | --- |
| | →→→从因到果→→→ | | | |
| 1 | 供给充足 | 配置得当 | 强 | 高效 |
| 2 | 供给充足 | 配置不当 | 较弱 | 比较低效 |

---

[1] Tim Codman, Rowena Maguire, Charles Sampfrod, "Governing the Climate Change Regime: Institutional Integrity and Integrity Systems," Routledge, 2016, p. 17.

[2] Jon Barnet, "Adapting to Climate Change: Three Key Challenges for Research and Policy-an Editorial Essay," Wiley Interdisciplinary Reviews: Climate Change, Vol. 1, Issue 3, 2010, pp. 314–317; Chukwumerije Okereke, "Climate Justice and the International Regime," Wiley Interdisciplinary Reviews: Climate Change, Vol. 1, No. 3, 2010, pp. 462–74.

续表

| 不同情景 | 俱乐部产品 | 行动激励 | 俱乐部有效性 |
|---|---|---|---|
| 3 | 供给不足 | 配置得当 | 较强 | 比较高效 |
| 4 | 供给不足 | 配置不当 | 弱 | 低效 |

资料来源：作者自制。

目前的研究只考虑了第四种情况。而表2给出的启示是，欲强化气候俱乐部的行动激励，可以采用不同的办法。于是，气候俱乐部有效性的问题就转化为怎样才能实现产品的"充足"供给？如若产品实在无法大量供给，怎样分配才能将有限的产品产出转化为成员国能够感知、享用的收益，从而保障行动激励的强度？

此外，从具体内容上看，目前关于俱乐部产品供给与分配的分析仍存在两方面不足。一方面，只解释了电力、碳排放额等物质性产品的供给与分配，没有解释执照、许可、认证、成员国决策的智识支持等非物质性产品的供给与分配。非物质性俱乐部产品往往不由俱乐部自己生产，而通过俱乐部与其他机制的关系获得。另一方面，国外学者提到俱乐部对外关系、俱乐部参与结构与俱乐部产品供给、分配的关系，但没有解释在何种关系状态和参与结构下，俱乐部产品到底是怎样供给、分配的。

事实上，气候俱乐部创造的俱乐部产品在形式和内涵上不仅是具有拥挤效应的排他性产品，还包括受益面更广、且随着俱乐部规模扩大会不断增长的公共产品，比如气候友好型的优惠贸易协议。有时，即便俱乐部提供的产品并非完全排他，有非成员国搭便车，俱乐部的合作也能稳定。这即是说，在排他性收益以外，由议题关联、机制关联、网络效应产生的旁支付也可供给行动激励。这种行动激励的向外传播则需要介质，要么是通过经济规模，要么是通过网络效应。[1] 从这个角度看，气候俱乐部的产品供给不仅是集体行动与制度化合作的问题，也是一个制度互动问题。应对气候变化的机制复合体是一个网络结，网络之中各机制之间相互联结，物质性和非物质性资源都在它们的关系纽带中流动。俱乐部产品的供给、分配也通常受到这些关系纽

---

[1] Phillip M. Hannam, Vítor V. Vasconcelos, Simon A. Levin, Jorge M. Pacheco, "Incomplete cooperation and co-benefits: Deepening climate cooperation with a proliferation of small agreements," *Climatic Change*, Vol. 144, Issue 1, 2015, pp. 65–79.

带的影响,产生外溢效应。气候俱乐部的部分研究者曾经指出,强化俱乐部并提高其有效性,需要重视联结战略和联结要素;重视气候俱乐部之间、气候俱乐部与其他类型的气候制度之间的联系,有助于优化俱乐部的表现。[①]

第四,关于气候俱乐部产品供给、成功条件的研究主要集中于俱乐部的内部维度,对俱乐部机制的外部关系的分析有待深化。部分学者虽注意到外部关系对俱乐部有效性的影响,但没有具体说明什么样的关系、什么样的联结分别会导致什么效果。气候俱乐部与其他机制的关系大致可以从三个方面分析:关联机制与伙伴的多少,这关系到俱乐部的影响力和吸引新成员的能力;气候俱乐部相对于其伙伴机制的地位,这关系到它筹集、调动资源,供给、分配俱乐部产品和公共产品的能力;气候俱乐部与其他气候相关机制在功能、规范、原则上的重叠、交叉、互补、协调或冲突关系,这关系到俱乐部行动所能带来的具体贡献和制度性影响。气候俱乐部最终是为了实现UNFCCC确定的目标:将大气中温室气体的浓度稳定在防止气候系统受到危险的人为干扰的水平。而在气候俱乐部之外,还存在多样性的其他努力。从目的因的角度看,也需要了解、明确俱乐部与这些努力的关系,以更好地管理应对气候变化的机制复合体。

### 四、对于气候俱乐部有效性的解释框架和初步假设

从国际合作视角和环境机制视角研究气候俱乐部为我们总结、反思气候俱乐部迄今为止的表现,分析、解释其有效性提供了多元化的、有益的思考方向。但是,这些研究涉及的变量太多、太分散,变量与变量之间差异又太大,难以建立起简洁明了而又解释力强的分析与解释框架。成员结构、激励机制、目标设定、领导力与行动资源、遵约与监督机制、对外关系这六项关键因素之中,何者最重要?哪个方面的欠缺会损害气候俱乐部的有效性,哪个方面的欠缺可能无伤大雅?或许,可以首先对国际气候合作、国际环境机制视角下的各种气候俱乐部有效性影响因素进行信息整理、逻辑分类、区分主次,然后挖掘不同类型要素之间的理论关联,借此建立气候俱乐部有效性评估与解释的统一框架。

既有的研究给出的启示是,气候俱乐部研究应关注两个维度:一方面,

---

① Robert O. Keohane, David G. Victor, "The Regime Complex for Climate Change," Perspectives on Politics, Vol. 9, Issue 1, 2011, pp. 7–23.

将俱乐部视为给定的组织实体，研究其内部安排。比如，俱乐部如何确定成员及其代表性、支持者及支持方式，如何决策、如何鼓励成员遵循这些决策。另一方面，将俱乐部视为关系中的行为体，研究它如何做事、如何处理与其他机制的关系，分析信息、反馈、权威等在关系网络中的流动，以及它如何传播并产生更为广泛的影响。

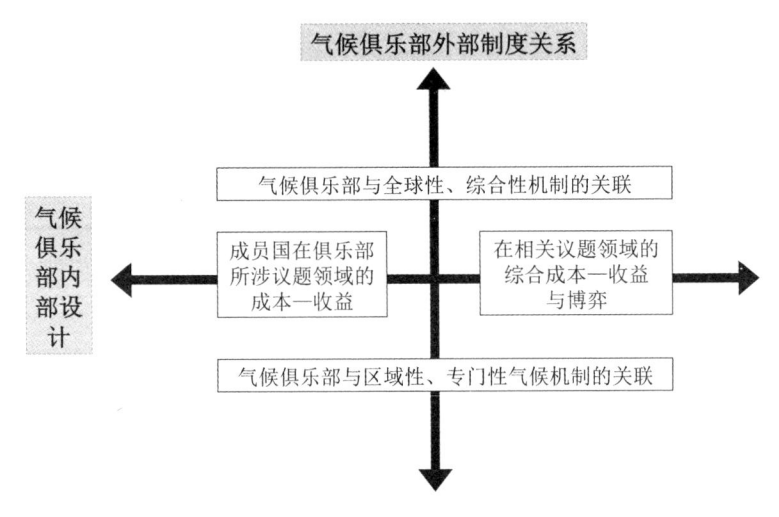

**图 2　气候俱乐部研究的两个维度**

资料来源：作者自制。

气候俱乐部内部组织结构最核心的要素是有关俱乐部产品供给与配置的行为规则，外部关系中最重要的内容是气候俱乐部与其他同议题领域内相关机制之间的支持或被支持关系。所以，将气候俱乐部内部行为规则与外部关系联系起来，将分析重点从机制设计转移到机制的执行过程，更有助于分析气候俱乐部的行动激励机制和产品供给与分配状态，从而解释气候俱乐部有效性及其差异。

基于此，本书初步假设：关于产品供给与分配的规则越明确，气候俱乐部越有效；气候俱乐部的外部关系越密切，气候俱乐部越有效。

## 五、研究方法与本书结构

### （一）研究任务与框架

研究目的、研究问题决定研究重点、研究方法，以及选用何种理论框架、分析工具。本书的核心问题是：为何有的气候俱乐部有效性较好，有的较差？为有效解释这个问题，并针对气候俱乐部研究以"俱乐部的机制设计"为主的现有格局，将研究重点确定为现有气候俱乐部的具体活动，即图3中深色部分所示之"俱乐部的执行过程"和"俱乐部的实际表现"。

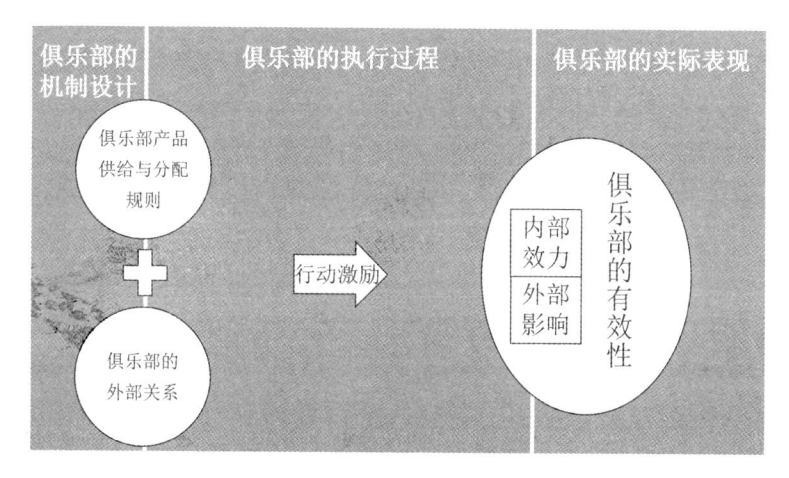

**图3 本书的研究框架和重点**

资料来源：作者自制。

根据前文研究综述与反思的结果，确定为解释气候俱乐部有效性差异而需完成的两项任务，以及其中应遵循的两项原则。

第一，建立标准统一而连贯的有效性评价体系，将俱乐部内部效力和外部影响有机结合起来，对现有的气候俱乐部进行综合、系统的有效性评估，区分出有效性的层次。

第二，建立一个解释框架，尝试回答"为何有的气候俱乐部比较有效，有的不太有效"的问题，再以现有的气候俱乐部为案例，验证解释框架的合理性和有效性。根据对现有气候俱乐部研究中解释力不足原因的分析，本书拟将俱乐部产品的供给与分配规则与俱乐部的外部关系结合起来，作为解释气候俱乐部有效性差异的两个自变量。

（二）研究方法与安排

本书主要采用理论推演、案例分析以及定性与定量相结合的研究方法。

在搭建解释框架、提出基本假设的过程中，主要采用理论推演的方法。将俱乐部理论与全球治理体系网络化转型背景下自下而上的国际合作研究结合起来，在译介国外气候俱乐部理论研究成果的基础上提出补充性、创新性的气候俱乐部有效性解释框架和理论假设，并在现状评估和案例研究的基础上验证解释框架的可信度和理论假设的有效性。

此外，在搜集与处理信息资料的过程中，结合使用了简单的大数据统计和量化的社会网络分析方法测算各个俱乐部关键指标。在遴选与分析案例的过程中，采取单个案例深入分析与跨案例比较相结合的办法。为了搜集详实的一手资料，作者全面浏览、搜索、分析了所有气候俱乐部的官方网页、相关学术论文和国际组织报告。此外，还特别采用访谈的办法，专程前往气候俱乐部的主要研究阵地——美国，进行为期一年的访问交流，专访了重要的相关学者和专家。

考虑到气候俱乐部对于中国学界而言仍是陌生的话题，有必要在探讨气候俱乐部的有效性之前对气候俱乐部的基本原理作详细介绍。所以，第一章设为文献综述，介绍国外气候俱乐部研究的基本状况和主要结论。在此基础上，第二章借鉴国际环境机制理论对所有可评估的气候俱乐部进行有效性评估（详细情况参见附件1和附件2），以具现化气候俱乐部在有效性方面差异明显的事实。第三章深入分析影响气候俱乐部有效性的因素，提出基本的理论假设，然后以101个现有的可评估俱乐部和已经停止的3个俱乐部为案例，验证这些假设（详细情况参见附件2和附件3）。最后一章为总结和启示，先对全文的分析方法、分析结果、研究的不足进行反思和总结；然后，尝试对基本假设中体现的因果逻辑进行深入分析，探讨这种因果逻辑除了适用于气候俱乐部以外，是否还适合于其他的自下而上气候治理形式或国际公共治理问题；最后，简要述评中国参与气候俱乐部的现状，尝试提出未来优化气候俱乐部方案的办法，以及中国采用俱乐部策略参与、引导国际气候合作应注意的问题。

## 六、本书的创新与研究难点

本书首先引入国外学界比较热议的新型国际气候合作模式之一——气候俱乐部，阐述其原理和发展现状。然后，以气候俱乐部为研究对象，从内部效力、外部影响两个方面对现有气候俱乐部的表现和有效性进行阐述、分析。随后，结合俱乐部理论、制度理论和全球治理体系网络化转型背景下自下而上的国际合作研究，搭建一个理论性的解释框架，从气候俱乐部产品规则和外部关系两个方面解释不同俱乐部之间的有效性差异。最后，梳理中国参与俱乐部式国际气候合作的现状，探讨中国未来采用气候俱乐部推动国际气候合作与治理的可能性。

就气候俱乐部研究本身而言，本书从两个方面对国外学界的既有研究做了创新性的补充，这也是本书的重要贡献之一。

第一，列出迄今为止所有气候俱乐部的名单，全景式地统计、分析了这些俱乐部的信息资料与相关数据，并建立了相对简明而又普遍适用的有效性评价体系，对迄今为止的所有气候俱乐部做了统一的有效性评价。国外学术界虽然关注气候俱乐部已久，但对于到底哪些气候机制是气候俱乐部，哪些气候机制不是气候俱乐部，气候俱乐部到底包括哪些国际合作机制，并没有达成共识。这导致学界对于气候俱乐部迄今为止的总体表现、实际效果认识不足、研究不够。本书在综述既有研究的基础上设定气候俱乐部的几条界定标准，根据这些标准在主要的全球气候合作数据平台上筛选，最终列出正在运行的113个气候俱乐部和已经终止的3个气候俱乐部，由此弥补了气候俱乐部研究的一个空白。

第二，搭建了以两条基本假设为核心的气候俱乐部有效性解释框架，专门针对气候俱乐部的有效性做了深入的理论性解释。到目前为止，国外对于气候俱乐部的研究仍主要集中在理论层面的逻辑推演和制度设计方面，并且大多采用博弈论模型和经济理论模型，对于国际关系、国际政治、国际制度理论借鉴得不多，所以也比较脱离全球治理国际社会背景，这使得学者们设计的气候俱乐部操作性不强，好的方案难以落实。本书针对这一理论分析方面的缺陷，结合国际制度理论和社会网络理论，搭建了对于气候俱乐部有效性的解释框架。通过这种视角去研究、比较现有113个和已终结的3个气候俱乐部案例，分析其成功、失败的经验和教训，从实践经验的角度总结什么样的气候俱乐部是有效的、什么样的是低效的，怎样设计才能使气候俱乐部更加有效。而在此基础上设计的气候俱乐部方案可能操作性更强。

从国际合作的一般实践和理论角度看，俱乐部模式的国际合作不仅出现在气候治理领域，在环境治理、WTO谈判和区域性经济合作、武器控制等领域也广泛运用，本书的研究有助于解答在网络化的全球治理背景下如何才能设计、推动有效的自下而上合作，分析框架与结论可拓展到这些领域的理论研究和国际实践之中。

本项研究的难点在于，某些气候俱乐部受本身发起时间较晚、网上平台建设的不足影响，相关资料不够充分，这有可能损害本书变量评估过程与结果的可靠性。

# 第一章 气候俱乐部概述

气候俱乐部代表的是一类国际合作、一种合作思路，它的理论要素相对有限、概念内核相对稳定，外在表现形式却多种多样。根据产品属性以及产品的供给、分配模式，可将气候俱乐部分为狭义的"布坎南俱乐部"和广义的"准俱乐部"；根据核心功能、职能和组织形式，可将气候俱乐部分为"对话论坛"型和"执行团体"类。气候俱乐部正成长为当今全球气候治理体制的重要组成部分，但国内的研究比较缺乏。国外学术界的相关研究则比较成熟，这主要体现在对气候俱乐部的特点、优势，以及有力推动全球气候治理潜力的分析。这些研究的基本结论是，气候俱乐部是一种低成本、高收益，兼顾效率、意愿、参与度和平等性的气候治理新模式。

## 第一节 气候俱乐部兴起的背景

俱乐部作为一个制度经济学概念和经济合作思路由来已久，将俱乐部的理念运用于气候合作和气候治理则是国际气候合作与全球气候治理研究、实践的较新成果。国家行为体、次国家行为体（如城市、州等）[1]、公司行为体越来越多地采用"俱乐部式"的合作，协调、强化应对气候变化的行动。但气候俱乐部主要是指国家行为体之间的"俱乐部式"合作，它由国家行为体

---

[1] 一些学者将城市联盟也作为气候俱乐部，参见，M. Özgür Kayalıca, Selim Çağatay, Hakan Mıhçı, "Economics of International Environmental Agreements: A Critical Approach," Taylor & Francis, 2017, pp. 82–83。

发起、主导，但不局限于国家行为体参与。① 气候俱乐部作为一种"自下而上"的气候治理模式，其兴起与"自上而下"的全球气候治理困局、美国谋求"另起炉灶"以逃避国际气候责任有关。

## 一、"自上而下"全球气候治理的困局

全球减排的收益重于成本②，国际社会最初是寻求全球性、综合性、约束性的自上而下"造法"路径，由此建立"公约+议定书"模式。但是，多边协议不可能达到解决气候问题所需的广度和深度。UNFCCC框架下二三十年的进程也说明，让气候变暖贡献不同、利益不同、风险不同、能力不同的众多国家坐在一起严肃而正式地谈判，一劳永逸地对气候变化这个复杂而多维度的问题做出全球性安排是不现实的。

通过自上而下的"造法"路径应对气候变化存在一些难题：（1）动员所有国家参与到统一的全球谈判与行动轨道中来；（2）明确地区分发达国家、发展中国家责任；（3）赋予温室气体排放限额以法律约束力；（4）将所有温室气体源与汇包含在单一协议之中；（5）针对每个国家设定全经济范围的净碳排放量上限，并使其做出相应的减排承诺；（6）允许每个国家保留设计、执行限排、减排措施的自主裁量权；（7）为各国达成限排减排目标留出相对充裕的时间；（8）建立一套有力的遵约激励机制。这种全球性参与、所有参与方达成共识的要求极大地提高了谈判的成本，降低了磋商的效率；南北分歧的存在，则进一步增加了难度。

由于气候变化问题的特殊性，及其与主权国家体系的"错配"，UNFCCC

---

① Harro van Asselt, Fariborz Zelli, "Connect the Dots: Managing the Fragmentation of Global Climate Governance," *Environmental Economics and Policy Studies*, Vol. 16, Issue 2, 2014, pp. 137 – 155.

② Nicholas Stern, "Stern Review: The Economics of Climate Change," https://www.lse.ac.uk/GranthamInstitute/publication/the-economics-of-climate-change-the-stern-review/. Brian Fisher et al., "Issues Related to Mitigation in the Long-Term Context," in IPCC WG3. 2007, 4th Assessment Report, https://www.ipcc.ch/pdf/assessment-report/ar4/wg3/ar4-wg3-chapter3.pdf. William Nordhaus, "Why the Global Warming Skeptics Are Wrong," *N. Y. Review of Books*, http://www.nybooks.com/articles/2012/03/22/why-global-warming-skeptics-are-wrong/. (上网时间：2017年12月12日)

面临许多障碍,其中最关键的是各国气候风险、国家利益差异[①],以及搭便车的动机很强[②]。为解决这个问题,需要重新思考应该设计什么样的,以及如何设计气候协议。学界从不同视角给出过很多方案,比如混合式的国际碳交易体系[③]、各国碳税协调机制[④]、关于技术创新与扩散的国际标准体系[⑤]、共同的技术研发协定[⑥],用份额吸引发展中国家[⑦],以买方债务模式促进遵约[⑧],

---

[①] World Bank, "Public Attitudes towards Climate Change: Findings from a Multi-Country Poll," 2009, https://people.uwec.edu/jamelsem/papers/CC_Literature_Web_Share/Public_Opinion/CC_International_Survey_World_Bank_2009.pdf; Julie Ray, Anita Pugliese, "Worldwide Blame for Climate Change Falls on Humans," GALLUP WORLD, 2011, https://news.gallup.com/poll/147242/worldwide-blame-climate-change-falls-humans.aspx.(上网时间:2017年12月12日)

[②] 排放量最大、最需要减排的国家并非受气变影响最直接、最大的国家,减排的直接受益并不明显;受气变影响最直接、最大的国家温室气体排放量却极为有限,并不是最需要减排的国家。此外,还存在单边行动成本高、长远收益难以保障、相关措施对社会经济发展影响不明等不确定性问题。有效应对气候变化,需要所有的排放大国都减排,而其他国家就有了搭便车、从大国行动中分一杯羹的机会,奥尔森将这种现象称为"小国掠夺大国"(exploitation of the great by the small)。参见,Mancur Olson, "The logic of Collective Action: Public Goods and the Theory of Groups," NY: Harvard University Press, 1971, p.169; Scott Barrett, "Environment and Statecraft: The Strategy of Environmental Treaty Making," Oxford: Oxford University Press, 2003。

[③] Joseph E. Aldy, Peter R. Orszag, Joseph E. Stiglitz, "Climate change: an agenda for global collective action," Prepared for the Conference on the Timing of Climate Change Policies, Pew Center on Global Climate Change, Washington, D.C., October 2001, https://www.c2es.org/docUploads/stiglitz.pdf.(上网时间:2017年12月12日)

[④] Richard N. Cooper, "Toward a real treaty on global warming," Foreign Affairs, Vol. 77, Issue 2, 1998, pp. 66–79.

[⑤] Richard E. Benedick, "Striking a new deal on climate change," Issues in Science and Technology, 2001, No. 1, pp. 71–76.

[⑥] Scott Barrett, "Environment and Statecraft: The Strategy of Environmental Treaty Making," Oxford: Oxford University Press, 2003.

[⑦] Richard B. Stewart, Jonathan B. Wiener, "Reconstructing Climate Policy: The Paths Ahead," 2001, http://scholarship.law.duke.edu/cgi/viewcontent.cgi?article=2054&context=faculty_scholarship.(上网时间:2017年12月12日)

[⑧] David G. Victor, "International Agreements and the Struggle to Tame Carbon," in James M. Griffin, "Global Climate Change: The Science, Economics and Politics," Edward Elgar, 2003, Chapter 9.

第一章　气候俱乐部概述

借鉴《蒙特利尔议定书》模式达成全球气候协议[1]等等。《蒙特利尔议定书》是解决全球性集体行动、公共产品问题的成功案例，也是关键国家——美国、欧盟发挥单边性领导作用推动全球机制塑成的典型案例[2]，却不适用于气候变化问题[3]。而具体问题、具体目标之间有时相互掣肘，也使尝试通过"自上而下"模式一揽子解决气候问题的众多方案难以奏效[4]。

在此背景下，国际社会开始寻求替代方案。新的国际气候合作机制应该在科学基础可靠、经济成本有效、政治政策可行，并能够吸纳全球大多数发展中国家积极参与，通过各种灵活机制实现温室气体减排目标。[5] 在借鉴核武器控制谈判[6]、WTO 框架下的国际贸易谈判[7]、跨界空气污染治理[8]等其他领

---

[1] Cass Sunstein, "Of Montreal and Kyoto: A Tale of Two Protocols," 31 Harv. Envtl. L. Rev. 1, 2007, https://dash.harvard.edu/handle/1/11354036? show = full; Andrew Pfluger, "Why the Montreal Protocol Is Not a Template for Multilateral Environmental Agreements: An Examination of Why China and India Ratified," Middle States Geographer, 2010, No. 43, pp. 96 – 103.

[2] 为吸引发展中国家参与，美国和欧盟提出建立一个资金机制帮助它们缓解减排成本，并释放出对不合作国家进行贸易制裁的信号。参见，Richard E. Benedict, "Ozone Diplomacy: New Directions in Safeguarding the Planet," Harvard University Press, 1998; Peter M. Morrisette, "The Evolution of Policy Responses to Stratospheric Ozone Depletion," Nature Resources Journal, 1989, No. 29, pp. 793 – 816.

[3] Cass Sunstein, "Of Montreal and Kyoto: A Tale of Two Protocols," 31 Harv. Envtl. L. Rev. 1, 2007; Andrew Pfluger, "Why the Montreal Protocol Is Not a Template for Multilateral Environmental Agreements: An Examination of Why China and India Ratified," Middle States Geographer, 2010, No. 43, pp. 96 – 103.

[4] Jpseph E. Aldy, Scoot Barrett, Robert N. Stavins, "Thirteen plus one: a comparison of global climate policy architectures," Climate Policy, Vol. 3, Issue 4, 2003, pp. 373 – 397; Camilla Bretteville Froyna, Jon Hovib, "A climate agreement with full participation," Economics Letters, Vol. 99, Issue 2, 2008, pp. 317 – 319.

[5] Joseph E. Aldy, Robert N. Stavins, "Post-Kyoto International Climate Policy: implementing architectures for agreement," New York: Cambridge university press, 2010, pp. 2 – 4.

[6] Sebastian Harnisch, "Minilateral Cooperation and Transatlantic Coalition-Building: The E3/EU-3 Iran Initiative," European Security, Vol. 16, Issue 1, 2003, pp. 1 – 27; Stewart Patrick, "The New 'New Multilateralism': Minilateral Cooperation, but at What Cost?" Global Summitry, Vol. 1, Issue 2, 2015, pp. 115 – 134.

[7] Robert Z. Lawrence, "Rulemaking Amidst Growing Diversity: A Club-of-Clubs Approach to WTO Reform and New Issue Selection," Journal of International Economic Law, Vol. 9, Issue 4, 2006, pp. 823 – 835; Christina L. Davis, Meredith Wilf, "Joining the Club: Accession to the GATT/WTO," The Journal of Politics, Vol. 79, Issue 3, 2017, pp. 964 – 978; Amrita Narlikar, "New powers in the club: the challenges of global trade governance," International Affairs, Vol. 86, Issue 3, 2010, pp. 717 – 728.

[8] Scott Barrett, "Environment and Statecraft: The Strategy of Environmental Treaty-Making", Oxford University Press, 2003.

域中富有成效的合作经验基础上，学者们提出通过自下而上的局部合作来弥补自上而下全球性集体行动的不足，缩小合作规模，贴合各国实际需求，通过自愿俱乐部的模式推动国际气候合作。①

俱乐部模式的合作理论最初起源于经济学②，属于制度经济学概念，是为俱乐部成员提供共同物品的一种方式，主要针对公共选择问题、经济合作中的外部性，以及集体行动困境、集体行动中的搭便车问题③。21世纪初，其被运用于设计、分析私营部门的绿色商业行为和环保志愿行动。有学者指出，应学习、拓展 ISO-14064 的经验采用俱乐部模式设计环境志愿项目，明确环境标准、提供减少污染排放的行动激励、对符合要求的公司和产品提供认证等，鼓励商业实体在政府要求之外创造有益的环境外部性，并利用独立的第三方审核、监督、惩罚机制避免搭便车和作弊现象。④

2009 年哥本哈根大会以后，关于俱乐部式气候合作安排的论述快速增加。各国更多地在不同国际场合组团讨论提高能效、治理短期气候污染物、加快技术研发与部署等气候相关议题，并在小范围内展开有限的合作。⑤

2010 年，基欧汉和维克多在《应对气候变化的制度复合体》一文中正式将俱乐部作为一个分析性概念引入气候治理研究。他们指出，在联合国倡导的全球谈判僵局背景下，出现一种针对议题更具体、范畴更窄，成员规模更

---

① David G. Victor, "Global Warming Gridlock: Creating More Effective Strategies for Protecting the Planet," Cambridge University Press, 2011; Sander Chan, Pieter Pauw, "A Global Framework for Climate Action (GFCA): Orchestrating Non-State and Subnational Initiatives for More Effective Global Climate Governance," Discussion Paper for Deutsches Institut für Entwicklungspolitik, 2014, https://www.die-gdi.de/uploads/media/DP_34.2014.pdf. (上网时间: 2018 年 1 月 31 日)

② James M. Buchanan, "An economic theory of clubs," Economica, Vol. 32, No. 125, 1965, pp. 1-14.

③ Richard Cornes, Todd Sandler, "The theory of externalities, public goods, and club goods," Cambridge: Cambridge University Press, 1996; Todd Sandler, John Tschirhart, "Club theory: thirty years later," Public Choice, Vol. 93, No. 3/4, 1997, pp. 335-355.

④ Matthew Potoski, Aseem Prakash, "Voluntary Clubs: An Introduction," in Matthew Potoski, Aseem Prakash, "Voluntary Programs: A Club Theory Perspective," Massachusetts Institute of Technology, 2009, pp. 1-16; Kotchen MJ, Van't Veld K, "An economics perspective on treating voluntary programs as clubs," in Matthew Potoski, Aseem Prakash, "Voluntary Programs: A Club Theory Perspective, Massachusetts Institute of Technology," 2009, pp. 67-86.

⑤ Oscar Widerberg, Daniel E. Stenson, "Climate Clubs and the UNFCCC: Complement, Bypass or Conflict?" FORES Study, 2013.

有限的合作形式，就像俱乐部一样。这些俱乐部，要么是专门针对具体的气候议题新成立的，要么是既有的国际政治俱乐部纳入气候议题、拓展气候政策职能而来，往往只包括所涉问题领域的关键国家，并由其中的牵头者承担组织成本。此后，对气候俱乐部的研究从经典的俱乐部理论拓展到新自由制度主义框架下的国际机制论、国际合作论，受到气候制度丛结理论、多中心治理体系理论、管弦理论、跨国气候治理研究的关注。

## 二、美国"另起炉灶"的国际气候合作策略

气候俱乐部研究的主要阵地在美国，这不仅是因为美国学者善于运用科学实证的方法和模型推演，更是美国气候政策需求所致。美国气候合作的实践与气候政策的研究关系密切，学术界的科研背后有较强的政策动力。这是中国气候政策研究过程中应当重视的问题。[①]

美国在UNFCCC机制的发展过程中长期扮演旁观者、拖后腿者的角色，但不甘于沦为"局外人"，而要采取不同于UNFCCC的路径，另起炉灶，重塑在全球气候治理格局中的领导者角色。早在2001—2006年，美国就主导发起第四代核能系统国际论坛（The Generation IV International Forum，GIF）、碳收集领导人论坛（Carbon Sequestration Leadership Forum，CSLF）、国际氢能经济和燃料电池伙伴计划（The International Partnership for Hydrogen and Fuel Cells in the Economy，IPHE）、甲烷市场化伙伴关系（Methane to Market Partnership，M2M）[②]和亚太清洁发展和气候伙伴关系等"自下而上"的国际合作模式，企图挑战、取代UNFCCC和《京都议定书》。哥本哈根谈判期间，美国在中期减排目标和资金两大关键问题上都态度消极，因此备受诟病。所以，2011年前后，在有关议定书第二承诺期谈判的关键时间点上，气候俱乐部被正式提上美国学界研究议程，美国试图继续通过自下而上的替代性合作模式重占气候治理高地。

美国于UNFCCC之外另起炉灶的原因在于，其碳排放结构、能源结构都与其高消耗、高消费的经济结构、生活方式密切相关，减排难度大、政府成本高；国会复杂的法律程序、参议院和利益集团的阻挠、党派斗争限制了政治决策。而小规模的俱乐部模式既能发挥美国的比较优势，又能促使其他国

---

[①] 胡王云、张海滨："国外学术界关于气候俱乐部的研究述评"，《中国地质大学学报（社会科学版）》2018年第3期。

[②] M2M是全球甲烷行动计划（GMI）的前身。

家同意将产权保护充分的自由市场与气候（主要是减排）机制结合起来，十分贴合美国利益。所以，根据学界俱乐部研究中提供的思路和方案，美国积极引导、参与气候俱乐部的建设与运行。在 UNFCCC 认可的有助于减排的 34 项专门性政府间气候机制中，美国参与最积极，其中有 5 项由美国单独或与其他国家共同发起：主要经济体能源和气候变化论坛、清洁部长会议、减少短期气候污染物排放的气候与清洁空气联盟、全球甲烷行动计划（Global Methane Initiative）、刚果盆地森林伙伴计划（Congo Basin Forest Partnership）。①

## 第二节　气候俱乐部的概念范畴与分类

气候俱乐部通常被定义为 UNFCCC 框架外在气候变化相关议题领域（尤其是减排方面），针对特定的具体问题，基于共同意愿采取额外行动的数量有限的一组国家②。由于气候问题十分复杂、气候政策手段很多元、国际气候合作形式多种多样，气候俱乐部的成员结构、所处理的问题（核心议题）、主要功能与目标、使用的核心手段（主要的政策工具）、采用的组织形式与合作路径、与 UNFCCC 的具体关联也十分不同③，使气候俱乐部这个概念的外延范畴比较宽，表现形式很多样。但是，总结现有的研究可以发现，气候俱乐部的概念内核相对稳定，符合其四项核心特质的气候机制一般都被视为气候俱乐部。

### 一、气候俱乐部的概念与四项界定标准

气候俱乐部代表的是一类国际合作、一种合作思路。总结现有的研究可以发现，气候俱乐部有四个核心特点和关键的界定标准（参见表 3）：少数国

---

① 主要是 UNFCCC 列出的国际减排机制。参见，UNFCCC, "Compilation of information on mitigation benefits of actions, initiatives and options to enhance mitigation action: list of selected cooperative initiatives," 2013, http://unfccc.int/meetings/bonn_jun_2013/items/7655.php.（上网时间：2018 年 1 月 31 日）

② Lutz Weischer, Jennifer Morgan and Milap Patel, "Climate Clubs: Can Small Groups of Countries make a Big Difference in Addressing Climate Change?" Review of European, Comparative and International Law, Vol. 21, Issue 2, 2012, pp. 177–192.

③ Oscar Widerberg, Daniel E. Stenson, "Climate Clubs and the UNFCCC: Complement, Bypass or Conflict?" FORES Study, 2013.

家发起（Starting Small）、合作的自愿性（Voluntary）、针对特定的具体问题（Focused）、合作的灵活性和非正式性（Flexible and Informal）。这四点也可以视为气候俱乐部的概念内核，其中，前两个是最基本的。

另一方面，气候俱乐部的外在表现形式多种多样，包括联合（Association）、伙伴关系（Partnership）、联盟（Coalition, Alliance, Union）、集团（Group）、行动倡议（Initiative）等，涉及的政策工具包括管制、市场方法、技术、资金等。研究的出发点、角度、方法不同，学者对气候俱乐部的具体界定也就不同。简言之，措辞不同、但基本思路相同。

### （一）少数国家发起

少数国家发起（Starting Small）是界定气候俱乐部的首要标准，直接体现为两点。第一，气候俱乐部的建立和发起是少数国家对话、合作的直接结果，要么是一个或数个国家专门针对某个气候议题发起合作倡议、邀请其他国家参与，要么是原有的国家集团在探讨气候问题以后担负了新的气候责任；第二，气候俱乐部最初的成员资格有限（Limited Membership），在这种情况下，合作主要起源于少数国家之间达成共识、协调行动。这个特点是俱乐部机制决策速度快、议题关联灵活、成本—收益结构贴合成员需求的前提条件。[1]

这项基本要求使气候俱乐部还具备另外三个特点——参与国拥有共同的兴趣，构成意愿联盟（Like-minded Coalition/Club）；创始成员国往往具备某些相似的特征或满足某些标准；相较于 UNFCCC 等全球性"自上而下"的集中治理模式，气候俱乐部更多的是局部性"自下而上"的分散化、去中心化（Decentralized）治理模式。所以，气候俱乐部成员国的行动并非外在的约束力或单一权威驱使，而是植根于各国对可观收益的明确预期，这就要求为气候俱乐部设计一套明确有效的激励机制。

意愿联盟意味着发起国共享的意愿，而且要十分明确：可以是一个相对

---

[1] Frank Biermann, Philipp Pattberg, Harro van Asselt, Fariborz Zelli, "The Fragmentation of Global Governance Architectures: A Framework for Analysis," Global Environmental Politics, Vol. 9, Issue 4, 2009, pp. 14 – 40; Robert Falkner, "A miniateral solution for global climate change? On bargaining efficiency, club benefits and international legitimacy," Center for Climate Change Economics and Policy, Working Paper No. 222, 2015, http://www.lse.ac.uk/GranthamInstitute/publication/a-minilateral-solution-for-global-climate-change-on-bargaining-efficiency-club-benefits-and-international-legitimacy/.（上网时间：2018 年 1 月 31 日）Håkon Sælen, "Side-payments: An Effective Instrument for Building Climate Clubs?" International Environmental Agreements: Politics, Law and Economics, Volume 16, Issue 6, 2016, pp. 909 – 932.

宽泛、综合性的原则，比如低碳绿色发展；也可以是具体的、范围较窄的部门性目标，比如"到2020年增加1万亿瓦特的可再生能源发电量"。一般来说，单一议题的俱乐部难以对所有成员国都提供充足的收益，跨部门俱乐部提供的行动激励可能更足。①

除此以外，一般强调创始成员国是"（减排）关键国家"或议题领域的"重要国家"，比如碳排放大国、可再生能源技术大国、可再生能源比重排名靠前的国家、氢能/水电大国等。重要性可体现于政治方面、经济方面或象征意义方面。②"关键国家"和"重要国家"对俱乐部行动的具体结果、国际影响往往可能起到决定性作用。所以在创建俱乐部的过程中，应尽早鼓励、拉拢这些国家加入俱乐部。也有研究机构建议罗列五项标准，满足三项的国家即可加入成为创始国。③

（二）合作的自愿性

自愿主要是指各国根据本国国情和应对气候变化方面的实际需求，自主地确定经济、社会、政治、技术上可行的目标、政策和手段，自主地决定如何落实这些目标、政策、手段，并基于此，在没有外力约束的情况下同意采取额外的行动或承担私人化的成本（外部性内部化）。自愿强调的是外在的、强制性的、法律约束力的缺失，但俱乐部成员可以基于自愿采取法律性行为和措施。④

维克多（David G. Victor）指出，在不确定性比较高、达标路径与方式不十分明确的情况下，采用传统的约束性策略成本比较高、效果不一定好，让各国基于本国国情和意愿，通过非约束性（Nonbinding）的合作逐渐摸索有效

---

① Lutz Weischer, Jennifer Morgan, "The Solar Economy Club: Leadership Club Approach to International Climate Policy," a short study commissioned by the Green Party Parliamentary Group in the German Bundestag, 2014, https://www.hermann-e-ott.de/bt2014/fileadmin/content/dokumente/Downloads/WRI_Study_Climate_Clubs_Greens.pdf.（上网时间：2018年1月31日）

② Lutz Weischer, Jennifer Morgan and Milap Patel, "Climate Clubs: Can Small Groups of Countries make a Big Difference in Addressing Climate Change?" Review of European, Comparative and International Law, Vol. 21, Issue 2, 2012, pp. 177 – 192.

③ Lutz Weischer, Jennifer Morgan, "The Solar Economy Club: Leadership Club Approach to International Climate Policy," a short study commissioned by the Green Party Parliamentary Group in the German Bundestag, 2014.

④ Matthew Potoski, "Green Clubs in Building Block Climate Regimes," Climate Change, Volume 144, Issue 1, 2017, pp. 53 – 63.

方式、逐渐提高行动目标，效果会更好。①

（三）针对性和目标有限性

通过气候俱乐部推动气候治理的思路与功能主义十分相似——通过需求与结果导向的务实行动弥补治理赤字或行动不足②，而需求和对结果的预期往往是具体而明确的，这就使得气候俱乐部所涉及的议题数量较少、目标比较具体。比如，发展中国家减少毁林和森林退化所致排放问题，以及发展中国家森林保护、可持续经营和增加森林碳储量作用的倡议（后文简称 REDD＋）就是 UNFCCC 机制对森林退化所致温室气体排放问题处理不足而设立的一项"过渡性"机制，希望先在利益十分相关、在森林问题上十分重要或有兴趣的国家之间达成安排、建构合作，为 UNFCCC 全缔约方达成共识、在 UNFCCC 正式文件中就相关问题做出最终安排铺平道路。③ 目标有限性也有助于对成员国提供排他性收益。

这又延伸出两个小特点。第一，部分性协议（Partial/Small Agreement），在这种情况下，合作主要起源于针对某项具体问题的合作性安排。进而，这两种形式往往又暗含着气候俱乐部生成的两项前提：关于气候问题的微边主义合作观和治理观，基于对 UNFCCC 困局的判断，认为先于少数其他国家灵活合作会更有效，更有助于将气候政策融入国内进程；共同意愿，即气候政策目标、定位、成本—收益衡量方面的相似性或基本共识。

第二，"从小处入手"，强调务实性。即，针对具体的气候问题采取实际行动，不要求成员在观念、立场、根本态度或整体战略方面达成一致，而是求同存异，在力所能及、可以产生互惠性收益的领域开展协作型或合作性的经验治理，然后逐步拓宽合作领域、加深共识、增加成员。目前关注度较高的减排俱乐部主要就是遵循的这种思路，由此排除纯谈判论坛和宣传、研究机制。

（四）合作的灵活性与非正式性

气候俱乐部需要在非正式性和必要的制度化组织形式之间保持平衡，这主要有两点原因。

第一，气候俱乐部的当务之急是鼓励成员国尽早、迅速行动起来，然后在动态的执行与遵守过程中逐渐提高原有目标、增加新目标。分享经验、联

---

① David G. Victor, "Toward Effective International Cooperation on Climate Change: Numbers, Interests and Institutions," Global Environmental Politics, Vol. 6, Issue 3, 2006, p. 96.

② Oscar Widerberg, Daniel E. Stenson, "Climate Clubs and the UNFCCC: Complement, Bypass or Conflict?" FORES Study, 2013.

③ 参见 REDD＋Partnership, http://www.reddpluspartnership.org。

合研发、设立共同项目都是容易入手的内容。但随着俱乐部的发展，还需要设立一些制度化的机制，比如小型秘书处，以确保联合行动可持续、成员国及时沟通、俱乐部会务正常开展等。这样可以逐渐增强俱乐部的制度化和约束性。俱乐部的核心议题、主要功能决定了应该采用何种组织形式。[1]

第二，温室气体减排本身是一项公共产品，围绕单一的减排目标很难建构稳定而有效的俱乐部合作，所以需要在气候目标、气候激励以外，设置与气候问题相关的其他目标、其他激励机制，以创造协同效应和额外收益。[2] 这就要求具备灵活性和一定程度上的非正式性。

**表3 现有研究中对于国家行为体主导的俱乐部式合作的界定**

| 文献 | 气候俱乐部的定义 | 所用概念 | 机制的核心要素/特征 | 案例 |
| --- | --- | --- | --- | --- |
| 2006, David Victor[3] |  | 小（国家）集团（Small group）可变组合（Variable Geometry） | 发起国数量少，且为关键国家；针对不同议题、目标，进行不同的组合、安排不同的合作方式 | G8 |
| 2009, Biermann et. al[4] |  | 少数国家间协议（Small-n Initial Agreements）额外行动（Additional Initiative）公私伙伴关系（PPP） | 少数国家发起，意愿相似国家 | GMI, CSLF, IPHE, CEM, G8, ICAP, APP, MEF[5] |

---

[1] Lutz Weischer, Jennifer Morgan, "The Solar Economy Club: Leadership Club Approach to International Climate Policy," a short study commissioned by the Green Party Parliamentary Group in the German Bundestag, 2014.

[2] Richard B. Stewart, Michael Oppenheimer, Bryce Rudyk, "Building blocks for global climate protection," Stanford Journal of Environmental Law, Vol. 32, Issue 2, 2013, pp. 341-390.

[3] David G. Victor, "Toward Effective International Cooperation on Climate Change: Numbers, Interests and Institutions," Global Environmental Politics, Vol. 6, Issue 3, 2006, p. 96.

[4] Frank Biermann, Philipp Pattberg, Harro van Asselt, Fariborz Zelli, "The Fragmentation of Global Governance Architectures: A Framework for Analysis," Global Environmental Politics, Vol. 9, Issue 4, 2009, pp. 14-40.

[5] 国际碳行动伙伴关系（The International Carbon Action Partnership）。

第一章 气候俱乐部概述

续表

| 文献 | 气候俱乐部的定义 | 所用概念 | 机制的核心要素/特征 | 案例 |
|---|---|---|---|---|
| 2010, Keohane, Victor[①] | 在气候变化领域进行合作的少数关键国家 | 俱乐部（Club）小集团 | 发起国数量少，且为关键国家 | G8+5, G20, APP, MEF |
| 2012, Weischer et. al[②] | 在气候变化及相关领域采取额外行动的一小组国家 | 气候俱乐部（Climate Clubs）多边论坛（Multilateral Forum）转型俱乐部（Transformational Clubs） | 发起国数量少（多于2个，少于UNFCCC所有缔约方）；国家主导，非国家行为体参与；不同的形式和组织化程度，如行动倡议、论坛、伙伴关系、低碳联盟（Low-Carbon Union） | 17个减排俱乐部：IEA-TCPs, REEEP, REN21, Energy+, CEM, APP, G8, G20, MEF, CSLF, GBEP, REDD+, GMI, GGGI, M&MRV, LEDS GP, CCAC[③] |

---

① Robert Keohane and David Victor, "The Regime Complex for Climate Change," 2011. 关于环境、气候领域"小团体"合作的研究参见，Karen J. Alter and Sophie Meunier, "the Politics of International Regime Complex," Symposium, Vol. 7, Issue 1, 2009, pp. 13-24。

② Lutz Weischer, Jennifer Morgan and Milap Patel, "Climate Clubs: Can Small Groups of Countries make a Big Difference in Addressing Climate Change?" Review of European, Comparative and International Law, Vol. 21, Issue 2, 2012, pp. 177-192.

③ 国际能源署能源技术合作项目（International Energy Agency-Technology Cooperation Programmes）；可再生能源与能效伙伴关系（Renewable Energy and Energy Efficiency Partnership）；21世纪可再生能源政策网络（Renewable Energy Policy Network for the 21st Century）；国际能源与气候行动（International Energy and Climate Initiative Energy+，简称Energy+）；全球生物能源伙伴关系（Global Bioenergy Partnership）；全球绿色增长研究所（Global Green Growth Institute）；气候减缓、测量、报告与核实国际伙伴关系（International Partnership on Mitigation and MRV，简称M&MRV）；低排放发展战略全球伙伴关系（Low Emission Development Strategy Global Partnership）。

续表

| 文献 | 气候俱乐部的定义 | 所用概念 | 机制的核心要素/特征 | 案例 |
|---|---|---|---|---|
| 2013, Widerberg, Stenson[①] | | 气候俱乐部 行动倡议俱乐部 (Initiatives Clubs) | 少数国家, 成员资格具有排他性; 国家主导, 但有时有非国家行为体参与; 意愿联盟; 自愿行动; 灵活选择的合作形式和政策工具, 制度化程度不一定高 | 17个俱乐部 (同上), 根据功能、成员构成, 分为能源俱乐部、国家俱乐部、执行俱乐部 |
| 2013, Stewart et. al[②] | | | 自愿合作; 对参与俱乐部所获得的收益高于成本有明确的预期 | 俱乐部的合作模式可以和各种气候政策相结合, 比如研发、信息、管制、市场, 从而创造出俱乐部产品 |
| 2014, Weischer, Morgan[③] | 在气候变化领域共同采取行动以补充多边进程之不足的一小组国家 | 小论坛 (Smaller Forums) 转型俱乐部 | 少数国家发起; 对于收益高于成本的明确预期; 非正式性 (Informal) | G20, IRENA[④], REN21, REEEP, CEM |
| 2013, Bausch, Mehling[⑤] | | 气候倡议 (Climate-Specific Initiatives) 备选场域 (Alternative Venues) | 非正式性、灵活性; 针对性 | MEF, CEM, G8, G8+5, G20, REDD+, M&MRV |

---

① Oscar Widerberg, Daniel E. Stenson, "Climate Clubs and the UNFCCC: Complement, Bypass or Conflict?" FORES Study, 2013.

② Richard B. Stewart, Michael Oppenheimer, Bryce Rudyk, "Building blocks for global climate protection, Stanford Journal of Environmental Law," Vol. 32, Issue 2, 2013, pp. 341-390.

③ Lutz Weischer, Jennifer Morgan, "The Solar Economy Club: Leadership Club Approach to International Climate Policy," a short study commissioned by the Green Party Parliamentary Group in the German Bundestag, 2014.

④ 国际可再生能源机构 (International Renewable Energy Agency)。

⑤ Camilla Bausch, Michael Mehling, "Alternative Venues of Climate Cooperation: An Institutional Perspective," in Erkki J. Hollo, Kati Kulovesi, Michael Mehling, eds., "Climate Change and the Law," Ius Gentium: Comparative Perspectives on Law and Justice, Springer, Dordrecht, 2013, Vol. 21, pp. 111-143.

第一章 气候俱乐部概述

续表

| 文献 | 气候俱乐部的定义 | 所用概念 | 机制的核心要素/特征 | 案例 |
|---|---|---|---|---|
| 2014, Nordhaus[①] | 共同参与俱乐部产品生产活动、分摊活动成本,藉此实现互利的自愿国家集团 | 国家联盟(Coalitions of Countries) | 对收益高于成本的明确预期;针对性;自愿性和灵活性[②] | 碳定价俱乐部(Trade-Penalty-Plus-Carbon-Price Club) |
| 2017, Potoski[③] | | 绿色俱乐部(Green Club)[④] 自愿项目(Voluntary Environmental Programs) | 自愿性(私人化的成本和相应的排他性收益) | 绿色技术俱乐部,如能效技术;认证俱乐部,如,ISO14001 |
| 2017, Aakr et. al[⑤] | | 小俱乐部(Small Club) 小国家集团 | 少数国家发起,并且会逐渐增加成员国、不断演化 | 中美双边合作、NICFI[⑥]、CCAC、AC[⑦] |

---

[①] William Nordhaus, "Climate Clubs: Designing a Mechanism to Overcome Free-riding in International Climate Policy," Presidential Address to the American Economic Association, January 4, 2014, http://carbon-price.com/wp-content/uploads/2015-01-Nordhaus-Climateclub_123014-main-wm.pdf.(上网时间:2018年2月10日)

[②] Club 成功的四个主要条件:(1)有一个可以分享的具有公共物品属性的资源;(2)每个成员都可以从合作安排中受益;(3)非成员国不能获益,或被轻微惩罚;(4)成员资格相对稳定,没有人想离开。在贸易俱乐部中,核心优势是以较低的关税壁垒、门槛较低的市场准入机制;在军事联盟中,收益是和平和生存。设定统一的最低国内碳价格以后,各国可以根据本国实际情况、收益和激励结构设定实际碳价格,以及采用何种方式落实这个价格机制,是碳税、碳交易,抑或混合前两者。

[③] Matthew Potoski, "Green Clubs in Building Block Climate Regimes," Climate Change, Volume 144, Issue 1, 2017, pp. 53-63。

[④] 研究"绿色俱乐部"的还有 Blackman and Rivera 2011; Prakash and Potoski 2006a, b; 2007; van't Veld and Kotchen 2011; Kotchen 2013; Lyon 2014; Darnall and Kim 2012。

[⑤] Stine Aakre, Steffen Kallbekken, Rita Van Dingenen and David G. Victor, "Incentives for small clubs of Arctic countries to limit black carbon and methane emissions," Nature Climate Change, 2018, No.8, pp.85-90.

[⑥] 挪威国际气候与森林可持续治理倡议(Norway's International Climate and Forest Initiative), https://www.norad.no/en/front/thematic-areas/climate-change-and-environment/norways-international-climate-and-forest-initiative-nicfi/。(上网时间:2018年2月10日)

[⑦] 北极委员会(Arctic Council), https://arctic-council.org/index.php/en/。该委员会在气候变化方面的行动主要是气候适应、控制甲烷和黑碳。参见 https://arctic-council.org/index.php/en/our-work/environment-and-climate, http://america.aljazeera.com/articles/2015/4/24/arctic-methane-black-carbon.html。(上网时间:2018年2月10日)

续表

| 文献 | 气候俱乐部的定义 | 所用概念 | 机制的核心要素/特征 | 案例 |
| --- | --- | --- | --- | --- |
| 2017, N. Keohane et. al[①] | | 小集团 | 少数国家发起，逐渐发展演化；针对性；少数碳市场主体之间的"小多边"/"复边"协议/安排 | CCAC |

资料来源：作者自制。

## 二、按产品属性分类：布坎南俱乐部与准俱乐部

根据产品属性和产品的供给、配置模式，可将气候俱乐部分为狭义的布坎南俱乐部和广义的准俱乐部。狭义的定义强调气候俱乐部机制内部对成员国提供一定的排他性收益；广义的定义只强调发起国数量少或成员国数量有限——少于UNFCCC全体缔约方。

布坎南俱乐部概念来源于经济学原理中的俱乐部理论，以公共选择学派之父詹姆斯·麦吉尔·布坎南（James M. Buchanan）提出的俱乐部经济理论为基础，定义为"成员拥有的，旨在提供'俱乐部产品'（Club Goods）的制度性安排"，在这种安排下，"一个群体自愿共享或共担以下一种或多种因素以取得共同利益：生产成本、成员特点或具有排他性的产品"。[②] 俱乐部产品介于公共产品和私人产品之间，有两个突出特点：（1）消费的非竞争性。任何成员消费俱乐部产品不会损害其他成员的消费，在一定规模下，成员数量的增加也不会损害消费质量。但俱乐部产品有"拥挤临界点"，当成员数目超过临界点后，每增加一个人，其他人的消费就减少。（2）受益的排他性。俱乐部产品只对成员提供，消费者通过支付使用费（User Fee）或会员费（Membership Fee）而成为局内人，局内人普遍受益，局外人则受到排斥。[③]

---

[①] Nathaniel O. Keohane, Annie Petsonk, A. Hanafi, "Toward a Club of Carbon Market," Climatic Change, Volume 144, Issue 1, 2015, pp. 81 – 95.

[②] James M. Buchanan, "An economic theory of clubs," Economica, Vol. 32, No. 125, 1965, pp. 1 – 14.

[③] Todd Sandler, John Tschirhart, "Club theory: thirty years later," Public Choice, Vol. 93, No. 3/4, 1997, pp. 335 – 355.

**表4　俱乐部产品与公共产品、私人物品的区别**

|  | 排他性 | 非排他性 |
| --- | --- | --- |
| 竞争性 | 私人物品：粮食、衣物 | 公池资源：公共渔场 |
| 非竞争性 | 俱乐部产品：剧院、高速公路 | 公共产品：空气、国防 |

资料来源：James M. Buchanan, "An economic theory of clubs," Economica, Vol. 32, No. 125, 1965, pp. 1 – 14.

也就是说，气候俱乐部狭义定义的核心标准是成员从俱乐部获得排他性收益[1]，收益或由俱乐部直接提供，或由成员国集体行动间接创造[2]。狭义定义的俱乐部有成本分摊机制、排外性的收益分享机制[3]以及加入门槛，要求加入国做出某种政策承诺，或具备某种属性。为使成本分摊机制有效运行，气候俱乐部最好还设有配套的惩罚机制、独立的第三方评估机制。在经济领域，俱乐部的成本和收益主要是资金，而在环境和气候治理领域，成本和收益还通常具有非物质属性。诺德豪斯（William Nordhaus）将气候俱乐部界定为：参与国在减排问题上协调行动的协议，其核心内容是碳定价和对外惩罚。[4] 狭义意义上的气候俱乐部（布坎南俱乐部）主要有两种形态：共享研发成果的技术俱乐部、建立碳责任（差别关税）或统一关税的碳市场俱乐部[5]。

但在"无政府"的主权国家体系内、在碳市场较分散的情况下，短期内较难达到上述标准，布坎南俱乐部总体还处于方案研究阶段[6]，加上气候俱乐

---

[1] Richard B. Stewart, Michael Oppenheimer, Bryce Rudyk, "A new strategy for global climate protection," Climatic Change, Vol. 120, No. 1 – 2, 2013, pp. 1 – 12.

[2] ［美］曼瑟尔·奥尔森著，陈郁、郭宇峰、李崇新译：《集体行动的逻辑》，三联书店1995年版，第77—79页。

[3] Nathaniel O. Keohane, Annie Petsonk, A. Hanafi, "Toward a Club of Carbon Market," Climatic Change, Volume 144, Issue 1, 2015, pp. 81 – 95.

[4] William Nordhaus, "Climate Clubs: Overcoming Free-riding in International Climate Policy," American Economic Review, Vol. 105, Issue 4, 2015, pp. 1339 – 1370.

[5] Sonja Hawkins, "Carbon Market Clubs under the Paris Climate Regime: Carbon Market Clubs under the Paris Climate Regime," Report of International Centre for Trade and Sustainable Development, 2016, https://www.greengrowthknowledge.org/sites/default/files/downloads/resource/Carbon%20Market%20Clubs%20under%20the%20Paris%20Climate%20Regime.pdf.（上网时间：2017年11月6日）

[6] 非国家层面，实际已经出现很多布坎南俱乐部式的合作治理行动，经常被提及的是美国地区性温室气体行动（Regional Greenhouse Gas Initiative）。

部常常生产非排他性的公共产品,通过外溢效应影响非俱乐部成员,于是出现广义意义上的准俱乐部(Pseudo-clubs)[1]方案,即数量有限的国家针对某具体议题,基于相似意愿,自愿采取协调性行动,以某种非正式的形式分摊一定的成本并受益于相关结果,但不要求收益具有排他性。这组国家多于一国,少于 UNFCCC 缔约方,主要是推动、落实减缓及其相关政策,也可针对气候适应、资金等议题。俱乐部主要由各国政府建立、主导,但可有利益相关方参与。从形式上讲,符合上述标准的任何合作安排都可以被称为气候俱乐部,包括多边合作机制、区域性气候治理安排、跨国气候行动、国际论坛、伙伴关系。[2]

准俱乐部方案的灵感来源于私营部门推动环境治理的绿色俱乐部(Green Clubs)和自愿(环境)项目(Voluntary Programmes)。它们通过设置环境标准、对符合要求的公司和产品提供认证等,鼓励商业实体在政府要求之外创造有益的环境外部性,有时还会与独立的第三方合作开展审核、监督、惩罚,防止"搭便车"和作弊。"ISO-14064"是比较典型的案例[3]。

布坎南俱乐部和准俱乐部的核心思路一致:通过一套激励机制增强行为体的参与意愿,实现有针对性的自愿合作。两者的主要区别在于,前者的主要目标是以排他的方式生产、分配俱乐部产品;后者的主要目标则是结合排他性方式,生产、分配公共产品或其他正外部性。

---

[1] Jessica F. Green, "The strength of weakness: pseudo-clubs in the climate regime," Climatic Change, Vol. 144, Issue 1, 2017, pp. 41–52.

[2] Lutz Weischer, Jennifer Morgan and Milap Patel, "Climate Clubs: Can Small Groups of Countries make a Big Difference in Addressing Climate Change?" Review of European, Comparative and International Law, Vol. 21, Issue 2, 2012, pp. 177–192; Jon Hovi, Detlef F Sprinz, Håkon Sælen, Arild Underdal, "Climate change mitigation: a role for climate clubs?" Palgrave Communications, Vol. 2, 2016, pp. 1–9.

[3] Matthew Potoski, Aseem Prakash, "Voluntary Programs: A Club Theory Perspective, Massachusetts Institute of Technology," 2009. 对于私营部门主导的俱乐部式合作,研究比较充分。重要的文献还有:Matthew Potoski, Aseem Prakash, "Green Clubs and Voluntary Governance: ISO 14001 and Firms' Regulatory Compliance," American Journal of Political Science, Volume 49, Issue 2, 2005, pp. 235–248; Aseem Prakash, Matthew Potoski, "Collective action through voluntary environmental programs: A club theory perspective," The Policy Studies Journal, Vol. 35, Issue 4, 2007, pp. 773–792; Klaas van't Veld, Matthew J. Kotchen, "Green clubs," Journal of Environment Economical Management, Volume 62, Issue 3, November 2011, pp. 309–322.

**表5　布坎南俱乐部与准俱乐部的区别**

| 要素 | 布坎南俱乐部 | 准俱乐部 |
| --- | --- | --- |
| 成员数量与结构 | 限定数量、成员稳定 | 数量可变、成员具有流动性 |
| 参与成本 | 约束性资金支付，如会费 | 非约束性行动支付，如减少排放 |
| 收益 | 俱乐部产品<br>某些公共产品<br>主要是气候相关的直接经济收益 | 俱乐部产品，如市场准入、认证<br>公共产品，如清洁大气<br>私人化收益，如声誉<br>非气候收益和非经济性气候收益[①] |
| 监督、惩罚机制 | 一般有 | 可有可无 |

资料来源：作者自制。

## 三、按主要功能分类：对话论坛和执行团体

从俱乐部的核心功能与制度形式角度，还可将气候俱乐部分为"对话论坛"型俱乐部和"执行团体"类俱乐部。

由于布坎南俱乐部和碳市场俱乐部操作难度比较大，目前实际存在的气候俱乐部基本上属于准俱乐部。国外学界经常研究的气候俱乐部包括：G7/8、G20、主要经济体论坛、亚太清洁发展与气候新伙伴计划、清洁能源部长会议、可再生能源与能效伙伴关系（Renewable Energy and Energy Efficiency Partnership，REEEP）、碳收集领导人论坛、全球生物能源伙伴关系（Global Bioenergy Partnership，GBEP）、全球甲烷行动计划、国际能源与气候行动（International Energy and Climate Initiative Energy +，Energy +）、气候与清洁空气联盟、气候减缓，测量，报告与核实国际伙伴关系（International Partnership on Mitigation and MRV，M&MRV）、国际碳行动伙伴关系（The International

---

[①] 准俱乐部创造的主要产品（清洁空气、可持续的森林等）具有较高的社会外部性，所以需要识别、提供其他的具备排他性的物品，以激励俱乐部成员，比如市场准入。Matthew Potoski, "Green Clubs in Building Block Climate Regimes," Climate Change, Volume 144, Issue 1, 2017, pp. 53 – 63; Jon Hovi, Detlef F. Sprinz, Håkon Sælenb, Arild Underdal, "The Club Approach: A Gateway to Effective Climate Cooperation?" https：//www.diw.de/documents/dokumentenarchiv/17/diw_01.c.502663.de/paper_sprinz_theclubapproach.pdf.（上网时间：2017 年 11 月 6 日）Charles F. Sabel, David G. Victor, "Governing global problems under uncertainty: Making bottom-up climate policy work," Climatic Change, Vol. 144, Issue 1, 2017, pp. 15 – 27; Roert Falkner, "A minilateral solution for global climate," Perspectives on Politics, Vol. 14, Issue 1, 2015, pp. 87 – 101.

Carbon Action Partnership，ICAP)、国际氢能经济和燃料电池伙伴计划、国际能源效率合作伙伴关系（International Partnership for Energy Efficiency Cooperation，IPEEC)、21世纪可再生能源政策网络（Renewable Energy Policy Network for the 21st Century，REN21）和创新使命（Mission Innovation，MI)。

这些俱乐部在参与结构、组织架构、核心议题、功能定位、运作模式方面差异很大，所以鲁兹·维舍（Lutz Weischer）等人选出17个气候俱乐部，根据核心功能将现有的气候俱乐部分为对话论坛、执行团体两大类，再按运作层次对这两种俱乐部进行细分。①

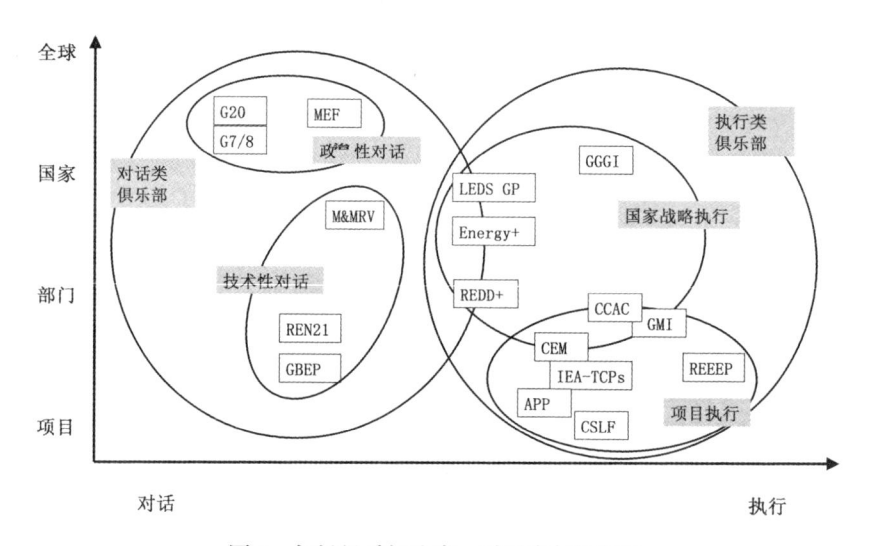

**图4 气候俱乐部分类：对话类与执行类**

资料来源：Lutz Weischer, Jennifer Morgan and Milap Patel, "Climate Clubs: Can Small Groups of Countries make a Big Difference in Addressing Climate Change?" Review of European, Comparative and International Law, Vol. 21, Issue 2, 2012, pp. 177–192.

对话论坛型的气候俱乐部的主要功能是推动气候政策交流，为成员国明确各方立场、推动达成共识提供平台，具体可分为高层政治性对话论坛和部门性技术对话论坛。G20、G7/8、主要经济体论坛等高层政治性对话论坛有一定的门槛，主要由发起国邀请或加入之前要提供一定的承诺，所以成员有

---

① Lutz Weischer, Jennifer Morgan and Milap Patel, "Climate Clubs: Can Small Groups of Countries make a Big Difference in Addressing Climate Change?" Review of European, Comparative and International Law, Vol. 21, Issue 2, 2012, pp. 177–192.

限。它通过利用意向声明、自愿承诺凝聚共识、协调行动,并且能对其他国家或国家集团产生影响。[①] 技术对话俱乐部的参与方以部门为主,级别较低,谈论的话题集中于某个具体领域,如推广可再生能源(REN21)、利用生物质能(GBEP)。

执行团体类的气候俱乐部主要功能是设立、资助、支持某类项目工程,或对国家战略、政府政策提供咨询建议或智识支撑。它们支持项目的方式很多元,但以资金支持为主。亚太清洁发展和气候伙伴关系、可再生能源与能效伙伴关系等俱乐部设有类似秘书处的机制、统一筹措、分配资金,REDD+、Energy+则要求发达国家成员国按照俱乐部协商的规则与方式向发展中国家成员国直接提供资金。为确保有效的筹资渠道,还需建立良好的内部治理结构、提高俱乐部的可靠性与合法性。清洁能源部长会议采用自下而上的组织模式,贯彻"分散化的领导力"理念,允许任何有意向的成员国就自己感兴趣的议题发起倡议,邀请相关伙伴参与。APP则采用自上而下的路径,由"政策和执行委员会"参照发达国家成员国出资的总水平确定合理筹划项目。

## 第三节 气候俱乐部的优势与潜在不足

气候俱乐部最初作为UNFCCC的补充或替代方案被提出,所以许多文献都侧重于讨论气候俱乐部解决UNFCCC框架下集体行动困境的潜力。一般认为,新的国际气候合作机制应科学基础可靠、经济成本有效、政治政策可行,并能够吸纳全球大多数发展中国家积极参与,通过各种灵活机制实现温室气体减排目标[②],因此要强化合作的激励机制、贴合各国实际需求,通过更小规模的合作推动全球性气候合作。[③] 学者们还从核武器控制谈判[④]、WTO框架下

---

[①] 董亮:《G20参与全球气候治理的动力、议程与影响》,《东北亚论坛》2017年第2期。

[②] Joseph E. Aldy, Robert N. Stavins, "Post-Kyoto International Climate Policy: implementing architectures for agreement," New York: Cambridge University Press, 2010.

[③] David G. Victor, "Global Warming Gridlock: Creating More Effective Strategies for Protecting the Planet," Cambridge University Press, 2011.

[④] 核供应国集团(Nuclear Suppliers Group)通过非正式性集体例会机制制定"核转让准则"和"核两用品触发清单"协调两用核技术出口、控制核扩散。Stewart Patrick, "The 'New Multilateralism': Minilateral Cooperation, but at What Cost?" Global Summitry, Vol. 1, Issue 2, 2015, pp. 115–134。

的国际贸易谈判①、国际金融治理②、跨界空气污染治理③等国际合作领域学习以小团体作推动全球进程的经验。

荷兰乌得勒支大学教授、哥白尼可持续发展研究所研究员弗兰克·比尔曼（Frank Biermann）等人将气候俱乐部的优势总结为（谈判）速度快、（行动）意愿强、参与广泛、成员平等④，得到广泛认可。威德伯格和斯滕森（Oscar Widerberg & Daniel E. Stenson）在此基础上增加一点：气候俱乐部框架下的遵约程序相对简约，成员间行动互惠性强，所以在没有强制力约束的情况下也能保证较强的执行力与产出。⑤ 但因气候俱乐部的参照对象是 UNFCCC，学者们主要通过对比两者来阐释气候俱乐部的特点与优势。此外，个别学者还注意到气候俱乐部的潜在不足和可能带来的问题。

**表6 气候俱乐部相较于 UNFCCC 的特点和优势**

| | 特点 | 优势 | 典型案例 |
|---|---|---|---|
| 参与结构 | 成员国数量少 | 谈判效率高，促进对话 | MEF |
| | 积极国家或关键国家 | 提高关键国家的减排意愿，塑造减缓气候变化的国际领导力 | G8<br>G20 |

---

① WTO 框架下的谈判有时以诸边、部门自由化谈判的方式推进，由此构建的"桥梁俱乐部"（Bridge Club）还时常对非合作国家采取排斥措施；近年来，逐渐发展建立了成员谈判集团的新模式，既有助于信息的及时、透明传递，又能通过减少谈判参与方的数量简化程序、提高效率。Christina L. Davis, Meredith Wilf, "Joining the Club: Accession to the GATT/WTO," The Journal of Politics, Vol. 79, No. 3, 2017, pp. 964 – 978.

② G10 达成《巴塞尔协议》（the Basel Accord）、G7 设立金融稳定论坛（the Financial Stability Forum）以推广更严格的金融标准，防止、应对国际金融体系动荡。Ethan B. Kapstein, "Resolving the regulator's dilemma: international coordination of banking regulations," International Organization, Vol. 43, Issue 2, 1989, pp. 323 – 347。

③ 由于《东北大西洋环境公约》（OSPAR Convention）的缔约方之中有西班牙、葡萄牙等受北海污染损害很小的国家，以及英国这个对北海污染贡献最大的国家，公约的实施一直很迟缓。1984 年德国发起北海地区旨在减少污染的部长级非正式会议（INSCs），排除了非北海国家，推动达成一系列实质性、规范性影响深远的承诺。Scott Barrett, "Environment and statecraft: the strategy of environmental treaty-making," Oxford University Press, 2003。

④ Frank Biermann, Philipp Pattberg, Harro van Asselt, Fariborz Zelli, "The Fragmentation of Global Governance Architectures: A Framework for Analysis," Global Environmental Politics, Vol. 9, Issue 4, 2009, pp. 14 – 40.

⑤ Oscar Widerberg, Daniel E. Stenson, "Climate Clubs and the UNFCCC: Complement, Bypass or Conflict?" FORES Study, 2013.

续表

|  | 特点 | 优势 | 典型案例 |
| --- | --- | --- | --- |
| 议题结构 | 针对性强<br>目标具体 | 利用现有的专门性机制，降低交易成本<br>实现"窄而深"的合作 | CEM<br>CSLF |
|  | 清晰灵活的<br>执行方案 | 灵活地推动务实合作，推动试验式治理、<br>政策创新和社会学习<br>降低利益相关方的参与门槛 | CCAC<br>CEM |
| 行合作原则 | 自愿参与<br>主动贡献 | 集体行动基础较牢固，承诺的可靠性、可<br>执行度高"有条件的承诺" | Energy +<br>GBEP |
|  | 排他性收益<br>选择性激励 | 利用"胡萝卜"和"大棒"提供行动激<br>励，解决集体行动困境，防止搭便车，吸<br>纳新成员 | 碳市场<br>俱乐部 |

资料来源：作者整理。

## 一、聚合少数关键国，谈判效率高

UNFCCC 的治理是"自上而下"的，寻求通过国际谈判，基于预先同意的原则，达成全球性、战略性、综合性以及具备约束力的、减排承诺坚定的气候协议。这就需要 UNFCCC 所有 197 个缔约国参与谈判。但 UNFCCC 的议事规则又要求，实质事项需要协商一致决策，程序事项需要多数票通过，每个缔约方均有一票。① 这实际上是将否决权给予每个国家，使消极国家有权阻止积极国家采取行动，大大增加了决策难度，有损于协议的效率和效力。②

气候俱乐部由少数积极国家出于自愿、基于兴趣在 UNFCCC 外发起，共识基础比较牢③；主要采用"小多边主义"（Minilateralism）的"复边谈判论坛"（Plurilateral Bargaining Forums）模式，不受 UNFCCC 程序规则和"消极

---

① UNFCCC, "Framework Convention on Climate Change, Organizational Matters of the Rules of Procedure," 1996, http://unfccc.int/resource/docs/cop2/02.pdf.（上网时间：2017 年 11 月 6 日）

② Jon Hovi and Detlef F. Sprinz, "The limits of the least ambitious program," Global Environmental Politics, Vol. 6, Issue 3, 2006, pp. 28–42.

③ Moises Naim, "Minilateralism: The magic number to get real international action," Foreign Policy, 2009, No. 173, http://foreignpolicy.com/2009/06/21/minilateralism/.（上网时间：2017 年 11 月 6 日）

国家"的束缚,非正式性强,决策更灵活①。这都有助于打破"气候谈判僵局"②,在 UNFCCC 外推进政治对话,推行更加灵活的减排战略,克服应对气候变化"制度性失败"。③ 此外,"大国俱乐部"或"(排放)关键国家"主导的气候俱乐部一旦达成共识,直接有助于拉低全球的温室气体排放的总体水平。④ 而大国的资源力、引导力又能提高俱乐部政策的影响力和吸引力,导致意愿和行动的外溢,动员消极国家、吸纳发展中国家参与合作,从整体上提高气候治理的政治意愿、参与度和平等性⑤,在规范层面重塑气候机制合法性⑥。

## 二、专注具体问题,推动试验式治理

UNFCCC 因过分追求综合性、全面性而难以应对缔约方的多样化、冲突性需求;气候俱乐部则采用"分解"的策略,针对具体问题设定相对明确的目标和路径,推动成员国务实合作,展开实验主义治理。

UNFCCC 的"全球协定"(Global Deal)战略本质上是一种"造法模式"(Law-Making Fashion),须:(1) 基于一致认可的原则提出普遍适用的政策;(2) 通过一揽子方式,制定气候治理的目标及手段,涵盖减缓、适应、碳交易、碳汇等各个方面;(3) 确立适用于所有国家的根本性原则,如责任分摊;(4) 各国普遍参与谈判和决策过程,并以联合国框架的首要地位为基础;(5) 试图确立具有法律约束力的国际义务。⑦ 这就要求缔约方针对一系列宏

---

① David G. Victor, "Global Warming Gridlock: Creating More Effective Strategies for Protecting the Planet," Cambridge University Press, 2011, pp. 61 – 83.

② William Antholis, Strobe Talbott, "Fast Forward: Ethics and Politics in the Age of Global Warming," Brookings Institution Press, 2010, pp. 46 – 57.

③ Jonatan Pinkse, Ans Kolk, "Multinational enterprises and climate change: Exploring institutional failures and embeddedness," Journal of International Business Studies, Vol. 43, Issue 3, 2012, pp. 332 – 341.

④ Anthony Brenton, "'Great Powers' in Climate Politics," Climate Policy, Vol. 13, Issue 5, 2013, pp. 541 – 546.

⑤ Frank Biermann, Philipp Pattberg, Harro van Asselt, Fariborz Zelli, "The Fragmentation of Global Governance Architectures: A Framework for Analysis," Global Environmental Politics, Vol. 9, Issue 4, 2009, pp. 14 – 40.

⑥ Andrew Hurrell, Sandeep Sengupta, "Emerging Powers, North-South Relations and Global Climate Politics," International Affairs, Vol. 88, Issue 3, 2012, pp. 463 – 484.

⑦ [英]戴维·赫尔德、安格斯·赫维、马丽卡·西罗斯主编,谢来辉等译:《气候变化的治理:科学、经济学、政治学与伦理学》,社会科学文献出版社 2012 年版,第 258—259 页。

观、抽象而又相互交织的规范性问题讨价还价，由此增加了气候谈判的复杂性和不确定性。根本立场、规范原则方面的不同又导致阵营分化，严重阻碍了应对气候变化各具体问题的实际行动。

气候俱乐部不拘泥于抽象的宏观目标，也不寻求一揽子解决所有问题，而使用"分解"（Decompose）的治理策略[1]。"分解"有两种方法：采取技术性视角和功能主义思路，将气候变化问题分解成一个个组成部分（Component Parts），针对各部分达成部门性协议[2]；采取局部性视角和地区主义思路，使气候治理的行动层次从全球回落到地区、地方层面，重视多元行为体和利益相关方的具体作用，然后通过跨层次协调整合机制提升系统效应，将气候治理从气候谈判的政治博弈中解放出来。

这样，成员国无需改变在整个气候问题上的根本态度，只求同、不问异，以具体问题上的务实合作为优先目标，客观上推动了 UNFCCC 框架之外大量的务实行动与合作项目。[3] 比如，推动实施某一类政策的同心俱乐部（Like-Minded Club），促进低碳技术研究与部署的技术创新俱乐部、利用市场机制的碳定价俱乐部或碳市场俱乐部。斯图尔特（Richard B. Stewart）等人指出，俱乐部在协调技术标准，推动可再生能源研发与部署合作，将气候机制与市场交易机制紧密关联的功效这三个方面最能发挥中坚作用。而技术、能源、经济市场体制恰恰是全球减缓气候变化行动的关键，所以气候俱乐部是气候治理新格局的一大基石。[4]

目标明确、有限，达标路径相对清晰，便可采用关联战略，利用现有的相关机制降低各国协调行动的成本。开普敦大学非洲气候与发展项目研究员布里塔·伦坎普（Britta Rennkamp）和开普敦大学化学工程系研究员安德鲁·马夸德（Andrew Marquard）等人强调，将共同兴趣、合理的收支结构与相关的机制联系起来，有助于充分发挥成员国的比较性优势，推动合作项目产出实质性结果。在推行项目的具体过程中，还可以鼓励利益相关方参与，

---

[1] Charles F. Sabel, David G. Victor, "Governing global problems under uncertainty: Making bottom-up climate policy work," Climatic Change, Vol. 144, Issue 1, 2017, pp. 15–27.

[2] Ernesto Zedillo, "Global Warming: Looking beyond Kyoto, Washington," DC: Brookings Institution Press, 2009, pp. 145–154.

[3] Geert Van Calster, WimVandenberghe, Leomie Reins eds., "Research Handbook on Climate Change Mitigation Law," Cheltenham: Edward Elgar, 2014.

[4] Richard B. Stewart, Michael Oppenheimer, Bryce Rudyk, "Building blocks for global climate protection," Stanford Journal of Environmental Law, Vol. 32, Issue 2, 2013.

为能力较弱、影响力较小的国家量身定制政策方案。[1] 这都有助于试验式治理、识别最佳案例、政策创新、社会学习和经验交流。[2] 而俱乐部的参与结构各不相同，这些俱乐部交叠、互构，有助于扩散规范，强化正的外溢效应。良性的互构格局反过来又强化气候俱乐部的灵活性特点，推动其渐进性演化、附加式扩散，最终塑造出更具活力的治理体系。[3]

### 三、激励自愿行动，防止搭便车

气候俱乐部最关键、最突出的功能是解决集体行动困境、防止搭便车，而这恰好是 UNFCCC 的主要障碍之一。

全球减排的收益大于成本[4]，所以国际社会最初是寻求通过全球性、综合性、约束性的自上而下"造法"路径解决气候变化问题，由此建立了"公约+议定书"模式。但由于气候变化问题的超大时空外部性、不确定性、复杂性，及其与主权国家体系的"错配"[5]，其很难保障全球规模的集体行动效力。而国家作为"理性经济人"追逐自我利益最大化。[6] 气候风险的不确定性、减排成本的高昂使各国迟疑于行动，而减缓气候变化的公共产品属性又造成不劳而获、坐享其成的可能性。两相结合，便为各国塑造了较强的

---

[1] Frank Biermann, Philipp Pattberg, Harro van Asselt, Fariborz Zelli, "The Fragmentation of Global Governance Architectures: A Framework for Analysis," Global Environmental Politics, Vol. 9, Issue 4, 2009, pp. 14–40.

[2] Britta Rennkamp, Andrew Marquard, "South Africa's multiple faces in current climate clubs," South African Journal of International Affairs, Vol. 24, Issue 4, 2017, pp. 443–461.

[3] Rafael Leal-Arcas, "Top-Down versus Bottom-Up Approaches for Climate Change Negotiations: An Analysis," The IUP Journal of Governance and Public Policy, Vol. 6, No. 4, 2011, pp. 7–52.

[4] Stefanie Baile, Florian Weiler, "A political economy of positions in climate change negotiations: Economic, structural, domestic, and strategic explanations," The Review of International Organizations, Vol. 10, Issue 1, 2015, pp. 43–66.

[5] Robert O. Keohane, David G. Victor, "Cooperation and discord in global climate policy," Nature Publishing Group, 2016, No. 6, pp. 570–575.

[6] 奥尔森曾经批驳这样一种观点："有共同利益的个人组成集团，通常是试图增进他们共同的利益"。他提出"理性经济人"的观点，指出，除非这个集团中人很少，或者存在强制性或其他特殊安排，约束每个人按照他们共同的利益行事，有理性、寻求自我利益的个人不会为了实现共同的集团利益而采取行动。

搭便车动机[1]。"搭便车"不仅降低国际合作的效率与效用，还削弱各国积极性，损害国际机制的稳定性。

气候俱乐部能够从三个方面解决这些问题。第一，从俱乐部构成的基础看，强调成员国就"愿意且有能力"行动的领域做出"有条件的承诺"，这有助于在共享政治动力和政策方向的基础上构筑稳定的联合，提高各国减排意愿和目标。第二，从制度与规范看，俱乐部能够提供合作收益高于成本的明确预期，鼓励各国以私人的、自愿的方式提供公共产品，进而通过特殊的制度设计将公共产品转化为俱乐部产品，保证受益的排他性。[2] 基本思路是设计一套激励机制，结合使用"胡萝卜和大棒"，鼓励合作，惩罚非合作与搭便车。"胡萝卜"是俱乐部产品，对于加入俱乐部的国家具有明确性、可预期性，对于非成员国家具有排斥性。"大棒"主要针对非成员国使用，重要收益的排他性是俱乐部最关键的"大棒"。[3] 第三，从领导力角度看，俱乐部的上述特点还能稳定关键国家的合作预期，打消"小国剥夺大国"的疑虑。如此一来，关键国家发挥领导力的意愿会更强。这有助于保障、扩大俱乐部产品的供给，也给予大国塑造俱乐部原则、规范的机会，将对其他成员国构成软制约。

## 四、气候俱乐部的潜在不足

气候俱乐部的缺陷与优点是并存的。谈判速度快，协议的可持续性、长期效用可能就难以保障。俱乐部的排他性可能对非成员国造成负面刺激，损害谈判效果，限制气候俱乐部的外溢效果，难以提高全球行动的目标。气候俱乐部是一种主动性相对较强的、分散的、去中心化的治理模式，"选择法庭"（Forum-Shopping）和"另起炉灶"选项的存在会降低各国退出现有机制

---

[1] Stefanie Baile, Florian Weiler, "A political economy of positions in climate change negotiations: Economic, structural, domestic, and strategic explanations," The Review of International Organizations, Vol. 10, Issue 1, 2015, pp. 43–66.

[2] Heleen de Coninck, Richard Lorch and Ambuj D. Sagar, "The Way Forward in International Climate Policy: Key Issues and New Ideas," Climate Strategies and CDKN, 2014, https://cdkn.org/wp-content/uploads/2014/09/CDKN_climate_strategies_the_way_forward_in_international_climate_policy_2014.pdf. （上网时间：2018年1月31日）

[3] James M. Griffin, "Global Climate Change: The Science, Economics and Politics," Edward Elgar Pub, 2003. Kasturi Das, "Climate Clubs Carrots Sticks and More," Economic & Political Weekly, Vol. 1, No. 34, 2015, pp. 24–27.

的成本，从而增加"搭便车"行为出现的可能性，对于保留在现有机制之中的国家而言不太公平，进而增加达成、完善全球性统一制度安排的难度，甚至，可能加剧不同气候机制之间规范、规则、目标、行为模式的冲突，使气候治理版图朝向冲突性碎片化的方向发展。①

　　机制设计十分重要。加州大学圣塔芭芭拉分校环境科学与管理学院教授马修·波托西（Matthew Potoski）指出，如果设计不当，俱乐部机制可能会带来适得其反的效果。比如，技术俱乐部可能反过来阻碍低碳、清洁技术的扩散和广泛使用。

---

① Karen J. Alter, Sophie Meunier, "The Politics of International Regime Complexity," The Perspectives on Politics, Vol. 7, Issue 1, 2009, pp. 13 – 24; Hannah Murphy, Aynsley Kellow, "Forum Shopping in Global Governance: Understanding States, Business and NGOs in Multiple Arenas," Global Policy, Vol. 4, Issue 2, 2013, pp. 139 – 149.

# 第二章 气候俱乐部的发展状况及有效性

从现有的气候俱乐部及相关研究大体可知，气候俱乐部在有效性和实际表现方面差别很大。但直到目前为止，这一判断主要是基于对气候俱乐部的个别或局部性观测，而非系统性观测和综合评估。本章旨在弥补这一缺陷，通过甄别、统一评估所有的气候俱乐部而获得对气候俱乐部有效性的综合性判断和整体认识，为进一步分析、解释气候俱乐部的有效性差异奠定基础。首先，介绍气候俱乐部的历史发展概况，根据第一章第二节研究综述中列出的气候俱乐部四项界定标准在当前最重要的气候数据平台中找出正在运行的所有气候俱乐部，完成气候俱乐部清单（见附件1）。然后，根据"国际机制有效性"的相关理论和研究，确定气候俱乐部有效性的概念内核、分析维度和评估指标，将有效性分为高、较高、较低、低四个层次。最后，对现有气候俱乐部的有效性进行总体评价（见附件2）。

经过大体两个历史阶段的发展，气候俱乐部作为一类国际气候合作形式现今已具备一定的规模。根据本书初步的统计与评估，到2017年初为止，全球共有113个气候俱乐部在运行，其中66.34%的气候俱乐部高效、18.81%比较高效。可见，从政治有效性的角度看，气候俱乐部作为一种新的国际合作与气候治理模式，基本符合学术界、相关政策主张者的期待。

## 第一节 气候俱乐部的发展历程与当前格局

国家行为体之间类似俱乐部的合作形式很早就存在，比如国际能源署下设的国际能源技术合作框架（IEA TCPs）、北极委员会（Arctic Council）。但气候俱乐部作为国际气候合作的一种独特形式，正式产生于2001年。

根据气候俱乐部方案的主要推动国及气候俱乐部机制与UNFCCC的关系，可将气候俱乐部的发展历程分为两个阶段。第一阶段主要在UNFCCC框架之外，由美国主导。美国退出《京都议定书》以后，为了削弱、转移本国在UNFCCC框架本应承担的国际责任，倡导发起多个气候俱乐部。2001—2006年，美国发起可再生能源与能效伙伴关系、碳收集领导人论坛、国际氢能经济和燃料电池伙伴计划、亚太清洁发展与气候变化伙伴关系和甲烷市场化伙伴关系等倡议，企图挑战、取代UNFCCC和《京都议定书》。哥本哈根谈判期间，美国在中期减排目标和资金两大关键问题上都态度消极，因此备受诟病。所以，2011年，在有关《京都议定书》第二承诺期谈判的关键时间点上，气候俱乐部被正式提上美国学界研究议程，试图继续通过自下而上的替代性合作模式重占气候治理高地。与此同时，关于气候俱乐部的学术研究、政策主张快速增加。各国更多地在不同国际场合组队讨论提高能效、治理短期气候污染物、加快技术研发与部署等气候相关议题，并在小范围内展开有限的合作[1]，借此纷纷开始构筑类似联盟的气候合作机制。与此同时，非国家行为体主导的跨国气候治理进程也不断加速，与国家间合作机制的交叉、重叠、关联不断增强，客观上造成在UNFCCC框架以外出现诸多小集团合作的格局。

第二阶段，气候俱乐部与UNFCCC的相容性增强，其主导国不局限于美国，参与主体也逐渐多元化。尤其是自德班大会以来，采取小规模、分散性的形式推进国际气候合作的必要性凸显，用搭积木（Building Blocs）的方式弥补UNFCCC之不足，削减气候行动障碍的呼声高涨[2]。2014年，利马气候大会发起"利马—巴黎行动议程"（Lima-Paris Action Agenda, LPAA），鼓励国家和非国家行为体采取自愿的方式增加、拓展气候合作，为气候俱乐部的发展注入强劲的动力。更多的政策研究者开始深入研究、强调气候俱乐部等"小多边"形式的重要性。2015年，《巴黎协定》正式确定自下而上的气候治理模式，它鼓励俱乐部式的合作，但没有直接用"俱乐部"这个词，而是强调"自愿行动"（Voluntary Actions）和"新的或强化的自愿努力（New or

---

[1] Oscar Widerberg, Daniel E. Stenson, "Climate Clubs and the UNFCCC: Complement, Bypass or Conflict?" FORES Study, 2013.

[2] Richard B. Stewart, Michael Oppenheimer, Bryce Rudyk, "Building blocks for global climate protection," Stanford Journal of Environmental Law, Vol. 32, Issue 2, 2013, pp. 341–390.

Strengthened Voluntary Efforts）、行动倡议和联盟"（Initiatives and Coalitions）。① 这为气候俱乐部的发展注入新的动力，提供了新的制度保障。

到2017年为止，根据第一章第二节确定的气候俱乐部概念标准——少数国家发起、合作的自愿性、针对特定的具体问题、合作的灵活性和非正式性，在UNFCCC秘书处数据库、气候行动倡议信息平台、可持续发展伙伴关系信息平台、UNFCCC国际合作倡议数据库②可以识别的气候俱乐部大体有37个。但考虑到有些气候俱乐部采取"自由组团"模式，下设数个相对独立的行动倡议或工作组，成员国根据自身兴趣选择性参与，客观上构成在"母"俱乐部下，针对不同议题，有不同成员国组合构成的数个"子"俱乐部，每个"子"俱乐部情况不同。所以，还应按"子"俱乐部数量再做统计，这样，目前仍在活动的气候俱乐部共有113个（见图13和附件1）。

除了这113个正在运行的气候俱乐部以外，还有3个业已停止的气候俱乐部：亚洲森林伙伴关系，于2002—2013年开展活动；亚太清洁发展和气候伙伴计划，于2006—2011年开展活动；国际能源与气候倡议，于2010—2015年活动。

第二阶段出现的新气候俱乐部与第一阶段建立的气候俱乐部，以及国外理论设计的气候俱乐部有三点差异：第一，虽主要由意愿相似的少数国家构成，但参与国不限于大国、关键国家，出现一些小岛国间适应气候变化联盟，如支持太平洋岛国海洋保护区与可持续的、气候适应型、海洋导向型经济行动计划（Support Marine Protected Areas and a Sustainable, Climate Resilient, Ocean-Based Economy in Pacific Small Islands Developing States，简称小岛屿国家伙伴关系，PSIDS Partnership），以及大国—小国间的自愿联合，比如针对气候脆弱性、气候适应和减排的意大利—加勒比国家伙伴关系（Italian-Caribbean Partnership）、日本—加勒比气候变化伙伴关系（Japan-Caribbean Climate Change Partnership）。第二，主要议题不局限于国外学界聚焦的减排问题，出

---

① 参见《巴黎大会决定》，p. 107，p. 109，p. 121，b&c。UNFCCC, 2015, Adoption of the Paris Agreement: Draft Decision-/CP. 21, https://unfccc.int/resource/docs/2015/cop21/eng/l09.pdf.（上网时间：2018年2月18日）

② UNFCCC Portal on cooperative initiatives, http://unfccc.int/focus/mitigation/items/7785.php; Climate Initiatives Platform, http://climateinitiativesplatform.org/index.php/Welcome. Partnerships For SDGs, https://sustainabledevelopment.un.org/partnership/search/?str=. International Cooperative Initiatives Database, http://unfccc.int/focus/mitigation/items/7907.php?p=3&s=0:0:0:0.（上网时间：2018年2月18日）

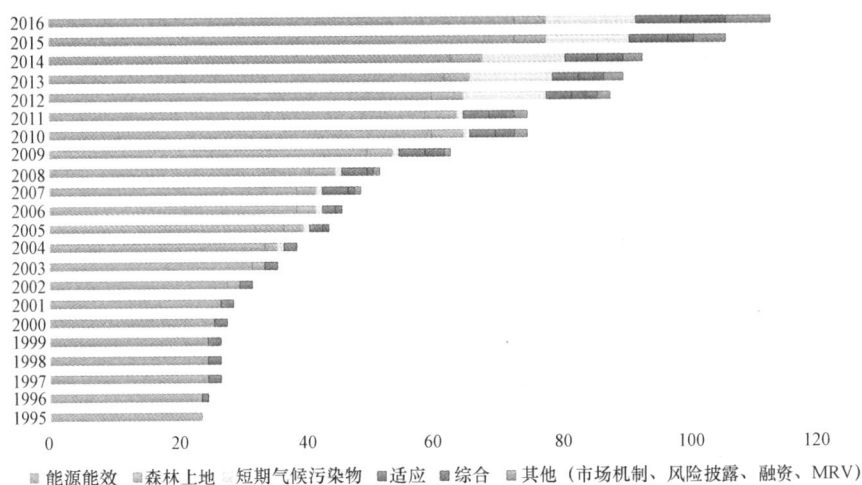

**图 5 气候俱乐部总数及变化（1995—2017 年）**

资料来源：作者自制。

现针对森林、粮食安全、生物多样性等其他部门性议题的俱乐部，如太平洋岛国的岭到礁项目伙伴关系（PacSIDS Ridge to Reef Programme Partnership），以及针对监测、报告与核查（MRV）和低碳发展战略等政治、技术性专门问题的俱乐部，如旨在推动蓝色增长和增进粮食安全的全球行动网络（Global Action Network for Blue Growth & Food Security, the Blue Network）。第三，虽然国家行为体仍然是气候俱乐部的核心力量，国际组织、非政府组织、跨国伙伴关系等行为体也更多地参与进来，如全球建筑联盟（Global Alliance for Buildings and Construction），使气候俱乐部成长为横向气候治理和纵向气候治理的更突出的交汇点。

就类型而言，在现有的 113 个气候俱乐部中，针对单一议题（部门导向）的气候俱乐部占 90%，它们大多属于执行团体俱乐部；而探讨更广泛的绿色、低碳发展、经济系统转型、自主贡献落实等问题的多元议题（综合战略导向）俱乐部只占到 10%，其中一半只关注政策研讨与协调、经验交流与信息沟通，另一半同时设有务实的行动小组以设立、执行具体的项目。

从核心议题、政策类型的角度看，能源治理的气候俱乐部仍然是大多数，占当前气候俱乐部总数的 65%。关于森林治理、气候适应、科学评估的气候俱乐部数量基本没有变化。而针对气候风险、透明度、市场机制的俱乐部则相对较新，仍待发展。关于短期气候污染物的气候俱乐部数量则因气候与清

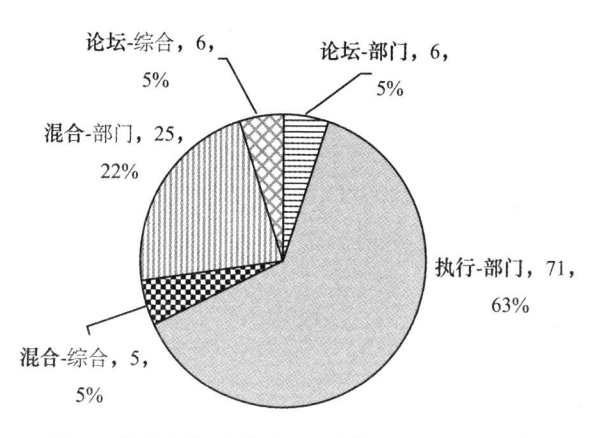

第二章　气候俱乐部的发展状况及有效性

**图6　当前气候俱乐部：按功能与组织形式分类**

资料来源：作者自制。

洁空气联盟的出现而成批量地增加了一轮。当然，这种分类比较粗糙，有的气候俱乐部同时涉及好几个议题，比如，《蒙特利尔议定书》的"基加利修正案"（Kigali Amendment）和国际航空碳抵消和减排机制（ICAO Carbon Offsetting and Reduction Scheme for International Aviation，CORSIA）既是针对减排市场机制的俱乐部，也涉及短期气候污染物治理。此处统一按照各个气候俱乐部最核心的议题、最主要的贡献领域来分类。

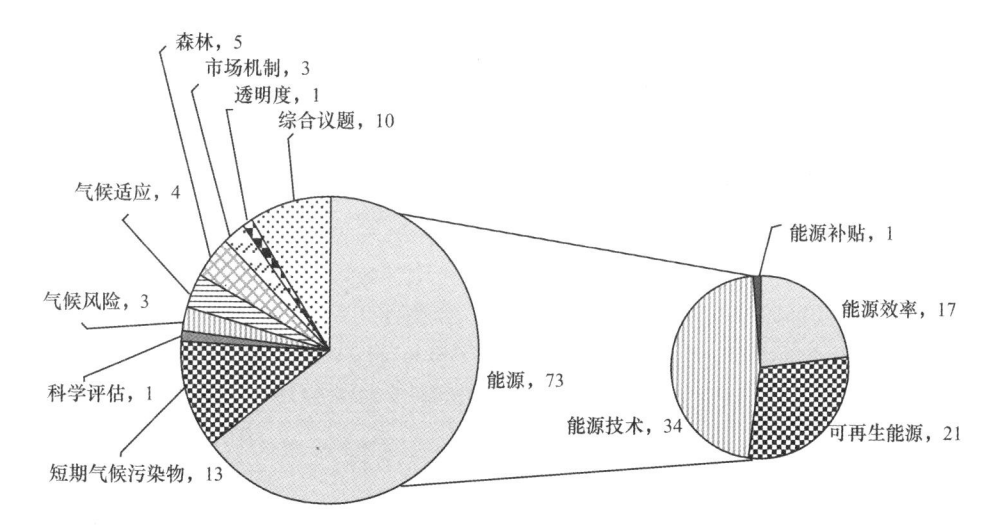

**图7　当前气候俱乐部：按核心议题与主要政策分类**

资料来源：作者自制。

## 第二节 气候俱乐部的实际表现：
## 有效性界定及评估

分析、评价国际机制的角度很多，有效性是其中一种，它与以诸如效率、公正等标准来衡量的制度运作绩效之间存在重大差异。[1] 国际机制有效性的研究属于国际制度理论研究的基础性工作之一，但在气候俱乐部研究中，缺乏这方面的专门研究。仅有的几篇涉及气候俱乐部有效性分析的文章主要是从减排贡献的角度直接衡量气候俱乐部的有效性。但是，仅采用这种方法已不足以深入了解气候俱乐部的实际表现。

如果说有关气候俱乐部特点与优势的分析主要从国际合作中的支付结构、合作效用的角度展开，那么对于气候俱乐部有效性的研究则主要以国际制度研究中的国际机制理论为基础。这主要是因为，气候俱乐部一经建立就具备了机制自主性。而国际机制研究已就如何评价、评估国际环境机制的有效性，如何解释其有效性做了深入研究。所以，本书主要借鉴国际机制（尤其是环境机制）的相关理论研究气候俱乐部的有效性。

### 一、国际机制有效性的研究视角与概念内涵

在中文语境里，"有效"意为能实现预期目的，或产生实际效果。在英文语境中，"Effectiveness"意为能产生预期结果。所以，从词源上讲，"有效性"强调以目标为参照的行为结果。不过，从机制的建立和运作到根本目标的最终实现之间存在多条路径，国内外学者在分析国际机制的有效性时，研究视角有所差异。

就环境机制而言，加州大学圣塔芭芭拉分校布伦环境科学与管理学院荣休教授、美国国家科学院"全球变化人文因素研究委员会"创始主席奥兰·扬（Oran Young）和哥伦比亚大学地球研究所政治学家马克·李维（Marc Levy）总结了存在的诸多视角，包括环境视角（是否解决了环境问题，Problem-solving）、法律视角（达标，Compliance）、经济视角（成本与收益等）、

---

[1] ［美］奥兰·扬：《国际制度的有效性：棘手案例与关键因素》，［美］詹姆斯·罗西瑙主编，张胜军、刘小林等译：《没有政府的治理》，江西人民出版社2001年版，第186—224页。

政治视角（行为者的行为利益和制度政策绩效的变化程度）等。①

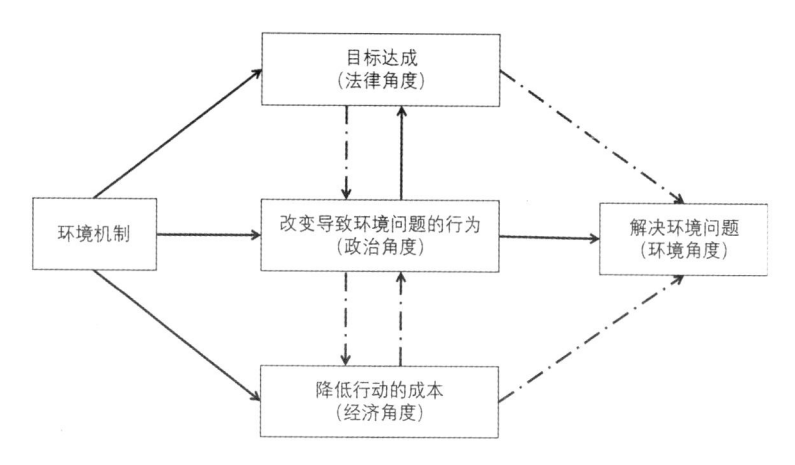

图8 环境机制有效性评价诸角度

资料来源：作者自制。

达标被定义为行动者按照明确的机制要求采取行动的行为，由于具备一些分析和操作上的便捷性优势，它曾在20世纪80年代被广泛采用。但在20世纪90年代，达标研究的缺陷显现出来，比如达标经常不是由国际机制引致的，而不达标却经常取决于国际机制本身；某些国际机制关于达标评估的标准比较模糊；国际机制还可能引发一些重要但在达标评估中无法反映的行为变化。② 更重要的是，国际社会往往存在这样一种情况，很多机制虽然达到自身规定与设置的目标，却无法解决机制要解决的问题——从达标的角度看，机制是有效的；但从问题解决的角度看，机制却是无效的。所以，达标并非研究国际机制有效性的最佳视角。

具体到气候俱乐部，也有人在法律的层面注意到达标、执行问题。维克

---

① Oran Young, Marc Levy, "The Effectiveness of International Environmental Regimes," in Oran R. Young, "The Effectiveness of International Environmental Regimes: Causal Connections and Behavior Mechanism," MIT Press, 1999, pp. 1–32.

② ［美］罗纳德·米切尔：《评价环境制度的绩效：评价什么以及如何评价？》，［美］奥兰·扬等编：《制度与环境变化——主要发现、应用及研究前沿》，高等教育出版社2012年版，第60—87页。

多等人十分强调做实事，重视评估俱乐部在 UNFCCC 之外到底能贡献什么。[1]为使"有条件的承诺"和俱乐部产品的供给、享用都可靠、可信，俱乐部不仅应鼓励成员提出更高的目标，还应该创造更多的实际收益、可靠的合作基础，通过有效的执行机制、评议和遵约程序，确保成员国承诺可靠（Fully Credible Commitment）、完全遵守（Full Compliance）。但这个方面的分析并不多见，被认为是未来气候俱乐部有效性研究中需要解决的问题。[2]

机制的直接、可预测经济影响也常常是政策制定者和国际机制、国际合作的研究者所关注的问题。这可能涉及国际机制所带来的经济成本、经济利益、成本有效性（Cost-Effectiveness）和成本效率（Cost-Efficiency）。不过，环境机制的最终目的、最主要功能还是解决环境问题，而经济上有效的机制不一定有助于解决环境问题，所以这一研究视角目前并不占据主导地位。

使用相对较多的是环境视角和政治视角。环境视角下的有效性研究主要分析机制创立者在多大程度上可以解决所确定的问题。许多致力于缓解或消除特定环境问题的机制都把注意力放在环境质量的改善及其所需条件上；管制性的机制则往往对具体目标、时间表、行为措施都有明确的规定。这就为研究国际机制的环境有效性提供了便利。还有学者在此基础上更进一步，研究国际机制在解决环境问题方面可能达到的集体最优结果（Collective Optima），然后考察机制实际表现（Actual Performance）与集体最优结果之间的差距，以此来判定机制的有效性。[3]

气候俱乐部方案的支持者们十分关注俱乐部提高各国减排意愿、推动政策转型的潜力，所以多从问题解决的视角研究气候俱乐部在多大程度上能提高成员国的减排目标、强化其减排政策、降低温室气体排放水平，减少气候风险、气候灾害对成员国的影响。气候俱乐部在其关注政策领域内都有所贡献，但都不以提高减排意愿为主要目标，所以缺乏强劲的减排激励机制，所

---

[1] David G. Victor, "The case for climate clubs," Paper for International Centre for Trade and Sustainable Development (ICTSD) and World Economic Forum (WEF), Geneva, 2015, http://e15initiative.org/publications/the-case-for-climate-clubs/.

[2] Jon Hovia, Detlef Sprinzc, Håkon Sælenb, Arild Underdala, "The Club Approach: A Gateway to Effective Climate Cooperation?" British Journal of Political Science, Vol. 49, Issue 3, 2019, pp. 1071 – 1096.

[3] Detlef Sprinz, Carsten Helm, "The Effect of Global Environmental Regimes: A Measurement Concept," International Political Science Review, Vol. 20, Issue 4, 1999, pp. 359 – 369.

带来的政策变化、减排贡献也只能是积累性的，而非变革性的。[1] 直接针对减排的"转型俱乐部"（Transformational Club）则能有效实现这一目标，并经常性地高于《巴黎协定》各国自主贡献目标的聚合水平。[2]

然而，就特定问题的解决方案而言，某项国际机制是否会成功导致被观测到的结果值得探讨。某个问题在国际机制形成后得到缓解或解决，不一定能证明该项机制是因果施动者，可能还存在其他的影响因素。在多层次治理、多中心体系和国际机制复合体中，多个自主的进程时常相互作用，完全剥离、条分缕析单个机制的作用是十分困难的。考虑到国际机制运作受"范畴条件"（Scope Condition）的限制，在评估机制有效性时不可脱离机制为自己确定议题范畴和功能范围，这样，根据"解决问题"的指标，很难对不同问题领域机制的有效性进行比较。一方面，问题属性影响合作的可能性和难易程度，间接影响机制的有效性，比如气候适应机制见效就比能源、产业导向的机制慢[3]；另一方面，机制的目标和达标衡量标准也处在不断的变换与调整之中。

也正是因为以上原因，尽管其理论概念和相关研究要兼顾环境质量和行为变化，多数学者还是更多地研究国际机制有效性的行为指标而非环境指标。奥兰·扬从行为的角度界定机制有效性也受到广泛借鉴。即，国际机制的有效性是衡量该机制在多大程度上塑造或影响国际行为的一种尺度；国际机制的有效性可以从其能否成功地执行、得到服从并维持的角度来加以衡量。[4]

奥兰·扬关于国际机制有效性的定义强调的是国际机制对国家行为的影响和调整，强调行动的实践效果。俄勒冈州大学政治学习教授罗兰·米歇尔（Ronald Mitchell）则明确指出，评估机制有效性的关键在于分析行为体的行为在机制出现前后是否发生了变化。[5] 有效的国际机制所应达到的标准首先应

---

[1] Lutz Weischer, Jennifer Morgan and Milap Patel, "Climate Clubs: Can Small Groups of Countries make a Big Difference in Addressing Climate Change?" Review of European, Comparative and International Law, Vol. 21, Issue 2, 2012, pp. 177–192.

[2] Michele Stua, "Frome the Paris Agreement to a Low-Carbon Bretton Woods: Rationale for the Establishment of a Mitigation Alliance," Springer International Publishing AG, 2017.

[3] Sander Chan, Robert Falkner, Matthew Goldberg, Harro van Asselt, "Effective and Geographically Balanced? An Output-based Assessment of Non-State Climate Actions," Climate Policy, Vol. 18, Issue 1, 2018, pp. 24–35.

[4] [美]奥兰·扬：《国际制度的有效性：棘手案例与关键因素》，[美]詹姆斯·罗西瑙主编，张胜军、刘小林等译：《没有政府的治理》，江西人民出版社2001年版，第186—224页。

[5] Ronald Mitchell, "International Politics and the Environment," SAGE Publication, 2010, p. 148.

该是在合作方有意图的指引下，改变国家和其他行为体的行为；其次才是解决它们被设定需要解决的环境问题，并以一种有效与平等的方式进行。[1] 尽管行为变化助力于实现最终目标的方式、途径的多种多样，但调整目标行为体的行为才是最终实现机制目标的必经之路和必要条件；有效的国际机制将引起行为主体、行为体利益追求、行为体之间互动关系的变化，只有在"变化"的前提下、基础上，才能谈"遵约""达到目标""解决问题"。换言之，相较"目标达成"和"降低行动成本"而言，政治分析角度强调"改变导致环境问题的行为"，更能兼顾环境有效性；相较"解决环境问题"而言，行为变迁的可观测性更强，与机制的直接联系更明显，有助于建立可靠的、实用的因果解释机制。

研究机制有效性的问题，归根结底，还是描述机制与个体、集体行为之间联系的一种方法。哈佛大学国际发展研究所研究员莉莉安娜·博切娃（Liliana Botcheva）等人就是从国家行为的角度研究国际机制的有效性，并通过分析国家行为是趋同还是趋异来界定一项国际机制是否有效。有效的国际机制能使国家在主观上认识到他们的行为有持续的外部因素限制，同时对国家行为又能产生一定程度上的客观约束或监督，那么在这项国际机制的框架下，国家行为就会趋同；如果在某项国际机制框架下，国家没有在主观上意识到存在持续外部因素，或客观上不存在持续外部因素的限制，国家内部各部门和利益集团仍然在该国相关的政策与行动中起完全的主导作用，那么从结果上来讲，国家行为就仍然是高度多元化而趋异的。简言之，成员国家行为的变化是判断国际机制是否有效的重要参照。[2]

德国波茨坦气候影响研究所研究员德特雷夫·斯普林茨（Detlef Sprinz）等人指出，对"机制有效性"的界定需要符合四个标准：（1）概念化、针对性和聚焦性强；（2）便于评估与测量；（3）便于跨时间段、跨议题领域进行比较；（4）系统性、连贯性，既可用于评估、测量机制层面的整体性表现，又可用于评估、测量机制内层面个体（比如各个成员国）的表现。[3] 根据这

---

[1] Oran R. Young, "International Cooperation: Building Regimes for Natural Resources and the Environment," Ithaca, New York: Cornell University Press, 1989.

[2] Liliana Botcheva, Lisa Martin, "Institutional Effects on State Behaviour: Convergence and Divergence," International Studies Quarterly, Vol. 45, No. 1, 2001.

[3] Detlef Sprinz, Carsten Helm, "The Effect of Global Environmental Regime: A Measurement Concept," International Political Science Review, Vol. 20, No. 4, 1999, pp. 359 - 369.

种要求，并结合气候俱乐部发展状况的三个特点，本书主要从政治角度，以行为调整与变化为尺度来界定、评估气候俱乐部作为一种国际机制的有效性。

第一，对许多气候俱乐部来说，其成立和运行并不以温室气体减排、气候风险适应等气候变化议题为最终目标。从学者们提出气候俱乐部方案的最初动机和最直接目的看，是要打破"全球气候谈判僵局"中的行动困境，也就是以实践导向、结果导向为组织原则，解决成员国"不行动"的问题，从这个角度看，只要各国在气候俱乐部的框架下做出如下几种情况中的某一种行为调整，该气候俱乐部就是有效的：从不行动到开始采取行动；采取新的、已经证实可能更有助于产生积极的气候治理效果的行动；采取更多或更强而有力的行动，比如提高减排目标等。从行为变化的角度研究气候俱乐部的有效性，有助于深入了解气候俱乐部是否达到这种预期、发挥了这种功效。

第二，从气候俱乐部的发展格局看，气候俱乐部是一种相对较新的国际气候合作形式，大多数气候俱乐部存在的时间不超过 10 年，且相较传统的国际机制而言，气候俱乐部的参与主体、组织构成、行为模式种都更加多元化、差异较大，环境效果的数据更难统计，加上环境、气候治理中结果的显现有很强的滞后性，因而对于气候相关问题的减缓作用究竟有多大，仍缺乏切实可靠的资料支撑。而根据罗伯特·基欧汉等人的建议，在缺乏数据支撑的情况下，用对政治的作用和影响来评估机制的有效性，可能比用对环境的作用和影响来评估机制的有效性更合适。也就是说，研究机制所带来的行为改变可能比研究机制所带来的环境质量改善更合适，因为前者与机制的关联更直接、更好观测。[①]

第三，从气候俱乐部的运行模式看，气候俱乐部的行动目标都是在各成员国理性计算成本收益后基于基本共识、各自做出相关承诺以后达成的；但在大多数情况下，承诺是承诺，实际行动是实际行动，气候俱乐部成员国对实施具体政策的成本收益算计结果有时与其在气候俱乐部框架下做出的实际行动不相吻合。所以，根据成员国的行为变化与否、调整多少就可以相对明确地区分出气候俱乐部是否有效以及在多大程度上有效。

---

① Robert O. Keohane, et al. "The Effectiveness of International Environmental Institutions," In P. M. Haas et al., eds., "Institutions for the Earth: Sources of Effective International Environmental Protection," Cambridge, MA: MIT Press, 1993, pp. 3 – 24.

## 二、气候俱乐部框架下行为变化的研究范畴

本书从政治角度界定气候俱乐部的有效性,将评价气候俱乐部有效性的标尺确定为:气候俱乐部框架下,目标行为体的行为是否发生变化、变化程度如何。这就要求首先明确所谓的"目标行为体"指涉对象,以及用以分析评估行为变化的依据。

气候俱乐部最主要、最首要的"目标行为体"是国家,不仅包括气候俱乐部的成员国,还包括气候俱乐部以外的重要国家或"目标伙伴国"。同时考量成员国、非成员国行为的基本依据在于,尽管对气候俱乐部的具体类型、具体职能、评价标准持不同观点,但学者们都认为气候俱乐部具备两个基本功能、内外两种影响:第一,基于共同的意愿协调目标、促进务实行动、创造俱乐部公共产品,在此基础上,强化俱乐部框架下成员国有效的共同行动,尤其是利用互惠性逐渐转化成员国偏好,推动"浅协调"过渡到"深合作";第二,有效的俱乐部应该能在积极国家合作的基础上动员消极国家,利用俱乐部产品的排他性,通过鼓励、惩罚等手段吸纳新成员,推动伙伴关系构建,促进公正公平的对话,扩大国际参与,以增强俱乐部行动的外溢效应、国际影响力和合法性。[①]

国家都是以集合体形式存在的,因此在评价国际机制的有效性时,一般需要考虑两个方面的内容。第一,在国家层面,各国政府出自身利益考量而响应国际机制倡议的行为。由于国际协议往往直接对国家、对各国政府产生效力,很难直接渗入次国家层面,而是通过各国政府制定、实施政策措施,监督评估施策过程转化为此国家行为体的行为影响因子。所以,政府的行为是首要考察要素。第二,在国内层面,各国政府采取的规制性行动,以保证在其管辖权限内(如各公司、非政府组织甚至个人)的各类运作能够顺应国际机制的要求。气候俱乐部提出针对具体气候相关问题的气候行动倡议,最终目的是改变造成、加深或削弱、阻止该问题的相关行为和现象,其目标对象诸如温室气体排放量、可再生能源市场份额与消费比重、毁林或再造林的面积等。而这些行为现象都是经由各相关部门、行业行为团体的行为而发生变化的,可称它们为行动倡议的国内目标行为体。从俱乐部行动倡议这个起

---

① Robert O. Keohane, David G. Victor, "Cooperation and discord in global climate policy," Nature Publishing Group, 2016, No. 6, pp. 570–575.

点到国内目标行为体这个终点之间，存在多条路径、多种媒介。这个过程的复杂程度和结果的好坏因各国国情而异。所以，国内目标行为体行为的改变，以及导致这种改变的国内过程也是观测俱乐部有效性的重要内容。

简言之，研究气候俱乐部调整目标行为体行为的程度，应特别关注气候俱乐部政策或行动框架、宣言或制度要求所开启的国内执行过程，并考察国内行为体在此过程中的变化。执行是事关机制有效性最直接、最重要的因素。一项影响深远的国内公共政策研究将其定义为，官方公共政策确定方向和纲要后发生的事件与活动，包括管理者的努力及对人、事产生的实质性影响。这其中不仅包括政府部门出台法律、政策、条例的行为和其他管理行为，也包含公司、专家、消费者、环境团体、行业协会等利益受到影响、行为受到激励或阻碍的非国家行为体，以及相关国际机制的监督、评估、建议、协助等活动。①

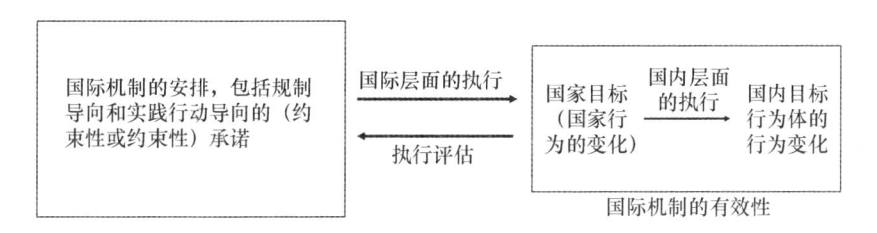

**图9　国际机制的执行过程和有效性**

资料来源：作者自制。

研究气候俱乐部的执行过程，首先要关注其实践，尤其是为解决具体问题、为实现具体目标而采取的实际措施、实际行动。也就是遵循"问题—主体—机制"而开展的"实验治理"②，或以"特定问题"为导向的"回应性规制"或公共管理③，涉及关系网络和关系建构过程中目标行为体的互动实践、

---

① 转引自 David G. Victor, Kal Raustiala, Eugene B. Skolnikoff, ed. , "The Implementation and Effectiveness of International Environmental Commitments: Theory and Practice," Cambridge, Mass. : MIT Press Ltd, 1998, pp. 1—8。

② 薛澜、俞盼之：《迈向公共管理范式的全球治理：基于"问题—主体—机制"框架的分析》，《中国社会科学》2015年第11期，第76—91页。

③ 张勇：《制度变迁视阈下的全球治理新取向与中国应对》，《理论月刊》2017年第9期，第96—102页。

话语实践、联盟实践、学习实践、遵约实践、创新实践[①]。其次，研究气候俱乐部的执行应采用动态的视角，关注行为的过程，以及俱乐部行动或政策倡议出台后，落实到目标行为体，逐渐兑现倡议目标的过程，以及目标不断提高、政策不断完善的过程。在这些过程中，注重目标行为体在反思理性基础上进行的自我管理，如沟通、分权、计划、积极冲突、调整，并结合机制的结构性安排和程序式规范，分析行为体解决问题的能力与经过，调整政策和适应政策调整的程序与行为，以及在不断的协商与摩擦中刺激彼此调整政策的相互作用。最终，要落脚到分析气候俱乐部能否改变目标行为体的支付结构、行为偏好，引起利益变化、政策或制度变化或实际表现的变化，看这些变化在多大程度上有利于俱乐部致力于进行的气候问题的改善。

针对用于评估行为变化的依据而言，学者们提出分析国际机制政治有效性的三种参考数据：第一，机制输出（Output），可用以分析该机制的法律地位（Legal Status），以及其目标、要求的挑战性（Ambitiousness）、区分性（Differentiations）、具体性（Specify）；第二，各国就遵行机制相关规定的行动提交的正式数据和报告，用以评估各成员国所做的政策调整；第三，各国的执行数据（Implementation Data），包括具体的、实际的行为改变和政策改变，以及带来这些改变的背景，如利益相关方的参与和反馈、政策与执行评估、调研等。

借此，可以从三个方面获取用以评估气候俱乐部框架下目标行为体行为变化程度的信息。第一，成员国政府出台的各种政策（尤其是规制性政策）、政府机关的治理行为、成员国国内目标行为体遵循政策的行为与模式，以及参与决策、监督执行以促进政策完善的行为与模式。第二，气候俱乐部以外的重要国家参与俱乐部活动的过程与方式，以及随之做出的国内政策调整、治理转型。第三，俱乐部层面的执行评估，以及评估结果对下一步行动的影响。在很多时候，执行是一个无止尽的过程，在根据最初目标采取行动的过程中，由于信息、经验的积累，政治压力与治理能力的增强，目标本身也在被不断修正、调整、强化，而问题更多的是在被管控、管理，而非彻底解决。可以说，执行是政策的螺旋式循环。所以，俱乐部层面的集体评审既是俱乐部活动的必要内容，有助于推动执行、提高目标、深化拓展合作，又往往能够产出智识性、经验性、政策性、机制性、物质性的公共产品，帮助吸引、鼓励非俱乐部成员国参与行动，这是前两个方面的衔接点，也是执行过程的

---

[①] 秦亚青：《实践与变革：中国参与国际体系进程研究》，世界知识出版社2016年版，第四、第五章。

分析重点之一。

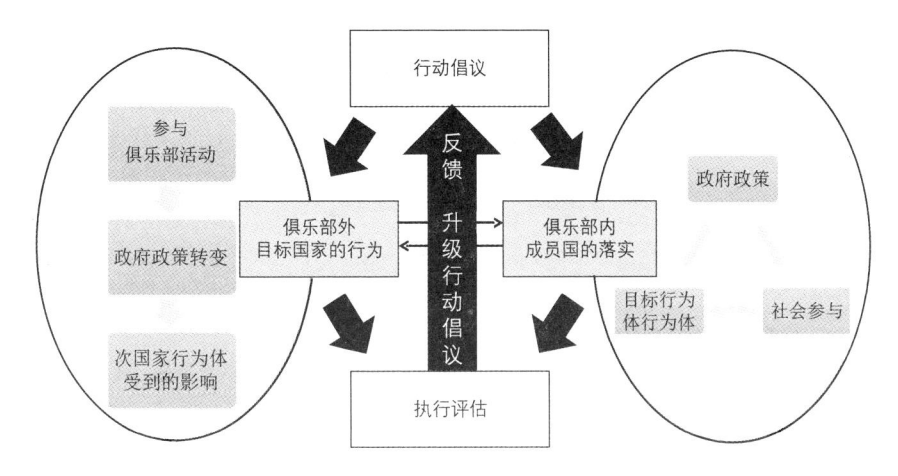

**图10　气候俱乐部框架下的目标行为体行为变化的研究内容**

资料来源：作者自制。

## 三、气候俱乐部有效性的评估指标与评价体系

评估指标的作用在于获得有效性的分值，所以需要设定一些指标和相应的有效性的层次。设置有效性的评估指标实际上就是将有效性概念操作化的过程。采用何种视角研究机制的有效性直接决定了选择哪些指标/标准来评估机制的有效性。而指标又是机制评估的核心，直接关系到评估时选取的方法，以及对机制有效性影响因素的分析。

本书对气候俱乐部有效性的界定以目标行为体的行为变化为内核，所以有效性的评估指标围绕行为调整的程度来设置。奥兰·扬指出，一项国际机制，如果能够引导、疏导行为，以利于减缓、解决导致该机制建立的问题，该机制就是有效的；相反，如果一项国际机制影响不到行为体的行为，该机制就是无效的。[1] 从这个角度看，有效性其实是一个尺度，有效性的差异实际上是一种程度上的区别。鉴于有效性必然涉及机制出现以后发生的相应改善，就必须考虑没有国际机制时的状态。所以，本书借鉴国际机制有效性评估的既有尝试，以"无机制"的反事实假设状态为参考点（Counterfactual Reference

---

[1] Oran R. Young ed., "The Effectiveness of International Environmental Regimes: Causal Connections and Behavior Mechanism," Cambridge, London: MIT Press, 1999.

Points），通过与气候俱乐部尚未建立时的状态进行对照，比较目标行为体的行为差异，看是否存在不同，以及在哪些方面、在多大程度上存在不同。这样，气候俱乐部的有效性是一个从无到有、从低到高的问题，有效性的有或无取决于行为是否并产生变化；有效性的高或低则取决于行为变化的"程度"。

在国际机制有效性研究中，普遍认为国际机制带来的行为改变主要体现在三个方面：产出（Output）、结果（Outcome）、影响（Impact）。根据发生的时间顺序，这三个方面依次为：（1）产出，主要是指政策产出，包括在机制层面和成员国层面新出现的规定、规则、原则或明文政策、管制性措施，旨在将机制的目标从纸面安排转化为实际行动，也有学者将这一项视作机制有效的最低标准[1]；（2）结果，关注"国内层面的落实"（Domestic Implementation），意指政策产出导致的国内目标行为体行为的变化，这些行为体的行为曾或多或少导致或加剧了环境问题，所以其行为的调整有助于实现国际机制的环境目标；（3）影响，主要是指国际机制所针对的问题领域内发生的良性变化，这是前两点要素积累到一定程度后自然而然的结果，可能是意料之中的，也可能是计划之外的。[2]

国际机制与成员国产出政策、带来国内目标行为体行为变化、产生后续影响，这三点也恰好可视为国际机制发挥作用从低到高的三个层次，介于"无机制"的反事实参考点和"集体最优结果"这两个机制有效性临界点之间。这三点可能不足以解决问题，却是实现机制目标、解决问题的贡献因子和必要条件；从中长期的角度看，能导致具体政策产出和切实行动的机制更有助于解决环境问题。[3] 有学者将这种方法称为"基于产出的有效性评估"，它是机制有效性研究不可避免的、最基本的研究课题。[4]

---

[1] Sander Chan, Robert Falkner, Matthew Goldberg, Harro van Asselt, "Effective and Geographically Balanced? An Output-based Assessment of Non-State Climate Actions," Climate Policy, Vol. 18, Issue 1, 2018, pp. 24 – 35.

[2] Arild Underdal, "The concept of regime 'effectiveness'," Cooperation and Conflict, Vol. 27, No. 3, 1992, pp. 227 – 40; Carsten Helm, Detlef Sprinz, "Measuring the Effectiveness of International Environmental Regimes," The Journal of Conflict Resolution, Vol. 44, No. 5, 2000, pp. 630 – 652.

[3] Sander Chan, Robert Falkner, Matthew Goldberg, Harro van Asselt, "Effective and Geographically Balanced? An Output-based Assessment of Non-State Climate Actions," 2018.

[4] Stokke, Olav Schram and Fridtjof Nansens. "Determining the Effectiveness of International Regimes," 2006, https：//www.semanticscholar.org/paper/Determining-the-Effectiveness-of-International-Stokke-Nansens/014c236f02a02b6715679621c42cdb2bf4ac03fb.（上网时间：2018 年 1 月 31 日）

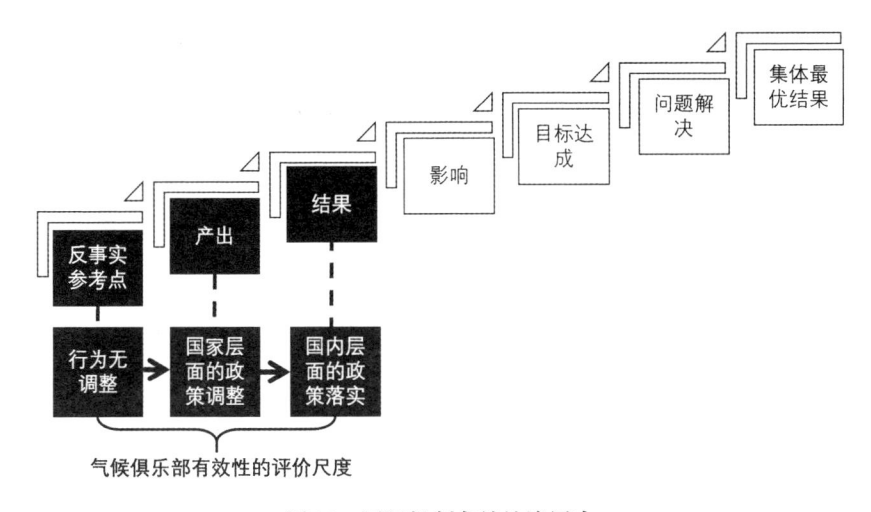

第二章　气候俱乐部的发展状况及有效性

**图 11　国际机制有效性诸层次**

资料来源：作者自制。

就气候俱乐部而言，正如前文已经指出的那样，大多数气候俱乐部存在时间较短，对目标行为体的影响尚未成型或完全显现，用于评估第 4 层次"影响"的数据、资料尚且不足，更不用说考察它们是否已"达成目标"或是否有助于"问题解决"和实现"集体最优"了。所以，气候俱乐部的有效性尺度起于"行为无变化"，经"产出"（国家层面的政策调整），止于"结果"（国内层面的政策落实）。

进而，气候俱乐部调整成员国政策有两种情况，这与气候俱乐部最初的生成、建设路径有关。气候俱乐部主要有两种建立途径，即拓展现有俱乐部式国际机制的职能，使其承担气候治理功能；为了特定的气候目标专门建立新的气候俱乐部。相似地，气候俱乐部框架下的政策产出也有两种形式，即根据新采纳的气候目标或气候规范，调整或优化现有的相关政策，使这项政策产出附带的气候红利；或为了气候俱乐部赖以成立的气候原则、气候目标出台新的以气候问题为主要对象的政策。这两种政策产出形式与气候俱乐部的两种建立方式大多是相互匹配的，但并非完全一一对应。转型而来的气候俱乐部可能促使成员国出台新的、专门性气候政策；专门新建的气候俱乐部也可能只是促使成员国轻微地调整了既有的相关政策。不过，这两种政策产出方式所体现的气候俱乐部对目标国家行为的影响力差别是显而易见的，相较于强化/优化既有政策/技术而言，成员国出台新政策或采用新技术意味着气候俱乐部更加有效。

就气候俱乐部的外部维度而言，非成员国的行为变化也可以与成员国的行为变化对照起来。如果非成员国只是在气候俱乐部框架以外采取与该俱乐部要求相一致的行动，或与该俱乐部成员国相似的政策调整，那就说明气候俱乐部对该国行为的影响是有条件的、不稳定的、很有限的。如果非成员国参与气候俱乐部活动的频率增加，或最终选择成为该俱乐部的观察员国甚或成员国，那就说明该俱乐部对这个国家的影响不断增强，对其行为的影响逐渐具备稳定的机制化路径。在后一种情况下，气候俱乐部的有效性高一些。

基于上述分析，可以设置评估气候俱乐部有效性的指标体系如图12所示。具体来说，当内部、外部行为变迁程度都高的时候，气候俱乐部是最有效的；当内部、外部行为变迁程度都低的时候，气候俱乐部无效；内部、外部行为变迁程度比较均衡且都处于中间水平时，气候俱乐部比较有效；内部、外部有效性差异较大或都处于较低水平时，气候俱乐部比较低效。

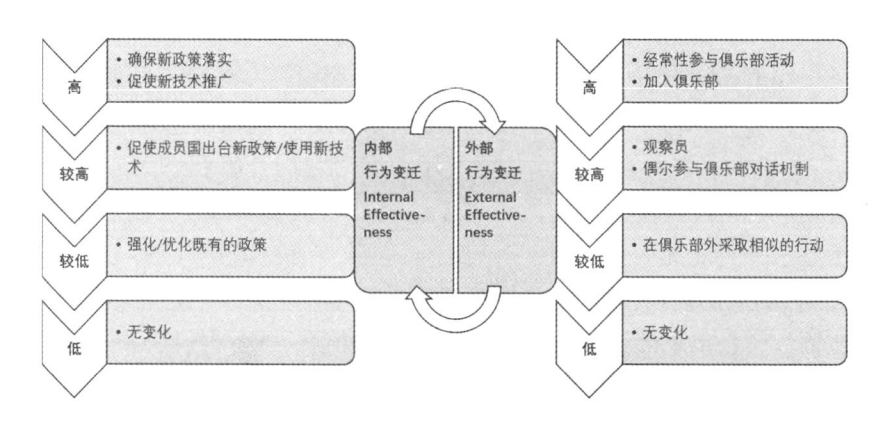

**图12　气候俱乐部有效性的评价体系**

资料来源：作者自制。

## 第三节　现有气候俱乐部的有效性及其差异

目前共有113个气候俱乐部，其中，"母"俱乐部6个，即国际能源署能源技术合作项目（International Energy Agency-Technology Cooperation Programmes, IEA-TCPs有39个"子"俱乐部）、七/八国集团（5个"子"俱乐部）、清洁能源部长会议（7个"子"俱乐部）、国际能源效率合作伙伴关系

(8个"子"俱乐部)、二十国集团(6个"子"俱乐部)、气候与清洁空气联盟(11个"子"俱乐部)。剩下的31个气候俱乐部为独立俱乐部。

就有效性评估的条件和可能性而言,2015年巴黎气候大会以来发起成立的G20气候风险披露工作组(G20 TFCD)和另外11个气候俱乐部工作时间较短、资料较少,难以评估其有效性,包括全球建筑联盟、国际太阳能联盟(International Solar Alliance)、气候风险与早期预警系统行动计划(Climate Risk and Early Warning Systems Initiative)、日本—加勒比气候变化伙伴关系、国际零排放汽车联盟(International Zero-Emission Vehicle Alliance)、创新使命、"基加利修正案"、国际航空碳抵消和减排机制、巴统绿色经济倡议(Batumi Initiative on Green Economy, BIG-E)、意大利—加勒比伙伴关系、蓝色增长网络、国家自主贡献伙伴关系。这样一来,能够开展有效性评估的气候俱乐部包括运行中的101个俱乐部以及已经停止的3个俱乐部,即,亚洲森林伙伴关系(Asian Forest Partnership, AFP)、亚太清洁发展和气候伙伴关系计划、国际能源与气候行动。

**表7 当前气候俱乐部的有效性分布**

| 有效性 | 母子类气候俱乐部 | 独立的气候俱乐部 | 数量与比重 |
|---|---|---|---|
| 高 | IEA-TCPs (40), CEM (8), CCAC (12), G7 IREA, G20PARM | REEEP, CBFP, CSLF, GMI, REN21, NICFI | 67, 66.34% |
| 较高 | IPEEC (9), G7/8, G8 EE, G8 IL, G8 CCS, G20 EEAP | PSIDS Partnership, REDD+, AC, Baltic Sea Action Plan①, PIC R2R | 19, 18.81% |
| 较低 | G20, G20EAAP, G20REDT | J-CCCP, IPHE, GBEP, ICAP, M&MRV, PALM, LEDS GP, NYDF | 11, 10.89% |
| 低 | G7 CRII, G20 FFSR | MEF | 3, 2.97% |

注:比重为占可评估有效性的气候俱乐部总数的比重,即113-12=101个。
资料来源:作者自制。

国际能源署能源技术合作项目、清洁能源部长会议、气候与清洁空气联盟这三个母俱乐部及其子俱乐部有效性比较一致、整体高;国际能源效率合作伙伴关系及其子俱乐部有效性整体比较高;G7/8、G20作为最传统的论坛

---

① 旨在支持海洋相关可持续发展目标的波罗的海行动计划(Baltic Sea Action Plan to Support Ocean-related SDGs)。

性俱乐部，其子俱乐部的生成路径、成员结构、机制设计、组织形式、具体表现差异都比较大，有效性差异明显，所以 G7/8、G20 这两个母俱乐部的有效性应当取所有子俱乐部的平均状况。就 G7/8 而言，在非洲推广可再生能源倡议（Initiative for Renewable Energy in Africa, IREA）有效性最高，格伦伊格尔斯行动计划（Gleneagles Plan of Action）中的能效行动计划 G8 EE（Transforming the Way We Use Energy，因专注能效，后文简称能效行动计划）和打击非法采伐计划（Tackling Illegal Logging, G8 IL）比较有效，CCS 大型示范项目部署计划（G8 CCS）比较有效，而气候风险保险计划（Climate Risk Insurance Initiative, G7 CRII）目前属于低效的气候俱乐部。就 G20 而言，农业风险管控平台最有效（Platform for Agricultural Risk Management, G20 PARM），能效行动计划比较有效（Energy Efficiency Action Plan, G20 EEAP），能源可及性计划（Energy Access Action Plan, G20 EAAP）和推广可再生能源开发工具计划比较低效（Toolkit for Renewable Energy Development, G20 REDT），低效化石能源补贴政策改革计划（Fossil Fuel Subsidies Reform, G20 FFSR）效果最差。这样看来，G7/8 整体比较有效，G20 整体比较低效。剩下的 20 个独立气候俱乐部中，6 个高效、5 个有效性比较高、8 个有效性比较低、1 个低效。所有可评估气候俱乐部的有效性状况可参见附件 2，本章仅遴选个别具有代表性或重要性突出的案例深入分析。

## 一、有效性高的气候俱乐部：调整俱乐部内、外行为体的行为

根据本书以行为变化界定的气候俱乐部内部、外部有效性评价指标分析，高效的气候俱乐部包括：国际能源署能源技术合作项目（IEA-TCPs）、清洁能源部长会议、气候与清洁空气联盟、G7 在非洲推广可再生能源倡议、G20 农业风险管控平台、可再生能源与能源效率伙伴关系、刚果盆地森林伙伴计划、碳收集领导人论坛、全球甲烷行动计划、21 世纪可再生能源政策网络、挪威国际气候与森林倡议（Norway's International Climate and Forest Initiative, NICFI）。其中，国际能源署能源技术合作项目、清洁能源部长会议、碳收集领导人论坛属于一类，主要针对能源技术；G7 在非洲推广可再生能源倡议、可再生能源与能源效率伙伴关系、21 世纪可再生能源政策网络旨在推广可再生能源；刚果盆地森林伙伴计划和挪威国际气候与森林倡议主要针对森林可持续经营和碳汇；全球甲烷行动计划和气候与清洁空气联盟更偏重地方和社区层面的行动，以减少环境污染和短期气候污染物；G20 农业

风险管控平台单属一类，属于气候适应框架下的农业治理和风险治理，以提高气候韧性。

这11个/类气候俱乐部都在一定程度上调整了成员国、非成员国和利益相关方的行为。有的影响了成员国政策、直接或间接调整了成员国国内利益相关方的行为，产出具体的政策结果，如碳收集领导人论坛、全球甲烷行动计划、G7在非洲推广可再生能源倡议。有的是鼓励俱乐部外关键国家（尤其是发展中大国）参与合作、成果显著，如可再生能源与能源效率伙伴关系、G20农业风险管控平台、刚果盆地森林伙伴计划。有的则在充分动员利益相关方参与，开展地方试验式治理的同时成功吸纳了新成员，实现了俱乐部规模的扩大，如国际能源署能源技术合作项目、清洁能源部长会议、气候与清洁空气联盟、21世纪可再生能源政策网络。

（一）内部有效：改变成员国行为或促使其兑现国际承诺

碳收集领导人论坛是2003年在发达和发展中国家间自愿倡议下建立的，以碳收集和存储为主要目的政府间机制，在立法、管理、行政和公共机构的行动领域建立合作基础，通过共同努力减少大气中二氧化碳的含量。宗旨是促进有关国家在碳收集和储存技术方面的合作，重点是发展成本效益更高的技术以分离和捕捉二氧化碳，并实现运输和长期安全储藏。

论坛集结了国际上知识界、技术界和金融界资源以支持UNFCCC长期目标的实现。其不直接投资于推广的项目，主要是提供公开讨论、专业知识、技术支持、合作机会。碳收集领导人技术路线图确定碳收集领导人论坛在实现降低成本、安全存储、监测和核查技术发展三个方面不同时期的主要活动。各阶段的主要任务都已经顺利完成。

**表8　碳收集领导人论坛的主要内部成就**

| 时间 | 降低成本 | 安全存储 | 监测与核查技术 |
| --- | --- | --- | --- |
| 2004—2008年 | 确定最优前途的实施途径；设定最低的成本目标 | 启动现场试验；确定最有前途的储存类型 | 确定需求；评估潜在的技术选择 |
| 2009—2013年 | 创办试点或示范项目；寻找有前途的实施途径 | 制定储存技术选择标准；评价世界储存技术的现状 | 现场试验 |

续表

| 时间 | 降低成本 | 安全存储 | 监测与核查技术 |
|---|---|---|---|
| 2014年以来 | 实现CCS设置的成本目标，在发展进程/发电效率方面提高联合应对能力 | 大规模实施 | 技术商业化应用 |

资料来源：作者整理。

碳收集领导人论坛对成员国的影响主要表现在技术突破：论坛机构审核立项的每一个项目都经过仔细审查，具备技术可行性，填补了所属领域的技术空白。比如，燃烧后和预燃烧在内的碳捕获技术，强化煤层甲烷回收，探索整体煤气化联合循环发电技术路线的华能"绿色煤电"项目。新近完成的活动主要有：对二氧化碳存储能力的评价；确定在监测和核查地质储存技术方面存在的差距；寻找在二氧化碳捕获和运输技术方面的空白；持续进行的风险评估、审查标准和程序工作。此外，在能力建设与政策突破方面也很突出。2017年，论坛新设能力建设基金以弥补其作为自愿性合作机制可能面临的短板，比如内部治理能力缺陷、资金不足，或对发展中国家帮扶能力不强。在选址标准的确定、对储存容量的评价方法、相关法律和监管问题的定义以及在发展中国家开展碳收集能力建设等方面，论坛也取得诸多进展；部分成员国还采纳了关于碳捕获和储存的经济激励政策。

截至2016年，碳收集领导人论坛一共认证、主持了51个碳捕集与封存项目，主要包括商业运作大型项目、操作示范和试点项目、先进和集成的项目。其中，34个仍在进展中，17个已经完成。2016—2017年，又认证并开展了3个新项目。论坛还促成美国与欧盟、美国与德国、美国与意大利结成制度化的碳捕获与封存合作伙伴关系。[1]

全球甲烷行动计划则在成立后的第7年（2011年）实现了12800万吨的$CO_2$累计减排量。其中，该行动计划的牵头发起国美国所支持的项目是主力，每年都超额完成目标，尤其是2008年，实际减排3500万吨，超出预估额约1300万吨。2010年，在该行动计划框架下与美国展开项目合作并获得资金支持的国家有25个：非洲的埃塞俄比亚、尼日利亚；中南美洲的阿根廷、巴西、智利、哥伦比亚、厄瓜多尔、尼加拉瓜、秘鲁；欧洲的保加利亚、波兰、

---

[1] CSLF, "Recognized Project," https://www.cslforum.org/cslf/sites/default/files/documents/CSLFRecognizedProjectsNovember2017.pdf.（上网时间：2017年12月12日）

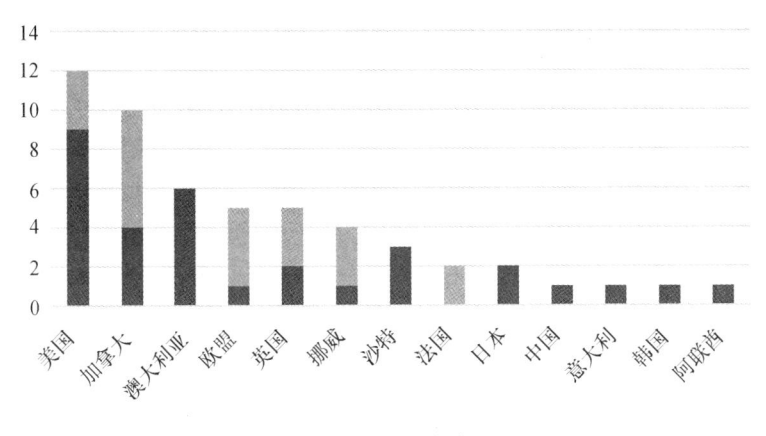

**图13　碳收集领导人论坛框架下碳捕获与封存项目进展（截至2022年5月）**

资料来源：作者根据官网资料整理。

俄罗斯、塞尔维亚、土耳其、乌克兰；亚洲的中国、印度、蒙古国、韩国、菲律宾、泰国、越南、巴基斯坦；北美的多米尼加、墨西哥。到2011年，美国牵头的项目累计减排12500万吨。

碳收集领导人论坛和全球甲烷行动计划的成果可以落地项目和实际减排量计，G7在非洲推广可再生能源倡议的效果则是以资金流向计的。这种区别主要取决于气候俱乐部的核心议题与主要目标。2015年，G7发起该倡议，目标是：2015—2020年，强化现有的推广可再生能源的国际行动，到2020年追加10000兆瓦的可再生能源装机容量；2020—2030年，通过加快部署可再生能源到2030年显著提高非洲的可持续能源可及性，包括太阳能、陆上和海上风能发电、氢能、生物质能、地热能、下网可再生能源、输电网、能源走廊。计划主要通过资金资助、融资和技术转移来实现。2015年在《巴黎协定》框架下发起的非洲可再生能源倡议（Africa Renewable Energy Initiative，为显区别，后文简称AREI）是G7该项倡议的最主要支援对象。

目前，G7成员国已经开始采取行动兑现承诺，并以资金投入为主。2016年，欧盟与荷兰、瑞典共同追加43亿美元资金，德国则投入13亿美元。AREI说这是它2016年获得的单笔最大入资。此外，荷兰、其他斯堪的纳维亚半岛国家、中国在欧盟、美国、德国的推动下开始支持该倡议。据AREI 2017年报告显示，AREI将通过三个资金流融资。在G7成员国加拿大、法国、德国、美国与伙伴国瑞典、荷兰的支援下，前两个资金流于2016年正式运作起来，第三个（信托基金）则于2017年建成。①

可再生能源与能源效率伙伴关系是英国于2002年倡议发起的，2004年在维也纳正式成立。作为世界可持续发展峰会上发起的第二类型合作关系②，其主要的捐助方有澳大利亚、奥地利、加拿大、欧盟、德国、爱尔兰、意大利、荷兰、新西兰、挪威、西班牙、美国以及英国。其宗旨是完善清洁能源的政策与管理措施，加速和拓展世界范围内可再生能源和能效机制的市场开发，包括消除市场障碍、增加融资渠道、提高公众意识等。该伙伴关系尝试通过多种渠道，推动全球（特别是发展中国家）的可持续发展。其中最直接的方式是通过支持具体的可再生能源和能源效率项目。目前在伙伴关系支持下开展的可再生能源及能效项目有近130个，分布在60多个国家，主要在政策法规和融资促进两个方面展开。伙伴关系每年都会选定一些地区/国家作为该年度主要合作对象。2016—2017年为东非（肯尼亚、坦桑尼亚、乌干达等）、南非地区（南非、赞比亚、博茨瓦纳）、东南亚（柬埔寨、缅甸）、南亚（印度、孟加拉国、尼泊尔）。所以，伙伴关系在印度北方邦、赞比亚落实了两个智能电网项目，在南非地区、孟加拉国扩散高效能源转换和储能技术，在东非地区成批地增加可再生能源装机容量，还在肯尼亚、尼加拉瓜等国推广用于农业的清洁能源技术。此外，伙伴关系与联合国工业发展组织（UNIDO）合作发起私营融资咨询网络（Private Financing Advisory Network），通过该网络，实现了8亿美元的融资、590兆瓦的清洁能源装机容量，在发展中国家落实了70个项目。③

G20农业风险管控平台、刚果盆地森林伙伴计划、挪威国际气候与森林倡议与G7非洲推广可再生能源倡议、可再生能源和能效伙伴关系相似，内部有效性主要体现为成员国筹集资源以援助对象国。G20农业风险管控平台于2013年12月发起，2018年到期。截至2017年底，已完成在乌干达、塞内加

---

① UNFCCC, "Renewable Energy and Energy Efficiency Can Unlock Climate Solution," http://newsroom.unfccc.int/lpaa/renewable-energy/press-release-lpaa-energy-renewable-energy-and-energy-efficiency-can-unlock-climate-solution/. UNFCCC, "G7 Renewable Energy Initiative," http://www.un.org/esa/ffd/ffd3/commitments/commitment/g7-renewable-energy-initiative.html.（上网时间：2017年12月12日）

② 第二类型合作关系是指，自愿、没有约束力的政府、私营企业和公民协会间的联合/伙伴关系，以实现可持续发展目标。

③ REEEP, "Annual Report 2016," https://www.reeep.org/reeep-annual-report-2016; REEEP, "Annual Report 2017," https://www.reeep.org/sites/default/files/REEEP%20Annual%20Report%202017.pdf.（上网时间：2018年1月31日）

尔、喀麦隆、尼日尔、埃塞俄比亚、加蓬、利比里亚、赞比亚这9个国家的项目，帮助它们识别了气候变化可能导致的主要农业风险，开发了管控这些风险的主要工具，并与9国国内相关机构建立对口的合作关系以协助9国推进能力建设。①

刚果盆地森林伙伴计划也是可持续发展峰会第二类合作关系，是29个政府和非政府组织的联合，旨在加强沟通和协调成员间的项目、计划和政策，促进刚果流域的森林生态系统、野生动植物的可持续管理，改善居住该地区人民的生活水平。该伙伴计划本身没有资金也没有员工，它的主要功能是提供一种机制促进多个捐助者计划协调和执行这个目标。目前，刚果盆地森林伙伴计划已经设立12个保护区。挪威国际气候与森林倡议是REDD+最大的捐助行动，挪威政府及其合作伙伴国平均每年提供3.5亿美元的资助，目前该倡议已经累计向拉美、亚洲、非洲的相关项目投入16亿美元。②

国际能源署能源技术合作项目的主要功能是促进知识分享、提供合作研发的机会，被公认为是国际技术合作的范例。③ 这体现在成员国之间合作项目的增多、合作领域的拓宽（内部有效性）和参与方增多（外部有效性）这两个方面。能源技术合作项目最初在国际能源署的29个成员国之间建构，1985年中国作为伙伴国第一个加入，到2017年共有52个国家参与。

1975—1980年间发起的能源技术合作项目占到国际能源署能源技术合作项目总数的3/4，其中1/3与燃煤技术有关。流床转化合作项目（FBC TCP）是该项目框架下最早针对燃煤电站的项目。它的设计、初建成本由三个发起

---

① 具体成果参见，PARM, "Where are We? Our Results, Managing Risks to Improve Farmers' Livelihood," http://p4arm.org/app/uploads/2017/11/PARM-Factsheet_RESULTS_Set20172_EN.pdf; 2016年中期报告，http://p4arm.org/app/uploads/2017/03/PARM-Mid-Term-Evaluation_Full-Report_10Feb2017_GGI.pdf; 乌干达成功案例分析，http://p4arm.org/parm-annual-report-2016-now-online/。（上网时间：2018年1月31日）

② Norad, "Norway's International Climate and Forest Initiative," https://www.norad.no/en/front/thematic-areas/climate-change-and-environment/norways-international-climate-and-forest-initiative-nicfi/. （上网时间：2018年1月31日）

③ David Ockwell. et al., "Enhancing Developing Country Access to Eco-Innovation: The Case of Technology Transfer and Climate Change in a Post-2012 Policy Framework," OECD Environment Working Papers, No. 12, OECD Publishing, Paris, http://dx.doi.org/10.1787/5kmfplm8xxf5-en; Joana Chiavari, CeCilia Tam, "Good Practice Policy Framework for Energy and Demonstration (RD&D)," https://www.iea.org/publications/freepublications/publication/good_practice_policy.pdf. （上网时间：2018年1月31日）

国承担——德国尤利希研究中心（Kernforschungsanlage）、英国国家煤矿局（UK National Coal Board）和美国能源署（DOE）。其1977年开始建造，1980年筹到资金18100万美元，该项目最活跃时曾有60多位顶级专家同时参与工作，其中26位是从三个发起国借调的。在这个项目的成功经验基础上，国际能源署能源技术合作项目的授权范围才逐渐拓展到非传统燃料领域，比如生物质能、氢能、太阳能、风能。风能合作项目（Wind TCP）到1985年为止已经在7个成员国建起13个大型风力发电机，目前工作重点已经从旗舰项目落实转移到应用研究方面。20世纪80年代发起的22个能源技术合作项目中，大多将重点转向工业能效、交通与建筑部门能效，以及对新技术（核聚变等）所致环境影响的研究。90年代，则更加关注低碳发展，15个新发起的合作项目中除了关于开发可再生能源的项目外，大多聚焦于需求侧的能源管理。

近年来，在国际能源署及其各个工作组、世界银行等国际机构的经常性支持和专项合作助力下，每个能源技术合作项目可以利用自己独立的国际专家团队、信息资源网络为成员国的政府、科研界、产业界、具体的能源技术研发或项目工程提供支持。2017年，国际能源署能源技术合作项目机制共有6000多名专家，在300多个公共、私营组织的支持下，就200多项议题为成员国建言献策、提供支助；尤其是在智能电网、网络设备与系统集成等终端能效、清洁化石燃料、可再生能源和氢能、交叉领域（模型研究、技术转移、融资等）、聚变能等方面，致力于推动能源技术在成员国的研发、部署、商业化。[①]

总体看来，该俱乐部机制通过原理论证（Proof-of-Principle）、旗舰与示范项目、田野调查、测量和工具模型、应用研究、提高公众认知等方式，有效地推动成员国能源技术的升级。

（二）外部有效：吸纳新成员或鼓励利益相关方合作

成功吸引非成员国的行为体参与合作是这些有效气候俱乐部的共同特点。全球甲烷行动计划的前身是甲烷市场化伙伴关系。2004年，该机制刚刚成立时只有14成员国。2015年时，有41个成员国和欧盟，并动员了1100多个私营部门行为体、非政府组织参与合作。刚果盆地森林伙伴计划的创始国只有7个——美国、喀麦隆、中非共和国、刚果共和国、刚果民主共和国、加蓬、

---

[①] IEA, "Technology Collaboration Programmes: Highlights and Outcomes," https://iea-industry.org/app/uploads/technologycollaborationprogrammes.pdf.（上网时间：2018年1月31日）

第二章 气候俱乐部的发展状况及有效性

| 未来创新 | | 当前部署 |
|---|---|---|
| 科学 | | 政策 |
| 研究 | 技术示范 | 最佳实践 |
| 开发 | | 能力建设 |
| 分析 | | 奖励、认证 |

**图 14 国际能源署能源技术合作项目的作用路径**

资料来源：IEA，"Technology Collaboration Programmes：Highlights and Outcomes"。

赤道几内亚。现在已有 21 个成员国，另加欧盟，以及 85 个合作伙伴。[1]

碳收集领导人论坛 14 年间增加了 11 个新成员，且主要为发展中国家。论坛还和国际能源署合作推动将碳捕获与封存议题提上 G8 等重要多边论坛；成员国与非成员国开展碳捕获和储存研究，开发和示范活动。近年来，论坛认识到利益相关方对于自身目标实现的重要性，于是把利益相关者参与作为

**图 15 碳收集领导人论坛成员及私营部门联系战略**

注：加粗斜体表示创始成员，其他为后来加入。

资料来源：IEA GHG R&D Programme，2015，IEA GHG Update to CSLF，https：//ieaghg.org/docs/General_Docs/IEAGHG_Presentations/IEAGHG_Update_to_CSLF_TG_Nov_2015_v4SEC.pdf.

---

[1] U. S. Department of State,"Congo Basin Forest Partnership," https：//2009 - 2017. state. gov/e/oes/ecw/cbfp/index. htm, https：//2001 - 2009. state. gov/r/pa/prs/ps/2003/16811. htm.（上网时间：2018 年 1 月 31 日）

论坛活动的一个重要组成部分。因此，论坛各项政策及技术对于利益相关者将保持公开、可见和透明，双方进行交流与合作更加注重公平、效益和效率。论坛主动吸引非国家行为体参与，所有以化石燃料为主要能源并且致力于研究、开发、推广二氧化碳收集和存储技术的国家政府机构都可以加入论坛。世界银行、亚洲开发银行等多边银行也逐渐与论坛建立合作。论坛还有意识地吸纳全球性能源公司等利益相关方参与活动，这也为成员国提供市场机会和切实的经济红利。

另外，由论坛发表的报告已经被确认碳捕获与封存领域的权威参考书。在选址标准的确定、对储存容量的评价方法、相关法律和监管问题的定义以及在发展中国家开展碳收集能力建设研讨会等方面，论坛也取得突出的成绩。2008年，论坛向G8提出到2010年以前落成20个大型碳捕获与封存项目的建议，得到采纳。

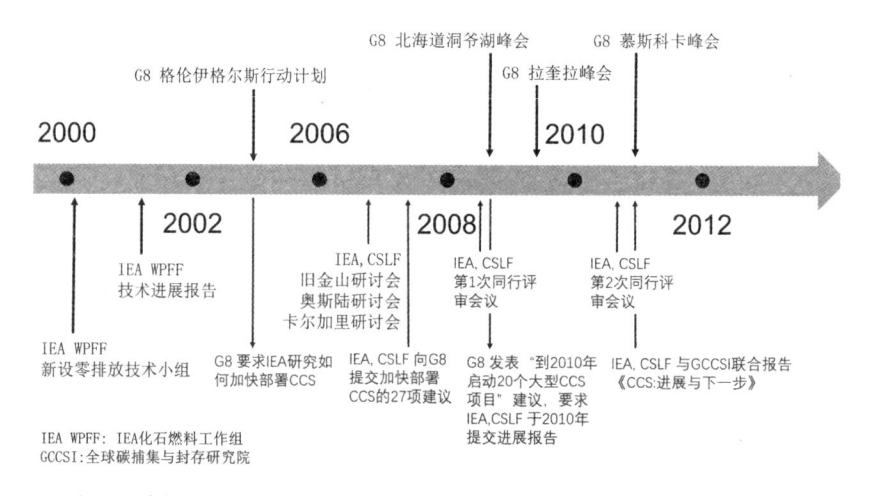

**图16　碳收集领导人论坛与国际能源署在碳捕获与封存方面对G8的影响**

资料来源：IEA/CSLF Report to the Muskoka 2010 G8 Summit, 2010, Carbon Capture and Storage Progress and Next Steps, https://www.iea.org/news/ieacslf-report-to-the-muskoka-g8-leaders-summit-carbon-capture-and-storage-crucial-for-mitigating-climate-change.

G7在执行在非洲推广可再生能源倡议的过程中，也利用现有的伙伴关系，联系"伙伴的伙伴"，以吸纳新成员，扩大行动网络。比如，G7利用与全球气候融资创新实验室（The Global Innovation Lab for Climate Finance, the Lab）的关系、美国—北欧领导人峰会机制，吸纳瑞典、荷兰等国家参与；而中国等新兴经济体也是可再生能源与能效伙伴关系、德国发起之可再生能源合作伙伴关系（Renewable Energy Coopertation Programmes）等机制的成员国，G7又利用这一层关系，吸纳新兴经济体参与在非洲推广可再生能源倡议。此外，G7该项倡议的主要支持对象是AREI。这种关系的对接、维护和深化又以G7与非洲开发银行、非洲发展新伙伴关系（New Partnership for Africa's Development，NEPAD）、国际可再生能源机构等专注于非洲，且在非洲有极大影响力的机制间关系为基础。

作为全球可再生能源政策领域多方利益相关者网络，21世纪可再生能源政策网连接着众多关键参与者。该网络的目标是促进知识交流，政策进步和全球向可再生能源快速转型的共同行动，它向政府部门、非政府组织、研究和学术机构、国际组织和产业界提供了互相学习及成功促进可再生能源发展的平台。所以，该网络的政策报告不仅为G20等国家集团直接采纳，而且广泛地为市场、私营部门、跨国非政府组织所采用。

气候与清洁空气联盟也十分注意构建利益相关者网络，在其框架下，很多国家、非国家行为体根据自己的兴趣参与了子工作组。截至2017年，联盟的伙伴从最初的7个增加到111个，包括50个国家和欧盟、16个IGO，45个非政府组织。充分发挥私人部门的作用是该联盟最重要的成功之处。

清洁能源部长会议的成立则反映了全世界主要经济体和一些较小国家共同致力于清洁能源技术的革新，用清洁能源代替传统能源，缓解全球气候变暖的趋势。2009年7月，在美国政府倡议下，17个主要发达国家和发展中国家成立了能源与气候问题主要经济体论坛。2009年7月，在意大利举行的首次MEF领导人会议上又决定启动一个全球伙伴计划以加强国际合作，推动向低碳和气候友好技术转型，同时在全球加快推广部署清洁能源技术。2009年12月，在哥本哈根联合国气候变化框架公约缔约方大会上，美国能源部长提出主持召开清洁能源部长会议。于是首届会议于2010年7月在华盛顿举行，标志着清洁能源部长机制正式确立。目前，参与会议的政府占全球清洁能源市场份额的80%以上。该会议基于各国和其他相关者的共同利益，在促进清洁能源技术方案和相关政策的进步，实现全球范围内经验教训和最佳做法的共享以及鼓励全世界过渡到清洁能源经济社会等方面正发挥越来越重要的作用。

## 二、有效性较高的气候俱乐部：俱乐部内、外影响不均衡

国际能源效率合作伙伴关系（International Partnership for Energy Efficiency

Cooperation，IPEEC），G8 能效行动计划、G8 打击非法采伐计划、G8 碳封存与捕获大型项目计划，G20 能效行动计划，小岛屿国家伙伴关系（Pacific Small Island Developing States Partnerhsip，PSIDS Partnership），REDD+，北极委员会，旨在支持海洋相馆可持续发展目标的波罗的海行动计划（Baltic Sea Action Plan to Support Ocean-related SDGs，后文简称为波罗的海行动计划），太平洋岛国的岭到礁项目伙伴关系属于比较有效的气候俱乐部。其中，国际能源效率合作伙伴关系、G8 及其子俱乐部、G20 能效行动计划、REDD+ 的短板在于行动落实不够充分、内部效力受限，小岛屿国家伙伴关系、北极委员会、波罗的海行动计划、太平洋岛国岭到礁项目伙伴关系是执行较好，但外部影响有限。

（一）内部有效性偏弱的气候俱乐部

除了国际能源署能源技术合作项目以外，G7 是历史最长的气候俱乐部。1979 年，首次正式讨论碳排放问题，呼吁开发替代能源以避免加重碳、硫化物污染。领导人达成自愿性共识，将有毒的大气污染物浓度控制在 1979 年的水平。自那以后，G7 在全球气候治理中的角色经历了三个阶段。1979—1988 年，G7 通过确立首个旨在保护环境的气候机制，设定谈浓度零增长时间表，发起/架构了应对气候变化的全球治理，将碳排放大国都纳入行动框架之中。1985 年，G7 首次做出有关气候变化的承诺。1988—2004 年，G7 将经济置于核心位置。环境与气候事务方面，以支持联合国为主，在 UNFCCC 和京都议定书的签署与生效过程中发挥了领导性作用。1996 年，G7 首次邀请国际组织与会。1998 年，俄罗斯加入。2005 年至今是第三阶段。随着联合国框架的气候治理缺陷凸显，G7 和 G20 的重要性日渐增长，随着中美在气候变化上合作的加强，它们在推动大国减排、减缓气候变化，以及联合国框架下后京都机制谈判中都发挥了关键作用。

2005 年格伦伊格尔斯峰会（The Gleneagles Summit）是 G8 迄今为止最成功的峰会，该次会议聚焦于气候变化与非洲发展议题，吸纳巴西、中国、印度、墨西哥、南非参与。自 2015 年起，G7 能源部长会议的授权范畴正式由能源拓展到气候行动与能源安全。[①] 2016 年，G7 在日本富山召开环境部长会

---

① 参见 2014 年罗马能源安全计划 Rome G7 Energy Initiative for Energy Security，http：//www.g8.utoronto.ca/energy/140506-rome.html；2015 年汉堡可持续能源安全计划 Hamburg Initiative for Sustainable Energy Security，http：//www.g8.utoronto.ca/energy/150512-hamburg.html.（上网时间：2018 年 1 月 31 日）

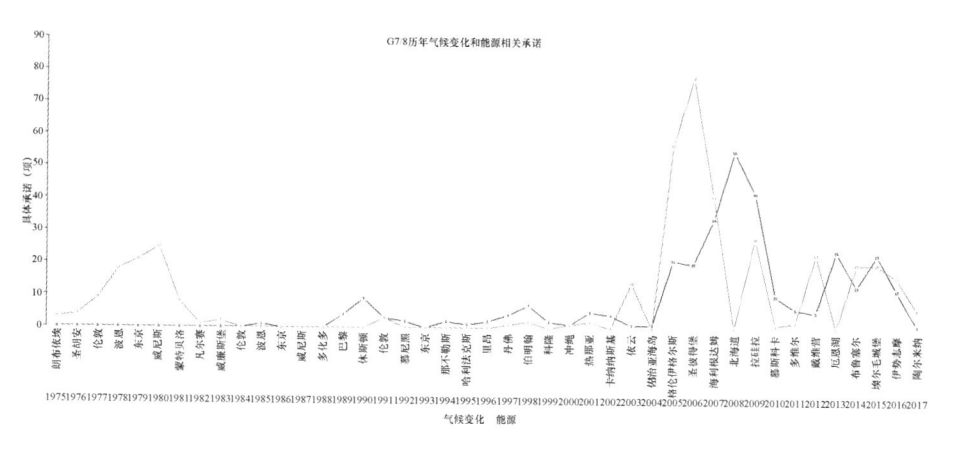

第二章　气候俱乐部的发展状况及有效性

**图17　G7/8参与气候治理的大体历程**

资料来源：作者自制。

议（G7 Toyama Environment Ministers' Meeting），为首脑峰会做准备，这是7年以来的头一次。包括全球环境基金（Global Environment Facility，GEF）、联合国环境规划署（UNEP）、宜可城—地方可持续发展协会（ICLEI-Local Governments for Sustainability）在内的诸多国际组织、国际机构、国际伙伴关系、私营部门行为体都列席该次会议。

现有的研究大多关注G8作为气候俱乐部的外部影响。G8的这种影响力显而易见，突出体现在"G8+5"对话、格伦伊格尔斯行动计划、海利根达姆进程（Heiligendamm Process）、发起主要经济体论坛、清洁能源部长会议、国际能源效率合作伙伴关系、可持续建筑网络倡议（Sustainable Building Network，SBN）等机制上。但这不意味着G8内部有效性很低，总体来说，G8的内部有效性居于中间水平。以格伦伊格尔斯行动计划：转变能源利用方式为例。

2005年G8峰会通过的"格伦伊格尔斯行动：气候变化、清洁能源与可持续发展"不仅是G8首个针对气候问题的综合性行动计划，从G8能源治理历程的历史角度看，也具有特殊的历史意义。在六项关键任务中，"转变能源利用方式"是第一项，涉及国民经济活动中五大高能耗行业，即建筑、家电、地面运输、航空、工业。这标志着G8正式进入能源综合治理阶段。G8虽然承诺完全执行IEA建议，但没有完全落实（至多60%）。不过，计划出台以后，各国的能效政策数量增长更快、涉及面更广，完全按照计划要求拟定的能效政策占到八国能效政策总数的74.3%（共177项）。相较而言，G8能效行动计划的外部影响似乎更显著。在格伦伊格尔斯进程、海利根达姆进程中，澳大利亚、巴西、中国、印度、印尼、韩国、墨西哥、尼日利亚、波兰、南非、巴西、斯洛文尼亚都参与，其中5个主要发展中国家也按照国际能源署建议采取了12项能效政策，占2005—2015年出台新能效政策的24%。

国际能源效率合作伙伴关系是2009年G8携手中国、韩国、巴西、墨西哥和印度五国发起的国家间自愿合作伙伴关系，旨在促进能效合作。目前，成员国为G20中的17个国家，占据全球能源使用量和全球温室气体排放量的80%以上。[1] 该伙伴关系自建立以来便致力于与其他国际组织和私有实体并肩合作，制定并实施加快部署能效技术和最佳实践的政策。但到目前为止，伙伴关系的主要功能与成就还是为成员国的决策者提供信息，协助成员国落实项目，促进各国坦率讨论与交换意见和经验。但其于2017年取得一些实质性进展，比如在印度落实超高效设备和家电部署项目，能源管理认证体系为17个实体所采纳，包括1个大都市、8个公司、4个国际组织。[2]

相较内部有效性而言，国际能源效率合作伙伴关系的外部有效性似乎更高，主要体现在联系、协调现有的能源、能效、技术机制，鼓励非成员国和利益相关方参与交流、合作，促进成员国与非成员国间分享多、双边倡议相关信息。[3] 印尼、沙特、土耳其、奥地利、智利、丹麦、芬兰、新西兰、新加坡、西班牙、瑞典、瑞士、阿联酋都不同程度参与了伙伴关系框架下子俱乐部的活动。2017年，伙伴关系参加了5个大洲23个国家的68项活动，与清洁能源部长会议及其子俱乐部、国际能源署、欧盟、亚太经济合作组织（APEC）、UNFCCC展开经常性的对话与合作，并担任G20能效行动计划执行机构，通过媒体手段面向60万人口，并获得153个国家近2万人的反馈。

国际能源效率合作伙伴关系是G20能效行动计划的执行机构，它的俱乐部活动模式对G20能效行动计划的落实也产生影响。G20能效行动计划下设6个工作组，其中，建筑指标和性能工作组，工业能效管理工作组，分享高能效、低排放发电技术工作组的主要任务是强化既有的国际行动。G20授权国际能源效率合作伙伴关系为代理机制，通过该伙伴关系框架下的建筑能效工

---

[1] OECD, "Air and GHG Emissions," 2015, https://data.oecd.org/air/air-and-ghg-emissions.htm.（上网时间：2017年12月13日）

[2] IPEEC, "Annual Report 2017," https://ipeec.org/upload/publication_related_language/pdf/675.pdf.（上网时间：2018年2月11日）

[3] Ibid, IPEEC Introduction, https://ipeec.org/cn/cms/1—.html.（上网时间：2018年2月11日）

作组、电力工作组（GSEP）、能源管理工作组（EMWG）推行国际协调与实际行动。另外三个工作组各自主推一项新的优先行动任务，分别是：在交通/车辆方面，提高交通工具的能效；在终端产品方面，提高网络设备的能效；在融资方面，推动资本流向能效投资领域。这些工作组虽然对非成员国、非国家行为体产生了影响，但主要还是体现在政策倾向和意识层面，对具体行为的调整比较弱。

需要指出的是，2016年G20能效行动计划在2014年能效行动计划的基础上授权范围有所扩大。根据国际能源效率合作伙伴关系交通工作组的建议，2016年G20的行动可包括：(1)针对参与国、有意参与国在设计政策路线过程中面临的制度需求、技术挑战展开调研；(2)通过多种形式推动各国政策路线的执行，包括政策交流、宣传活动；(3)吸引全球融资领域的行为体参与合作，以指导有融资、投资需求的国家有效地融资、吸引投资，推动炼油厂升级、生产低硫燃料；(4)为有意提高客运车辆能效的国家举办培训研讨；(5)对做出最大承诺、取得最大进展的参与国颁发年度认证；(6)推动有关降低温室气体排放强度的长期措施的经验交流，包括机动性问题、采用可持续性替代燃料等；(7)建议G20各国采取降低交通工具燃料消耗、空气污染、碳排放的政策，推广使用超低硫燃料（10—15 ppm）以及世界级的轻型、重型车辆空气污染物排放标准，并采取管制性方法提高车辆的燃油效率，推广绿色货运项目，自主报告国内进展以及技术方面的需求。

其中，第3、5、6、7项都落实到同年稍后出台的G20能效引领计划（G20 Energy Efficiency Leading Programme）之中，使各国在机动车、货运、炼油厂低硫燃料、清洁燃料等方面的标准都更加明确、严格。G20能效引领计划的第6项要求是G20下一阶段的优先工作重点，以交通工作组第3条、第5条建议为基础，即"为炼油厂生产低硫燃料等行为提供融资等帮助"，"探索召开年度成就研讨会，来确认G20各参与国在清洁燃料和车辆标准领域所作出的承诺和取得的进展"。能效引领计划的第1、2、3、4、7条则是G20中长期用以实现能效目标的基本途径，以交通工作组第6条、第7条建议为基础。具体要求分别为：(1)介绍并按授权推广清洁燃料，将燃料最高含硫量目标下降到10—15ppm，以便减少排放和促进先进排放控制技术发展；(2)提高长期尾气排放标准要求，乘用车尾气排放达到欧盟Ⅵ号标准、美国Tier2/3标准或相当的标准；重型车尾气排放达到欧盟Ⅵ号标准，美国HD2010标准或相当的标准；(3)制定长期燃油经济性标准，一些国家力争2030年新增乘车用车燃油消耗量比2005年下降一半，新增重型车燃油消耗量比2010年下降30%；（4）支持绿色货运计划，帮助货运公司的车辆取得经济合理的能效改进；（7）其他行动和选项包括，促进低温室气体排放的补充燃料使用，包括可持续生物燃料、车载碳捕获和储存，或电动汽车/系能源汽车。[1]

### （二）外部有效性偏弱的气候俱乐部

北极委员会在环境领域的效力较高是公认的事实[2]，但在气候变化领域还需努力[3]，此外，由于加入门槛比较高、会员机制比较僵化，委员会的对非成员国的吸引力比较有限、外影响力也不足[4]，这也是大卫·维克多等人提建议、委员会于2015年通过有关气候变化宣言的原因。不过，由于北极俱乐部的俱乐部规则比较明确，有效性基础又比较好[5]，作为一个典型的、更接近"布坎南俱乐部"的气候俱乐部，其最近在采用市场方法和管制方法推动温室气体减排方面很被看好。

小岛屿国家伙伴关系是意大利政府与太平洋小岛国政府于2007年《京都议定书》生效后不久发起的俱乐部。成员包括所有14个太平洋小岛屿国家、意大利、卢森堡、西班牙、世界自然保护联盟（IUCN），基本上没有变化。目前，小岛屿国家伙伴关系已经筹资2500万美元，在14个太平洋岛国落实了55个项目，并以世界自然保护联盟（International Union for Conservation for Nature，IUCN）为常设机构协调项目进展，支助了1万多原住民，新建58个

---

[1] 参见，G20，2016"能效引领计划，"http：//www.gov.cn/xinwen/2017-02/14/5167959/files/7d6102f75b5b46c994248ddfe7f8e3a1.pdf。

[2] Paula Kankaanpää, Oran R. Young, "The effectiveness of the Arctic Council," Polar Research, Volume 31, Issue 1, 2012; Paula Kankaanpää, Kamil Jagodziński, "The Assessments in Policy-Making: Case Studies from the Arctic Council," 2014, https://www.arcticinfo.eu/en/assessment-in-policy-making. Whitney Lackenbauer, Heather Nicol, and Wilfrid Greaves, "The Arctic Council and Circumpolar Governance," 2017, http://carc.org/wp-content/uploads/2017/11/One-Arctic-2017.pdf.（上网时间：2018年2月11日）

[3] Klaus J. Dodds, "Anticipating the Arctic and the Arctic Council: pre-emption, precaution and preparedness," Polar Record, Vol. 249, Issue 49, 2013, pp. 193 – 203; Olav Schram Stokke, Geir Hønneland, "International Cooperation and Arctic Governance: Regime Effectiveness and Northern Region Building," Routledge, 2006, pp. 112 – 133; Małgorzata Śmieszek, Adam Stępień and Paula Kankaanpää, "The Recent Arctic Council Assessments: Influential Tools in Policy-Making in the Council and Beyond?" The Yearbook of Polar Law Online, Volume 8, Issue 1, 2017, pp. 187 – 213.

[4] Robert C. Beckman, Tore Henriksen, Christine Dalaker Kraabel, Erik J. Molenaar, J. Ashley Roach, "Governance of Arctic Shipping: Balancing Rights and Interests of Arctic States and User States," BRILL, 2017, pp. 51 – 53.

[5] Ibid: 54 – 67.

太阳能设施，使 8000 人有能源可用，新增 2 兆瓦的太阳能装机容量，减少 1200 吨温室气体排放。但该俱乐部既没有吸纳新的支助国加入，也没有扩大支助范围，外部影响力有限。① 波罗的海行动计划的情况与小岛屿国家伙伴关系的情况相似。到 2016 年，框架下 60% 的联合行动目标已经达成，减少地区航空、航海排放，并覆盖了 11.8% 的波罗的海保护区；30%—65% 的国家计划已经完成。但该行动对俱乐部以外的行为体几乎没有影响。

### 三、有效性较低的气候俱乐部：内部有效性不足、外部有效性稍弱

G20、G20 能源可及性计划、G20 推广可再生能源开发工具计划、日本—加勒比气候变化伙伴关系、国际氢能经济和燃料电池伙伴计划、全球生物能源伙伴关系（Global Bioenergy on Forest，GBEP）、国际碳行动伙伴组织（International Carbon Action Partnership，ICAP）、日本和太平洋岛国首脑峰会（Pacific Islands Leaders Meeting，PALM，后文简称太平洋岛国首脑峰会）、低排放发展战略全球伙伴关系（Low Emission Development Strategies-Global Partnership，LEDS GP）、纽约森林宣言（New York Declaration on Forest，NYDF）以及气候减缓，测量、报告与核实国际伙伴关系属于有效性比较低的气候俱乐部。其中，全球生物能源伙伴关系、G20 及其子俱乐部的外部有效性近年来日益突出，但内部有效性仍有待提高。太平洋岛国首脑峰会，日本—加勒比气候变化伙伴关系，测量、报告与核实国际伙伴关系，低排放发展战略全球伙伴关系作为论坛性、部门导向的俱乐部，虽在传播具体的政策主张、观念意识方面效果较好，但对实际行动的影响力比较弱、落实效果不佳。纽约森林宣言作为叠加意愿与承诺的联盟，总体状况与低排放发展全球伙伴关系等相似。只有国际氢能经济和燃料电池伙伴计划、国际碳行动伙伴组织内部有效性尚可，但俱乐部规模始终较小，对俱乐部外行为体影响很弱。

国际氢能经济和燃料电池伙伴计划于 2003 年成立，美国、加拿大、巴西、欧盟、英国、德国、法国、意大利、冰岛、挪威、俄罗斯、日本、韩国、中国、印度、澳大利亚这 16 方在华盛顿发起。该伙伴关系的目标是建立一种组织、评估和协调国际间氢能研究、开发、示范和推广的合作机制，以引导全球向氢能经济过渡。主要任务是组织有影响、高效的合作研究，增强国际

---

① UN, Partnerships for the SDGs, "PSIDS Partnership," https://sustainabledevelopment.un.org/content/documents/24591SIDS_Partnerships_May_2019_web.pdf.（上网时间：2019 年 7 月 21 日）

间与氢利用有关的制氢、储氢、燃料电池等技术，以及相关法规和标准方面的协作，通过协调有限的资源，解决共同面临的问题，以促进全球向氢能经济的转变。

该伙伴关系在气候变化领域的主要工作包括：推动氢能和燃料电池技术及其基础设施的发展和市场渗入；通过政策和法规支持相关技术的应用与推广；提高政策制定者和公众对氢能经济的认识与持续教育和推介；监控氢能、燃料电池及其辅助技术的发展。

迄今为止，国际氢能经济和燃料电池伙伴计划活动导致的结果有：（1）认证了30多个多边的氢能合作项目，项目内容覆盖示范、燃料电池、制氢、储氢、法规标准制定、氢能的运输与分配、氢的社会经济学等各方面；（2）通过组织各种研讨会和论坛，汇聚了超过25个国家的500多名专家，讨论确定氢能与燃料电池技术领域的研发关键领域；（3）建立和运用"优先计分卡"办法来确定国际合作项目的主要挑战、优先性和成功概率；（4）设立了组织领导奖和技术成就奖，用于表彰和鼓励全球范围内在与氢能和燃料电池有关的组织和技术开发方面做出突出贡献的个人、组织或项目。

这些结果对于成员国行为的影响比较有限，也并非都是该伙伴计划作为一个俱乐部机制导致的，而是基于其发起以前各国的既有政策基础。在此以前，美国能源部已于2001年1月公布《向氢经济过渡的2030年愿景展望报告》，2002年11月出台《国家氢能源发展蓝图报告》，2003年1月布什总统在《国情咨文》中正式宣布启动"国家氢燃料研究计划"。欧盟则于2002年10月成立了由欧盟委员会副主席帕拉西奥领导的氢能源和燃料电池高级专家组，并在2003年6月发表了《未来氢能和燃料电池展望总结报告》，欧盟委员会主席普罗迪2003年还宣布将在未来5年内投入20亿欧元进行氢能研究，并将有关研究列入第六个研究框架计划。日本则早在1993年就启动发展氢能和燃料电池的"新阳光计划"，2003年又退出投资110亿美元开发氢能的WE-NET计划。[①] 此外，巴西、冰岛、挪威、加拿大都已取得突破并建立自身优势。[②] 印度也已制定氢能发展路线图。

至于国际碳行动伙伴组织，韩国等成员国虽赞赏它在扩散经验、传递信

---

[①] 顾钢：《国外氢能技术路线图及对我国的启示》，《国际技术经济研究》2004年第4期，第34—37页。

[②] 马涛：《国外氢能源经济发展现状及对我国的启示》，《节能技术》2008年第4期，第324—327页。

息方面的作用，但也仅此而已。到目前为止，该伙伴组织虽增加了 16 个成员，但主要是批量加入。有很多国家、地方政府都有建立排放交易体系的愿望，但都没有加入国际碳行动伙伴组织。

## 四、有效性低的气候俱乐部：对行为体缺乏实质性影响

低效的气候俱乐部是 G7 气候风险保险计划、G20 化石能源补贴政策改革倡议和主要经济体论坛。另外，还有两个因故终止的气候俱乐部——亚太清洁发展与气候变化伙伴计划和国际能源与气候行动（International Energy and CLimate Initiative，Energy +）。

德国作为 G7 主席国，曾为 G7 气候风险保险计划提供一个参考路线图，其他国家无响应。目前，其设立了秘书处，与对象机制开展咨询和研讨，初步确定融资框架；德国已提供 15000 万欧元以启动该计划，COP23 期间承诺再贡献 40000 万欧元；但其他成员国尚未采取实质性行动。[①] 倡议提名的俱乐部产品供给对象尚未做出公开的正式反映。

至于 G20 化石能源补贴政策改革倡议，在 2009 年匹兹堡的 G20 峰会上，各国领导倡议"在中期内合理化并逐步消除鼓励浪费型消费的无效补贴"，但没有任何进一步的阐述。这一承诺在之后的每一次 G20 峰会上都得到重申，目前仍缺乏切实的机制和措施将高层政治承诺转化成各国国内具体行动。相反地，众多国际组织研究表明，G20 国家过去 9 年海外煤炭项目资金支持已达 760 亿美元，并仍有几十亿美元的项目在计划中，这些项目有极大风险成为"搁浅资本"。[②]

能源与气候问题主要经济体论坛明确宣称是作为支持 UNFCCC 的论坛性机制而成立，旨在促进 UNFCCC 框架下的谈判与务实行动，但即便是对于 UNFCCC 相关议题的谈判，论坛的贡献也十分有限，更不用说调整成员国行为了。[③]

---

[①] BMZ，"G7 Initiative on Climate Risk Insurance，" https：//www.gfdrr.org/sites/default/files/1c_InsuResilience.pdf.（上网时间：2018 年 1 月 31 日）

[②] 陈晗：《G20 国家在〈巴黎协定〉后还在支持大量海外煤炭项目》，2016 年 11 月 15 日，https：//www.chinadialogue.net/article/show/single/ch/9391-G2-countries-still-financing-overseas-coal.（上网时间：2018 年 1 月 31 日）

[③] Oscar Widerberg，Daniel E. Stenson，"Climate Clubs and the UNFCCC：Complement，Bypass or Conflict？" FORES Study，2013.

美国发起的亚太清洁发展与气候变化伙伴关系和挪威发起的国际能源与气候行动产品规则都比较明确，但因与 UNFCCC 或合作对象地区气候治理机制有所冲突，或曾遭到欧盟、77 国集团的抵制，或实际效果不佳，目前都已经停止工作。

# 第三章 气候俱乐部有效性的影响因素

国际机制有效性的研究主要有两个方面：趋向分析（Tendency Finding Analysis），主要研究机制要怎样才能在国际社会中解决问题，重视实践过程和执行，强调适当性；变量分析（Variation Finding Analysis），主要研究制度/机制在什么样的条件下才能有效，重视制度设计，强调个体理性。其中从变量分析居多。影响制度有效性的变量有两种：一是制度安排自身的特性或属性，即内部因素、内生变量；二是特定制度安排运作于其中的广泛社会条件或其他环境条件，即外在因素、外生变量。很长一段时间内，对国际机制内生变量的研究偏多，对外生变量的研究较少。

这种国际机制研究偏好也影响到气候俱乐部研究。目前对气候俱乐部有效性的解释主要围绕内部因素展开。只有少数学者提到气候俱乐部与其他机制间关系对俱乐部有效性的影响，也就是气候俱乐部运行的外在环境。但事实上，不可忽视机制得以建立、生存、运作的客观背景和具体情境对制度有效性的影响。

自利马气候大会以来，气候治理出现两个新趋势——治理模式由自上而下转为以自下而上为主，制度体系由以 UNFCCC 为核心的轴辐体系转向日益多中心、扁平化的网络体系。第一种变化主要发生在气候机制内部，涉及气候机制的设计与建立路径、组织架构与治理结构，以及成员国之间的合作结构。第二种变化主要发生在气候机制的外部，即气候机制生成、运行、发挥作用和产生影响的外在环境。内部维度、外部维度是解释气候制度有效性的两种主要路径和必要方面①,这两个维度上的变化必然对气候制度的有效性产生影响。换言之,在新形势下,传统的基于自上而下路径分析的内部变量分析模式有一定的局限性,任何气候制度有效性的解读都应考虑到气候治理模式转型和气候治理体制网络化这两点因素。

## 第一节 内生变量:气候俱乐部有关产品供给与分配的规则及其明确性

国际机制的内生因素包括成员内生性(Membership Endogeneity)和设计内生性(Design Endogeneity)两个方面。既有研究中,对成员内生性的关注主要体现在对成员国博弈的分析上。这种博弈或为成员国在单一议题领域的博弈,或为成员国兼顾考虑到国家战略或其他部门性政策的关联博弈。其次,涉及气候俱乐部合作议题、合作倡议与潜在成员国国内政策排序、政策目标、政策结构等方面的匹配性。一般认为,霸权/国际领导力、国际权力分配、各国能力和意愿、各国对合作所涉问题的认知对气候俱乐部的建立、运行、有效性会产生重要影响。②

设计内生性则与机制所针对的问题、成员国数量和遵约等程序性规则相关。一般认为,问题属性、成员数量、遵约状况这三个维度共同决定了国际机制的有效性:国际机制创立的前提是有一定的问题存在,所以问题属性是影响机制有效性的初始变量;又因为国际机制在解决问题的过程中涉及多方参与、协调各自对策,所以成员数量成了影响有效性的过程性变量;初始问题最终能否解决,还取决于参与各方对条约的遵守情况,所以遵约问题是影响机制有效性的约束性变量。

不过,上述分析主要是针对自上而下的传统国际机制,自上而下国际机制的运作组织化、制度化程度比较高,从制度到结果的路径比较明确、单一,适合用"内在特性决定机制绩效"的逻辑来分析。气候俱乐部则是一种自下而上的气候机制,与传统的国际机制在制度属性、组织结构、行为模式上都

---

① [美]奥兰·扬:《国际制度的有效性:棘手案例与关键因素》,[美]詹姆斯·R.罗西瑙主编:《没有政府的治理》,江西人民出版社2001年版,第186—224页。

② Oran R. Yang ed. , "The Effectiveness of International Environmental Regimes: Casual Connections and Behaviour Mechanisms," Cambridge, Mass: MIT Press, 1999.

有所不同。所以，原有的国际机制有效性分析对气候俱乐部而言似乎解释力有限。

## 一、自下而上气候治理的关键：行动规则的明确程度

以前，全球气候治理模式以自上而下为主，2015 年《巴黎气候协定》正式确立了自下而上为主的气候治理模式。自上而下模式中，国际社会主要是集体地、共同地根据全球碳排放空间状况分配各国的排放空间和减排责任；在自下而上模式中，各国提出自主目标，采取自愿行动，由此汇聚全球减排努力。除了气候机制的初始设计不同以外，在这两种模式下，气候机制对成员国的影响、由此产生的机制结果也不同。

表9　气候治理模式差异：自上而下与自下而上

| 机制过程 | 要素 | 自上而下<br>UNFCCC<br>传统多边主义 | 自下而上<br>气候俱乐部<br>跨国伙伴关系 |
| --- | --- | --- | --- |
| 机制的初始设计 | 成员义务的确定方式 | 分配 | 自愿提出 |
|  | 成员的责任形式 | 正式 | 非正式 |
|  | 国际机构的授权 | 强 | 弱 |
|  | 协议中的行为要求 | 模糊 | 明确 |
| 机制框架对成员的影响 | 成员对不遵守行为的关切 | 强 | 弱 |
|  | 匹配成员现状的程度 | 低 | 高 |
|  | 成员的支持程度和行动意愿 | 低 | 高 |
| 机制的结果 | 合作的深度 | 浅 | 深 |
|  | 兑现承诺的可能性 | 低 | 高 |

资料来源：作者自制。

国际行为体主要按照"造法"路径设计、建立国际机制。在此基础上建立的国际合作组织化、制度化、正式性、约束性都比较强，相应地，成员国对不遵守行为的关切度会比较高，由此导致在具体行为要求方面采取模糊化处理的方式；加上硬性分配的责任与成员国国内状况的匹配程度低、国内支持弱，成员国的行动意愿也相应地比较弱，兑现承诺的可能性偏低。这就从可能性、必要性两个方面凸显出强化授权性、建立履约机制、监督各国执行的重要性。

然而，如果国际义务与成员国的目标、意愿、偏好、能力相差甚远，成员国国内对履行这种义务的支持比较薄弱或反对比较强烈，那么以"最小公分母"策略谈判和建立的正式合作机制行动激励并不一定强烈，履约机制可能难以建立，监督履约便难以展开、推进。

在这种情况下，采取自下而上自愿承诺路径，以非正式、非约束性方式达成替代性协议，可能反而更有效。在这种自愿性承诺基础上建构的合作机制组织化、制度化、正式性、约束性都比较弱，成员国对不遵守行为的关切比较弱。由于各方承诺与完成承诺方式差异较大，也难以建立起完整、统一的集中式评估机制。所以，不太可能、也没有必要建立严格意义上的履约机制。此外，国际行为体完全基于自愿，主要考虑自己能够做什么、最愿意做什么，而不是应该做什么、各方博弈达成的均衡结果要求自己做什么，并根据本国的治理能力、治理偏好确定完成任务、达成目标的主要路径、方式方法。因而，成员国兑现承诺的可能性偏高，反而可能达成强目标、高标准、行为要求条款明确的，甚或管制性的合作安排，提高合作深度。在关于北海和波罗的海环境保护的非正式自愿机制中，正是由于行为条款比较细致，行为要求比较明确，尤其是对主要污染物的减排比例做了具体规定，成员国得以对本国执行状况进行定期评估，并自愿开展集体评审，最终有效地改变了各成员国国内行为体的高排放、高污染行为。[1]

除此以外，气候俱乐部本身的灵活性与非正式性也要求俱乐部规则应尽可能明确。世界资源研究所（WRI）勾勒了一个有效的太阳能经济俱乐部的三个发展阶段，[2] 并对每个阶段各项活动的内容、形式，成员国应做之事，俱乐部相应地获得什么收益，都做了详细规划。

也就是说，在自下而上非约束性的自愿合作模式下，提出具体的行为要求和明确的行为规则是保障机制有效的性的关键因素之一。气候俱乐部的主要行为是供给、分配俱乐部产品。强化气候俱乐部行动激励，提高俱乐部治

---

[1] Steinar Andresen, "The Making and Implementation of North Sea Commitment: The Politics of Environmental Participation," in Kal Raustiala, Eugenes Skolmikoff, David G. Victor, eds., "The Implementation and Effectiveness of International Commitments: Theory and Practice," Laxenberg: International Institute of Applied System Analysis, 1998, pp. 431 - 475.

[2] Lutz Weischer, Jennifer Morgan, "The Solar Economy Club: Leadership Club Approach to International Climate Policy," a short study commissioned by the Green Party Parliamentary Group in the German Bundestag, 2014.

第三章　气候俱乐部有效性的影响因素

**图18　发展太阳能经济俱乐部的三个步骤**

资料来源：Lutz Weischer, Jennifer Morgan, "The Solar Economy Club: Leadership Club Approach to International Climate Policy," 2014。

理有效性的关键在于，保障产品的"充足"供给，并通过恰当的分配机制，将有限的产品产出转化为成员国能够感知、享用的收益。所以，气候俱乐部的规则越明确，气候俱乐部越有效（基本假设1）。

## 二、气候俱乐部的产品供给及其规则

气候俱乐部的关键与核心优势是利用收益结构激励主权国家和利益相关方参与合作，以解决集体行动困境，所以气候俱乐部最关键、最重要的规则是关于产品供给与配置的规则。

从俱乐部产品的供给侧角度看，收益应容易"兑现"、容易感知，成本效益高。由于气候问题内涵广泛、各方利益差距较大，加之"国家利益"具有主观性，提供可观、可预期的回报就显得十分重要。最容易从承诺转变为现实，或者说"兑现"的收益是经济性、实物性质的回报，比如工作岗位、投资、贸易机会。收益还应该以一种成本有效的方式创造，使成员国拥有明确的预期——它们的获得的收益将超过加入俱乐部、采取行动的成本。

那么，在实践过程中，气候俱乐部采取什么方式才能够稳定、明确无误地创造足够的、可兑现的产品？这就要求好好设计俱乐部产品的供给机制。当前的研究主要提供了两种思路：领袖模式，这与国际政治经济学中的霸权理论思路相同；相互关联的自愿承诺模式。

国际政治领域（尤其是国际政治经济学）多探讨国际公共产品，少关注俱乐部产品。第一，国际公共产品的提供主体主要是发达国家和国际组织。第二，国际公共产品主要包括国际贸易体系、稳定的国际金融体系、可靠的国际安全体系和有效的国际援助体系四个方面，主要是制度、组织、机制和默契等非物质、非有形的产品。第三，强调霸权供给机制和制度供给机制。此外，主导行为体模式在市场规制中利用得比较广泛，典型案例如"加州效应""布鲁塞尔效应"。① 俱乐部通常由一两个在某区域、某议题领域具有比较优势，或在某个行业市场占据主导地位的关键国家牵头发起，他们具备一定的能力来撬动资源杠杆。当受到国内收益增加、参与成本低于收益、合作提供排他性收益等恰当的激励时，关键国家可能率先通过某项具体政策，如提高可再生能源配比标准、提高电站或汽车排放标准等，并获得可再生能源生产扩大、空气质量改善、相关技术取得突破等收益，这可能通过其市场联结影响到其他成员，或通过俱乐部的政策、信息交流机制对其他成员产生吸引力，促使其效仿之。于是，俱乐部成员就获得非成员行为体所不具有的占先权和先动优势。② 如果关键国家牵头供给重要的俱乐部产品，"有条件的承诺"就会更加有效，进而吸引消极国家采取合作行为。

"有条件的承诺"，相互关联的自愿承诺。它是指，每个成员国都参考其他成员国的承诺、政策"出价"和实际行动，进而提出自己的承诺与政策意愿。由此，政策选择的关键是聚焦于各国政府可以明确掌控的事务，比如设置、实施能效标准，资助、启动技术工程，而不是 UNFCCC 强调的抽象的"排放水平"。在此基础上，俱乐部便可就"排他性和依情况而定的措施"做出安排，在共享政治动力和政策方向的基础上构筑稳定的联合③，既创造了俱乐部产品，又为成员国提供选择性激励，还有助于刺激、吸引俱乐部外的消极国家采取合作行为。④

但这两种模式都存在内部逻辑上的缺陷。领袖模式不排除领导国边际成

---

① Anu Bradford, "The Brussels effect," Northwest University Law Rev, Vol. 107, No. 1, 2013, pp. 1-68.

② 一个典型的案例是杜邦公司（Du Pont）对《蒙特利尔议定书》的立场处理。此外，一些大型的跨国铝业公司选择加入美国环境署的志愿性铝业伙伴关系，采用新技术减少能源消耗与全氟碳化物（perfluorocarbons）排放，不仅赶在政府采取规执行措施之前抢占市场优势，还赋予它们影响决策的权力。参见 U. S. EPA, Voluntary Aluminum Industrial Partnership, https://www.epa.gov/f-gas-partnership-programs/voluntary-aluminum-industrial-partnership。

③ William Nordhaus, "Climate Clubs: Overcoming Free-riding in International Climate Policy," American Economic Review, Vol. 105, Issue 4, 2015, pp. 1339-1370.

④ David G. Victor, "Global Warming Gridlock: Creating More Effective Strategies for Protecting the Planet," Cambridge University Press, 2011.

本超过边际收益、公共供给能力衰退，或为俱乐部其他国家"剥削"而供给意愿下降的情况。霸权供给机制主要有两个立足点，即霸权国家的经济剩余和霸权国家在提供国际公共产品中的成本与收益之间的平衡。经济剩余的大小决定了霸权国家能提供的国际公共产品数量、质量和种类。边际成本递增、边际收益递减的客观规律和"搭便车"的现象决定了霸权的衰落和国际公共产品供应的短缺。也就是说，从短期看，领袖供给模式需要配套专门针对领导国权益保障机制；从长远看，领袖模式更像"输血"式供给，而要长远地从根本上保障俱乐部产品的充足供给，需要"造血"式供应，从领导国以外挖掘其他的产品供给源，其中最基本的一条在于，其他成员国至少应做到力所能及、兑现加入俱乐部时的承诺。

相互关联的自愿承诺模式下，各成员国参考其他成员国"出价"提出自己的行动计划、目标，气候俱乐部才得以建立；也就是说，气候俱乐部赖以生存、产出的基础是各成员国的自愿承诺，以及这些承诺相互之间构建的稳定结构关系。这就意味着，一旦某个成员国"食言"或者"违规"，自愿承诺未能兑现，相互关联的自愿承诺结构就会遭到破坏，也就损害了气候俱乐部发挥功效的基础。为使"有条件的承诺"和俱乐部产品的供给、享用都可靠、可信，俱乐部应制定确保承诺可靠的规则和明确的成员国行动规则，尤其是关于成员国提出自愿承诺的规则以及协调各国自愿承诺间关系的规则。

直观地看，俱乐部要么直接生产气候收益，比如将减缓气候变化转化为私人产品[1]；要么间接生产气候收益，这时气候减缓等结果是空气污染治理、能源治理等行动的附带产品；要么采用混合的方式。[2] 这就要求建立明确的、可操作的目标和详细的关联战略，以及在不同领域机制间关联、附带红利和非气候收益的生产方面尽量细致。

深入反思有关气候俱乐部产品的研究成果可以发现，无论是物质性产品还是非物质性产品，气候俱乐部产品的供给与配置方式其实都有两种：集中模式、分散模式。德克萨斯大学达拉斯分校经济系教授托德·桑德勒（Todd Sandler）和怀俄明大学商学院经济系教授、地球系统治理项目领衔专家之一

---

[1] Aseem Prakash, Matthew Potoski, "Collective action through voluntary environmental programs: A club theory perspective," The Policy Studies Journal, Vol. 35, Issue 4, 2007, pp. 773–792.

[2] Richard B. Stewart, Michael Oppenheimer, Bryce Rudyk, "Building blocks for global climate protection," Stanford Journal of Environmental Law, Vol. 32, Issue 2, 2013, pp. 341–390.

约翰·奇尔哈特（John Tschirhart）[1]曾经指出，一个成功的俱乐部至少应包含四个基本要素：俱乐部成员共享的公共产品；每个成员均受益于俱乐部合作；排除非成员国收益；俱乐部成员结构稳定，没有人离开。其中，成员结构稳定是前三个因素共同作用的结果。也就是说，气候俱乐部通常是集中式为成员国提供产品，成员国拥有平等的共享权，非成员国则被一视同仁地排斥。但从始至终给全员提供所有共享产品成本太高，而产品供给所带来的激励效果往往不取决于产品供给的总规模，而取决于成员结构与每个成员自身的状况，所以俱乐部有时又采用分散式地供给、配置模式，有针对性地对成员国提供差别化的行动激励。

表10 俱乐部产品的供给、配置模式

| | 集中 <——— | | ———> 分散 |
|---|---|---|---|
| 供给 | 集体性行动框架或统一规则 | 发达国家供给 | 成员国独立执行或市场机制 |
| 分配 | 代理机构或秘书处 | 成员国双边协调 | 成员国独立执行或市场机制 |

注：从"集中"到"分散"是一个光谱，不存在明确的界限，俱乐部有时混用不同策略。
资料来源：作者自制。

就成员国贡献与俱乐部产品总体供给规模的关系而言，主要有四种：简单累加（Summation）、最优环节（Best Shot）、最弱环节（Weakest Link）、加权总和（Weighted Sum）。其中，简单累加是指供给各方平均分配、共同承担；最优环节可视为一种"强者供给"，即公共产品的整体层次由最大贡献者决定；最弱环节类似于"短板效应"，是指最小贡献者的供给水平决定整个供给集团所提供的国际公共产品的实际有效水平；加权总和是指在总体计量的基础上对参与国的各自贡献予以相应权重。[2]

这些产品供给方法可混用于同一机制，具体效果如何还应取决于其所针对的具体问题。但是，这些方法的实现都需要明确的两个事项：个体贡献和

---

[1] Todd Sandler, John Tschirhart, "The Economic Theory of Clubs: An Evaluative Survey," Journal of Econoic Literature, Vol. 18, Issue 4, pp. 1481–1521.

[2] 樊勇明等著：《区域国际公共产品与东亚合作》，上海人民出版社2014年版，第5页、第57页。也有"六种"说，即"总和"，公共产品总水平等于各个行为体贡献的总和，某个行为体的供给可完全替代其他行为体的供给；"权重加总"，对"总和"法进行改进，公共产品的总和等于各国贡献乘以不同权重后相加之和。

总体供给水平到底是何关系；个体以什么样的形式做出贡献、获得收益。也就是说，产品供给的形式不是最重要的，需要视情况而灵活确定，重要的是关于供给行为的要求。

进而，根据亚利桑那州立大学国际法与国际关系教授、地球系统治理项目领衔专家之一肯尼斯·阿巴特（Kenneth Abbott）等人的研究，非正式机制规则的明确性（Precision）可以分为五个等级：（1）决定性的规则，成员国解读余地小；（2）成员国可进行有限的解读；（3）成员国拥有广泛的自由裁量权；（4）规则更接近"标准"，只在特定情境下才发挥重大影响；（5）成员国难以确定自己的具体行为是否符合该机制规则的要求。[1] 考虑到气候俱乐部的合作自愿性特点，出现决定性规则的概率比较低，所以本书只设四个等级，即：低，成员国难以确定具体行为是服从还是违背了该项规定；较低，规则接近"参考标准"，只在特定情境下才能产生重大影响；较高，成员拥有广泛的自由裁量空间；高，成员国的解读余地很小。

简言之，关于产品供给规则的解读余地越小，气候俱乐部越有效（衍生假设1.1）。

### 三、气候俱乐部的产品结构、配置及其规则

产品生产出来后需要恰当地配置，才能转化为成员国均能感知、享用的收益。那么，如何配置才比较有效？

目前的气候俱乐部主要是"准俱乐部"，不可避免地会创造公共产品和非排他性收益。气候俱乐部从小处着手、从少数国家开始，要最大限度发挥作用、提升有效性，也需要不断吸纳新成员、扩大俱乐部规模，从这个角度看，俱乐部也需要提供一定的国际合作公共产品。根据俱乐部的经济学模型推演结果，俱乐部如果只是提供俱乐部产品，产品的供给来源可能不足、产品可能难以物尽其用，俱乐部对非成员的吸引力、对国际合作整体局势的影响也都有限。这也就是说，气候俱乐部不仅不可避免地要附带着创造出一些非排他性的"联产品"（Joint Products），而且需要有意识地生产这种联产品。

通过加入俱乐部，国家至少可以得到四种收益。第一，通过强化减缓措施避免气候损害。相较于单边措施，合作有助于提高减缓行动的成本有效性，

---

[1] Kenneth Abbott, Robert Keohane, et al., "The Concept of Legalization," International Organization, Vol. 54, Issue 3, 2000, pp. 401–409.

削减政策总成本,从而减少竞争劣势。第二,俱乐部产品,主要体现为成员国享受的排他性特权。第三,旁支付(Side Payment),即刻意设计的选择性激励,包括政策援助、碳交易收益等正的旁支付,也包括贸易、投资限制等对非合作国家进行惩罚时使用的负的旁支付。第四,非气候激励与额外收益,多表现为非气候领域的实质性或声望收益,如地方能源与资源利用效率提高、获得产品认证或优化产品标签。[①]

同一种类型的产品以不同的形式供给、分配,也就具备不同的属性。比如,最佳做法、经验分享和专家培训等,可以以完全公开、免费的报告形式发布,可以通过俱乐部下设的工作组、合作中心提供,也可以由俱乐部特邀专家、工作组应成员国要求做出。第一种是完全的公共产品,一般涉及公共政策、执行措施与工具包等;第二种是具有一定排他性的俱乐部产品,可能涉及知识产权与核心技术;第三种是一对一的私人产品,针对性很强,完全是为对象成员国量身打造的。

不过,国际公共产品收益占据合作收益的绝大部分时,成员国对合作所带来的红利感知比较弱、非成员国搭便车的机会比较大[②],俱乐部对成员国的选择性激励不足,会削弱俱乐部的有效性。

根据俱乐部的经济理论,俱乐部的创造的产品、提供的收益应具有一定的排他性。强化成员国收益的排他性有助于提高气候俱乐部的有效性。根据布坎南的俱乐部经济理论,俱乐部产品有两个突出特点,即消费的非竞争性和受益的排他性。由于"拥挤临界点"的存在,消费的非竞争性是有限的——当成员数目超过临界点后,每增加一人,其他人的消费就减少。从这个角度看,收益的排他性是从长远角度维持俱乐部产品非竞争性的前提条件。所以,一般情况下,俱乐部成员国对于俱乐部产品拥有平等的共享权,非成员国则被一视同仁地排斥。

另一方面,集中式地对全员提供产品,成本较高;激励的具体效果往往不取决于供给规模,而取决于成员结构与每个成员自身的状况。成员国国情、能力不同,同一种俱乐部产品对不同成员国的影响、激励也可能不同,当这

---

① Richard B. Stewart, Michael Oppenheimer, Bryce Rudyk, "A new strategy for global climate protection," Climatic Change, Vol. 120, No. 1-2, 2013, pp. 1-12.

② Daniel G. Arce M, Todd Sandler, "Regional Public Goods: Typologies, Provision, Financing, and Development Assistance", 2002, https://eba.se/wp-content/uploads/2021/04/2002.1-Regional-Public-Goods-Typologies-Provision-Financing-and-Development-Assistance.pdf.(上网时间:2018年2月11日)

种差异性比较突出的时候，在整个俱乐部层面生产、分配这种俱乐部产品成本较高、收效较低，还不如有针对性地对不同成员国提供不同种类的俱乐部产品，也就是由单一的全体性供给、分配模式转向差异化的个别供给、分配模式。当供给、分配的个别对象缩减到1个成员国时，俱乐部产品就转化为该国的私人收益。

回报与收益应符合成员身份属性、需求和预期[1]。这就要求采用"分解"（Decompose）的治理策略[2]，展开实验治理；并明确目标，采取关联战略[3]。"分解"有两种方法：采取技术性视角和功能主义思路，将气候变化问题分解成一个个组成部分（Component Parts），重视部门性需求[4]；采取局部性视角和地区主义思路，使气候治理的行动层次从全球回落到地区、地方层面，重视次国家行为体、利益相关方的需求。

这也就是说，通过精妙的设计，可以优化气候俱乐部的排他性收益与非排他性收益的结构，恰当地将非排他性收益转化为排他性收益，通过"按需分配"的提高收益分配的定向性，强化选择性激励，使气候俱乐部更有效。

就此，可以假设，排他性产品（俱乐部产品、私人产品）占气候俱乐部联产品（公共产品、俱乐部产品、私人产品）的比重越高，产品分配的定向性/针对性越强，气候俱乐部就越有效（衍生假设1.2）。

进而，可相应地将排他性程度分为四个等级：弱，全是公共产品；较弱，联产品中存在一定的俱乐部产品；较强，联产品中不仅有俱乐部产品，还有私人产品；强，俱乐部产品和私人产品都比较多，占联产品的比重比较大。

---

[1] Nathaniel O. Keohane, Annie Petsonk, A. Hanafi, "Toward a Club of Carbon Market," Climatic Change, Volume 144, Issue 1, 2015, pp. 81-95.

[2] Charles F. Sabel, David G. Victor, "Governing global problems under uncertainty: Making bottom-up climate policy work," Climatic Change, Vol. 144, Issue 1, 2017, pp. 15-27.

[3] Matthew Potoski, Aseem Prakash, "Green Clubs and Voluntary Governance: ISO 14001 and Firms'Regulatory Compliance, American Journal of Political Science, Volume 49, Issue 2, 2005, pp. 235-248.

[4] Ernesto Zedillo, "Global Warming: Looking beyond Kyoto", Washington, D. C.: Brookings Institution Press, 2009.

## 第二节 外生变量：气候俱乐部的网络镶嵌程度

奥兰·扬曾经指出，机制有效性的来源可以粗略地归为两大类：一类是制度安排自身的特性或属性这类内在的因素；另一类是特定制度安排运作于其中的广泛社会条件或其他环境条件这类外在因素。但目前对气候机制有效性的解释主要围绕第一类因素展开，或为"国家间博弈（权力、利益结构）——机制有效性"，或为"制度设计（制度属性）——机制有效性"。国家间的博弈结构一般涉及成员国的权力分配、成本—收益结构、国家治理能力和意愿、各国主要问题的认识或其他规范性因素等。制度设计则涉及组织结构、权力分配等。偏重内部因素而较少分析外部因素的主要原因有二：(1) 适用性。内部因素分析的实用性特别突出，往往是制度设计者、参与合作国家的决策最为关注、直接针对的问题。(2) 可操作性。权力、利益、合作安排、组织结构等因素都可直接观测、较易测量，而制度运作的社会条件、外在环境，如主体间互动等因素则更难抽象概括、难以观测或测量。

### 一、全球治理扁平化、网络化

近年来，对制度运行的外部环境的研究不断增多，许多学者重视治理的网络化趋势及其影响。跨国合作和区域合作研究重视行动网，所以以问题为导向的跨境治理网络是对气候变化等全球性问题跨国治理要求的回应。这是一种在国家、区域、全球层面的动态性互动，在各个层面，不同参与者之间相互关联，发展出一个以具体问题为导向，旨在解决问题的关系网络。[1] 这种网络的产生主要是因为跨国问题的解决需要多个国家采取以结果为导向的实际行动，是一种自然而然的结果。

2010 年前后，哈佛大学政治学教授、前院长，国际关系新自由主义学派代表人物约瑟夫·奈（Joseph Nye）指出，这是一个日益网络化的时代，在网络化的国际社会中，权力正发生两个方向的转移：从西方转向东

---

[1] Marco Ferroni, "Reforming Foreign Aid: The Role of International Public Goods," the World Bank Working Paper, 2000, http://documents.worldbank.org/curated/en/120591468782158305/Reforming-foreign-aid-the-role-of-international-public-goods.（上网时间：2018 年 1 月 31 日）

方；从国家行为体转向非国家行为体。前者使世界更为均衡；后者使世界更为扁平。相应地，全球气候治理体系也在向多中心的、扁平化的网络结构转变。

全球网络是指散布在全球范围内，各种组织（包括正式、非正式以及政府、非政府行为体）之间共享信息、协调行动的模式。任何组织都不是全球性的，但其互动、关联所构成的整个网络却是全球性的，并致力于影响全球性问题的解决。[1]

网络视角下全球气候治理的突出特征是社会协作进程中多元行为体互动的生成，国家、社会、市场在具体政策领域、出于不同的需求、针对不同的问题都在进行协调。

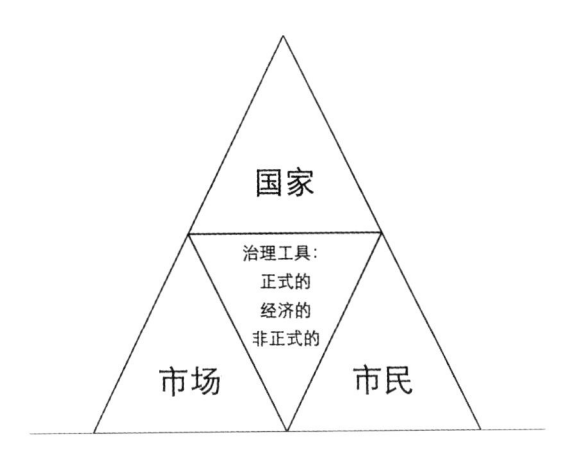

**图 19 气候治理的维度：多元行为体及其工具**

资料来源：AndrewJordan, R. K. W. Wurzel, Anthony R. Zito, "New Models of Environmental Governance: Are 'New' Environmental Policy Instruments Supplanting or Supplementing Traditional Tools of Government?" Zeitschrift der Deutschen Vereinigung für Politische Wissenschaft, 2007, No. 39, pp. 283 – 298。

在此背景下，全球治理的大部分工作将依赖于正式和非正式网络。全球政府不大可能在 21 世纪出现，但不同程度的全球治理已经存在。在电信、民航、海洋倾倒、贸易，甚至核武器扩散等国家间行为的治理上，全球已经有数百项条约、制度及体制，它们构成全球治理网络。其中，网络型组织（如

---

[1] Peter R. Monge, Noshir S. Contractor, "Theories of communication networks", Cambridge: Cambridge University Press, 2003.

G20）被用于设置议程、建立共识、协调政策、交流知识及制定规范。治理网络为行为体提供的是与其他行为体一起实现偏好结果的权力，而不是超越其他行为体的权力。①

网络联系对国际政治中的权力、制度、规范都产生实质性的深刻影响，网络权力成为影响国际行为及其结果的关键因素。国家实力不等于操作实力，国家能力不等于可动员的资源力，国家政策偏好也能完全决定机制框架下的主动性，这都是因为社会网络的作用。国家可以通过强化在网络中的位置获取影响力，因而国家的权力来源不仅只有硬实力和软实力，也可以从其所在的特定网络中获取——网络是国家权力的来源之一，并且可以与其他来源的权力相兑换。② 进而，由网络承载、传输的社会资本、国际声誉也很重要。林南认为，"社会资本是镶嵌在社会网络中可达到的资源，因此个人社会资本透过社会连带而得"，"换言之，个人中心社会网的结构形态决定了镶嵌于其中的资源的含量"。③ 制度污名的压力更容易影响在制度情境中处于相对底层或边缘位置的成员国，因为这些国家缺少必要的社会资本来回应压力。但他的分析是针对"核不扩散"机制，在气候治理领域恰恰相反，最容易受到制度污名影响的往往是大国（排放大国）。④

对以软约束为主要功能的国际机制而言，相较基于理性选择而产生的制度设计、国家间博弈等"制度属性"，也许是该机制在制度网络中因相对位置、互动关系而产生的"网络镶嵌"对其有效性产生更重要的影响。

## 二、扁平化网络结构中的制度关系及其影响

网络结构的出现与治理模式的非正式化、自下而上转型有着天然的联系。罗伯特·基欧汉曾指出，非正式的"准协议"安排本质上也是一种"关系网"，在这个网络中，行为体对其他人的行为模式有稳定的预期，并能在此基础上将自己的惯例或者行为调整到一个新的环境或领域中。⑤

---

① ［美］约瑟夫·奈著，王吉美译：《权力大未来》，中信出版社 2012 年版，第 294—298 页。
② 陈冲、刘丰：《国际关系的社会网络分析》，《国际政治科学》2009 年第 4 期，第 92—111 页。
③ 罗家德：《社会网分析讲义》，社会科学文献出版社 2010 年版，第 260 页。
④ 杨辰博：《国际核不扩散机制的社会网络分析》，《世界经济与政治》2015 年第 6 期，第 81—101 页。
⑤ ［美］罗伯特·基欧汉，苏长和、信强、何曜译：《霸权之后：世界政治经济中的合作与纷争》，上海人民出版社 2001 年版，第 93、109、54、77、279 页。

所以，随着关于治理体系结构转变共识的深化，更多的学者开始将制度间关系、制度结构作为影响制度表现的独立因素来分析。许多学者注意到，全球气候治理经历了一轮寒武纪生物大爆炸式的机制扩张[1]，但这些机制在组织形式、治理原则、执行机制、资金安排、关注议题、匹配范围等各方面都呈现出极大的差异性，因而加深了全球气候治理碎片化的程度[2]。有学者更具体地按照制度整合程度（Institutional Integration）与决策系统的重叠程度（Overlaps Between Decision-making Systems），规范异质性（Norm Conflict），行为体的组合或排列方式（Actor Constellation）将"碎片化"具体分为协同性碎化（Synergistic Fragmentation）、合作性碎化（Cooperative Fragmentation）、冲突性碎化（Conflictive Fragmentation）三种形式。

表11 治理结构碎片化的类型

|   | 协同性碎化 | 合作性碎化 | 冲突性碎化 |
| --- | --- | --- | --- |
| 机制整合度 | 有一个核心机制；其他机制围绕核心机制运行 | 有一个核心机制；其他机制松散关联 | 互不相似、互不关联的多个机制并存 |
| 规范异质性 | 不同机制的核心规范相互一致 | 不同机制的核心规范互不冲突 | 不统计值的核心规范互相冲突 |
| 行为体组织模式 | 相关行为性一致支持此项机制 | 某些行为体游离于核心机制之外，但保持合作 | 主要行为体支持不同的机制 |
| 案例 | 臭氧层保护 | 应对气候变化 | 植物遗传资源共享 |

资料来源：Frank Biermann, Philipp Pattberg, Harro van Asselt, Fariborz Zelli, "The Fragmentation of Global Governance Architectures: A Framework for Analysis," Global Environmental Politics, Vol. 9, Issue 4, 2009, pp. 14 – 40。

据此分析，气候治理结构以合作性碎化为主要特征，兼具冲突性碎化的迹象。"碎片化"主要体现在四个方面：第一，在《公约》《议定书》框架下进行双轨制谈判[3]；第二，缔约方会议谈判情况日趋复杂，一些议题在多达

---

[1] Kenneth W. Abbott, "Strengthening the Transnational Regime Complex for Climate Change," Transnational Environmental Law, Vol. 3, Issue 1, 2014, pp. 57 – 88.

[2] Kenneth W. Abbott, "Strengthening the Transnational Regime Complex for Climate Change," Transnational Environmental Law, Vol. 3, Issue 1, 2014, pp. 57 – 88.

[3] Raymond Clémençon, "The Bali Road Map: A First Step on the Difficult Journey to a Post-Kyoto Protocol Agreement," Journal of Environment and Development, Vol. 17, Issue 1, pp. 70 – 94.

30个联络组之间展开并容纳非正式磋商进程，其他议题则不断延后讨论[①]；第三，联合国框架外的治理机制不断增加，各机制与联合国机构的关系、参与主体、组织形式不同[②]；第四，更多关于减缓气候变化、清洁能源、可持续发展问题的高级别对话、大规模治理由少数大国、大国集团主导[③]。不过，《公约》从一开始就确立气候治理的"终极目标"（第2条）、共区原则以及预防性原则（第3条），并建立起相关的国际官僚系统、数据平台、政策服务，因此"碎片化"主要还是"合作性"的。[④]

气候治理结构的"碎片化"影响到气候谈判的速度、治理目标的设定、参与的广泛性以及治理的公正性，但影响的好、坏取决于制度设计、机制整合与国际政策的协调。比如，首先着眼于在某一个平台上解决最关键的问题，避免机制重叠；加强联合国框架下的气候治理机与联合国框架外机制的协调。简言之，要保持"碎片化"的"合作性"，加强"协调性"，减少"冲突性"。

2011年，基欧汉和维克多出于气候机制复合体的整体性制度格局考虑提出，强化俱乐部并提高其有效性，需要重视联结战略和联结要素。这主要是因为，机制复合体越朝向一致性（Coherence）、权责化（Accountability）、有效性（Effectiveness）、决定性（Determinacy）、持续性（Sustainability）、智识性（Epistemic Quality）的方向发展，其功能越强、有效性越高。重视气候俱乐部之间、气候俱乐部与其他类型的气候制度之间的联系，有助于优化俱乐部的表现，进而优化气候机制复合体。[⑤] 气候俱乐部作为新型气候治理全球版图的一块基石而日益受到重视，它与UNFCCC等全球气候机制间的关系也就

---

[①] IISD, "International Institute for Sustainable Development 2007b," Earth Negotiations Bulletin 12, No. 346, http：//enb. iisd. org/enb/vol12/. （上网时间：2017年12月12日）

[②] 比如，甲烷市场化伙伴关系是根据2002年世界可持续发展峰会的要求发起的，在可持续发展委员会注册，各公私伙伴都可以注册加入；碳收集领导人论坛、国际氢能经济和燃料电池伙伴计划的组织形式虽与前者相似，却不在可持续发展委员会注册。

[③] 最典型的案例是2005年欧盟启动的碳排放交易体制，虽然该市场以《议定书》为理念基础，却不以议定书生效为启动前提。2007年10月启动的国际碳行动伙伴关系囊括了业已或正计划建立强制性总量管制与排放交易系统的国家、地区，它和《公约》也没有正式的制度联系。

[④] Frank Biermann, Philipp Pattberg, Harro van Asselt, Fariborz Zelli, "The Fragmentation of Global Governance Architectures: A Framework for Analysis", Global Environmental Politics, Vol. 9, Issue 4, 2009, pp. 14 – 40.

[⑤] Robert Keohane and David Victor, "The Regime Complex for Climate Change," 2011.

必然影响到它的最终效果①。

  政策研究也重视强化制度互动与机制间合作关系。格兰瑟姆研究所（Grantham Institute）的一项能源治理研究表明，强化 G20 等气候俱乐部与国际能源署、亚太经合组织（APEC）、世界能源委员会（World Energy Council, WEC）、国际原子能机构（International Atomic Energy Agency, IAEA）等机制的合作关系有助于更体统地增进全球能源安全。与此同时，还需在开展能源项目的时候充分动员、利用世界银行、国际货币基金组织（IMF）等国际融资机构的支持，重视世界能源委员会、世界石油理事会（World Petroleum Council）、国际天然气联合会（International Gas Union）等专门性能源机构的专业经验与建议。② 中国学者也指出，"G20 要超越危机思维，转型成为长效治理机制，需要在保持非正式性的前提下，加强与其他正式国际机制的互动，形成'G20+'的机制架构"。金融稳定论坛、核供应国集团等俱乐部之所以获得成功，不仅是因为内部机制有效，还因为它们较好地处理了与国际货币基金组织、《核不扩散条约》等全球性机制的关系。而根据世界银行能源经济分析师菲利浦·汉纳姆（Phillip M. Hannam）等人利用博弈模型进行的计算，在成员规模一定的情况下，俱乐部对外联系越频繁、协调性越强，俱乐部做出的国际贡献就越大（以非排他性公共产品产出计）。③

  这就需要将社会学领域的社会网络理论、关系性概念运用到制度有效性、制度互动分析中来，聚焦于气候俱乐部在全球气候治理网络中具体位置、角色、"人际关系"对其行为模式、行动结果的影响，进而就能分析在何种制度生态下、利用何种关系，气候俱乐部能更好地兑现承诺、更充分地发挥"俱乐部优势"。据此，可以假设，气候俱乐部的网络镶嵌（Network Embeddedness）程度越高越有效（基本假设2）。

---

 ① Oscar Widerberg, Daniel E. Stenson, "Climate Clubs and the UNFCCC: Complement, Bypass or Conflict?" FORES Study, 2013.

 ② Neil Hirst, Yang Yufeng, "Global energy governance reform and China's participation-Final report," Grantham Institute, 2016, Available at: https://www.imperial.ac.uk/media/imperial-college/grantham-institute/public/publications/collaborative-publications/Global-Energy-Governance-Reform-and-China%27s-Participation.pdf.（上网时间：2018年1月31日）

 ③ 朱杰进：《金砖银行、竞争性多边主义与全球经济治理改革》，《国际关系研究》2016年第5期，第101—112页。

## 三、社会网络分析中的网络镶嵌概念：中心度与连带

社会网络分析法是测量网络结构对单个行为体影响的常用方法，已渗入国际关系、国际政治、全球治理研究的诸多领域。① 网络分析相对"类别分析"而言，侧重于行为体之间的"位置及其相对关系"。社会网络分析的方法与系统研究国际结构、国际过程存在关联性。它不仅是一种研究方法，更是对社会过程的全面看法：它将这些过程视为人、群体、机构及国家间形成的一种关系系统的"新兴结构"，从个体间出于自愿或非自愿联系产生的关系的结构来研究社会过程。它补充了传统的注重于行为体属性和静态平衡的结构研究路径，强调物质和社会关系如何在动态过程中发挥作用。此外，由于提供了许多将网络分化为子网络并研究其属性的策略，以及处理多层次网络的方法，社会网络分析也是"跨层次分析国际关系的桥梁"②，很适用于分析扁平化的气候治理。

根据网络分析理论，任何一个行为体在制度网络中镶嵌既是关系性的，也是结构性的。一方面，制度网络中的行为体与该网络内的构成要件之间都存在直接或间接的关联。这可以从三个方面衡量：行为体参与制度实践的活跃程度、与其他行为体参与同一实践的频繁程度、制度框架内特定要件对该行为体的相对重要性。③ 前两点强调关系与过程的关联性，最后一点涉及关系性本位，强调角色与认同。④ 另一方面，行为体之间关系的结构、它们的在网络中的相对位置也会影响到它们的关系与互动模式，这就涉及关系的多重结构。⑤

---

① 陈冲、刘丰：《国际关系的社会网络分析》，《国际政治科学》2009 年第 4 期，第 92—111 页。曹德军、陈金丽：《国际政治的关系网络理论：一项新的分析框架》，《欧洲研究》2011 年第 4 期，第 69—82 页。社会网络分析的主要流派、概念和在国内的运用情况参见孙立新：《社会网络分析法：理论与应用》，《管理家学术版》2010 年第 9 期，第 66—73 页。

② 陈冲、刘丰：《国际关系的社会网络分析》，《国际政治科学》2009 年第 4 期，第 92—111 页。

③ 杨辰博：《国际核不扩散机制的社会网络分析》，《世界经济与政治》2015 年第 6 期，第 81—101 页。

④ 秦亚青：《关系本位与过程建构：将中国理念植入国际关系理论》，《中国社会科学》2009 年第 3 期，第 69—86 页。高尚涛：《关系主义与中国学派》，《世界经济与政治》2010 年第 8 期，第 116—138 页。

⑤ Colin Wight, "Agents, Structures and International Relations: Politics as Ontology", Cambridge: Cambridge University Press, 2006, pp. 296 - 299. Miles Kahler ed., "Networked Politics: Agency, Power and Governance", Cornell University Press, 2009.

## 第三章 气候俱乐部有效性的影响因素

据此,对于网络中的任何一个行为体/节点(Node),它的"镶嵌性"可以从关系性镶嵌(Relational Embeddedness)和结构性镶嵌(Structural Embeddedness)两个角度理解。

关系性镶嵌强调"连带"(Tie),强连带(Strong Tie)与弱连带(Weak Tie)各有优势。对于国际制度而言,"强连带"(Strong Tie)的存在至关重要。强连带意味着存在一两个(或数个)节点,它们与气候俱乐部的合作关系比较稳定,气候俱乐部会重视它们的意见、在乎它们的看法,这一方面有助于气候俱乐部获得稳定的物质、非物质支持,另一方面有助于建构一种正式/非正式的机制化问责关系,让气候俱乐部觉得自己有责任将承诺兑现。如果气候俱乐部的强连带对象在机制网络中中心度高、能力与声望都很好,还有可能提高气候俱乐部的中心度。

所以,如果机制网络中存在与气候俱乐部有强连带关系的重要机制,气候俱乐部会更有效(衍生假设2.1)。

**表12 网络关系中的强连带与弱连带**

| 强连带 | 弱连带 |
| --- | --- |
| 提供熟悉、冗余的信息 | 提供新的、不冗余的信息 |
| 传播复杂信息必不可少 | 传播简单信息必不可少 |
| 传播隐性/默示信息必不可少 | 传播浅显信息必不可少 |
| 高信任度 | 低信任度 |
| 高可及性(accessibility) | 低可及性 |
| 更能从中获取帮助 | 工具性 |
| 有助于影响力流动 | 有助于信息流动 |
| 分享敏感信息 | 有助于获取大量的、多样化的信息 |
| 基于关系的镶嵌度高 | 基于关系的镶嵌度低 |

资料来源:Mark Granovetter, 1983, "the Strength of Weak Ties: A Network Theory Revisited", Sociological Theory, Vol. 1, 1983, pp. 201-233。

弱连带关系类似于国际合作中的"伙伴关系",不强调规范层面上的责任意识,更多地意味着工具层面的便利性,如获得更多信息、技术支持等等。它通常也不是双向的,其他行为体如果与气候俱乐部是一种弱连带关系,意味着它们对气候俱乐部的监督、评估、建议不一定被气候俱乐部关注、采纳。但它们的确可能塑造一种舆论环境,里面充满各种技术信息,气候俱乐部可以选择利用或不利用。

如果说关系性镶嵌强调的是定性的关联性，那么结构性镶嵌强调的就是定量的结构特质。

行为体在关系网络中的相对位置至关重要，主要用全局网络（Socio-centric Network）中某一节点的中心度（Centrality）来衡量，包括亲密性中心度（Closeness Centrality）和中间性中心度（Betweenness Centrality）。亲密性中心度越高，这个点越接近网络的中心，它的信息渠道、资源渠道越多，选择越多。中间性中心度越高，相互间联结线必须通过这个点的其他节点越多，那就意味着这个节点对其他节点的影响力大。对任一节点而言，这两种中心度基本上呈正相关——必须通过它的联结线越多，它越靠近网络的中心；必须通过它的联结线越少，它越接近网络的边缘。但是这两个概念的侧重点不同，"亲密性"是指这个点在网络中的地位、作用；"中间性"是它对其他行为体的影响。强"中间性"节点的存在会提高这个网络的"中心化"程度；但不存在强"中间性"节点的网络也可能是"中心化"的，因为在它的中心可能存在一组对边缘节点影响较大的节点。借此，一般选取中间性中心度为主要标准。

中间性中心度测量行为体在其他两个节点之间最短距离路径中出现的次数，表示该行为体控制网络信息交流、资源流动、其他行为体行为的能力。BC 越高，该气候俱乐部在网络中获取资源、信息，控制网络动向、其他行为体行为的能力越强，影响力越大。

从定性的角度看，它一般与节点的"弱连接"/伙伴关系多少呈正相关。从定量的角度看，其计算公式为：$C'B(Ni) = \sum_{j<k} \frac{gik(Ni)}{gjk} \div \frac{(g-1)(g-2)}{2}$。根据社会网络分析方法，本书设计的中间性中心度测算步骤如下。

第一步，绘制气候俱乐部的自我中心网络。气候俱乐部是"EGO"，在图20 中以粗线圈、黑色底色表示（见下样图）。

首先分两步选择网络中的节点：（1）EGO 提名。气候俱乐部行动倡议评估报告中提到的，支持俱乐部行动倡议的机制（不论属性），由此选择出第一梯队节点（在图中以粗线圈、灰色底色表示）。（2）滚雪球。浏览第一梯队节点网站、年报中有关合作关系、伙伴关系的介绍，选出行动倡议所针对之议题领域中活动的机制、机构，由此选择出第二梯队节点（在图中以粗线圈、白色底色表示）。此处有两项原则：（1）若第一梯队节点属于次国家行为体或私营部门，不滚雪球；（2）若第二梯队节点的属于次国家行为体或私营部门，

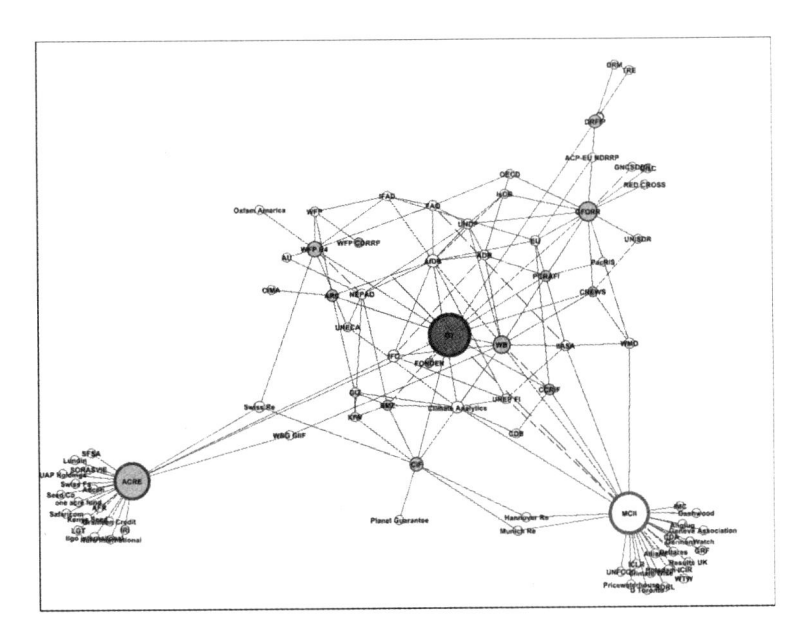

**图20  网络图绘制中的颜色标签**

资料来源：作者自制。

则将其剔除。然后画边，浏览所有节点的网站与年度工作报告，了解其相互关系，如两个节点之间有合作，则画一条无向边、不计权重。

其次，计算气候俱乐部的中间性中心度。使用 Gephi 测量网络属性，获得气候俱乐部在网络中的中间性中心度。为方便跨案例比较，通过气候俱乐部的中间性中心度（BC）排名获得相对中间性中心度（BC′）。如果该网络中有 m 个节点，气候俱乐部的 BC 排在第 n 位，那么其 BC′ 计为 $BC' = \frac{m-n}{m}$。BC′ 越高，气候俱乐部在网络中获取资源、信息，控制网络动向、其他行为体行为的能力越强，影响力越大，因而越有效（衍生假设2.2）。

这个测算程序对于资料的要求非常高，需要气候俱乐部自己以及合作伙伴都明确列出与自己有联系的机制。而目前，大多数气候俱乐部的信息平台尚未建设到如此成熟、细致的程度，为做初步的尝试与探索，本书仅遴选相关资料、信息足够的气候俱乐部进行测算（见附件3），剩下的气候俱乐部仍采用定性的方法评估。

## 第三节 现有气候俱乐部的产品规则和网络镶嵌性及其影响

本书从政治角度将气候俱乐部的有效性界定为俱乐部框架下的成员国、非成员国行为变迁，并提出两条基本假设和四条衍生假设，即：

基本假设1：关于产品供给与分配的规则越明确，气候俱乐部越有效。

衍生假设1.1：关于产品供给规则的解读余地越小，气候俱乐部越有效。

衍生假设1.2：排他性产品（俱乐部产品、私人产品）占气候俱乐部联产品（公共产品、俱乐部产品、私人产品）比重越高，产品分配的定向性越强，气候俱乐部越有效。

基本假设2：气候俱乐部的网络镶嵌程度越高，气候俱乐部越有效。

衍生假设2.1：如果机制网络中存在与气候俱乐部有强连带关系的重要机制，气候俱乐部会更有效。

衍生假设2.2：相对中间性中心度越高，气候俱乐部越有效。

表13 本书的解释框架

|  | 网络镶嵌度高 | 网络镶嵌度低 |
| --- | --- | --- |
| 产品规则明确 | 有效<br>产品供给相对充足，且分配恰当；<br>选择性激励很充分，行动激励强 | 比较有效<br>产品供给不太充足，但分配恰当；<br>选择性激励相对充分，行动激励较强 |
| 产品规则模糊 | 比较低效<br>产品供给相对充足，但分配不当；<br>收益比较显著，有行动激励 | 低效<br>产品供给不足，且分配不当；<br>缺乏选择性激励，行动激励很弱 |

资料来源：作者自制。

就具体的每项评估指标和评估维度而言：气候俱乐部产品规则明确是指气候俱乐部的成员国在规则的执行方面可能拥有一定的自主裁量权，但对于规则内容和标准的解读余地较小；俱乐部的产品结构比较多元化，公共产品、俱乐部产品、私人产品都有，但俱乐部产品和私人产品所占比重比较大。

气候俱乐部产品规则模糊是指气候俱乐部有关产品供给与分配的规则比较接近"参考标准"，只在特定情境下才能产生重大影响，成员国可能难以确

第三章 气候俱乐部有效性的影响因素

定自己的行为是服从还是违背了俱乐部规则；产品结构比较单一，且公共产品所占比重大。

气候俱乐部的网络镶嵌程度高是指根据量化测评结果，气候俱乐部作为机制网络中的一个节点，在该网络中的中间性中心度高；或从定性的角度看，气候俱乐部的伙伴机制多，并且与某个/某些重要的国际机制/组织之间存在强连带关系。

气候俱乐部的网络镶嵌程度低是指根据量化测评的结果，气候俱乐部的在机制网络中的中间性中心度低且伙伴机制多和存在强连带关系这两个要件中至多具备一项。

这样，便可在气候俱乐部规则、气候俱乐部的网络镶嵌程度和气候俱乐部的政治有效性之间建立因果链，搭建解释框架。

接下来，本节将分别研究俱乐部规则对有效性的影响，俱乐部网络镶嵌程度对有效性的影响，看上述两项基本假设、四项衍生假设是否成立。

根据定性和定量测评的结果，101个气候俱乐部的分布如表14：

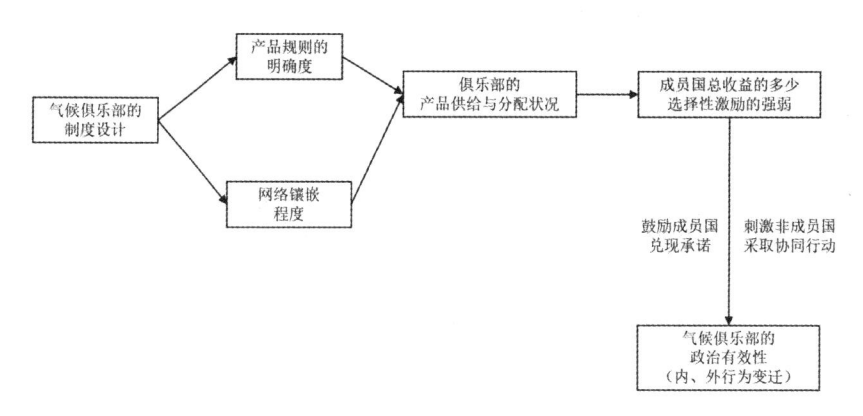

**图21 逻辑链：自变量、中间变量、因变量**

资料来源：作者自制。

**表14 101个气候俱乐部的分布**

| | 网络镶嵌度高 | 网络镶嵌度低 |
|---|---|---|
| 产品规则明确 | IEA-TCP, REEEP, CBFP, CSLF, GMI, G7 IREA, REN21, NICFI, CEM, CCAC, G20 PARM | AC, G8 IL, PIC R2R, PSIDS Partnership, Baltic Sea Action Plan APP *, Energy + * |

续表

|  | 网络镶嵌度高 | 网络镶嵌度低 |
|---|---|---|
| 产品规则模糊 | G8 EE、G8 CCS、IPEEC、G20 EEAP、REDD+、G7 CRII* | PALM、G20 EAAP、G20 REDT、M&MRV、LEDS GP、NYDF、J-CCCP、IPHE、GBEP、ICAP、MEF、G20 FFSR |

注：*号说明该俱乐部已经停止运行。

资料来源：作者自制。

## 一、产品规则明确且网络镶嵌度高的气候俱乐部

产品规则明确且网络镶嵌度高的气候俱乐部包括：国际能源署能源技术合作项目、清洁能源部长会议、气候与清洁空气联盟、G7 在非洲推广可再生能源倡议、G20 农业风险管控平台、可再生能源与能源效率伙伴关系、刚果盆地森林伙伴计划、碳收集领导人论坛、全球甲烷行动、21 世纪可再生能源政策网络和挪威国际气候与森林倡议。

### （一）产品供给规则：程序要求、方式途径清楚

就产品的供给与配置而言，这 11 个/类俱乐部的规则都相对明确，原因主要有三：（1）这些气候俱乐部都有完整的组织结构，各机构各司其职，能有效协调成员国活动；（2）对于成员国单独或互惠、集体的行动有参考条文，且措辞相对明确清除，成员国解读余地小，成员国自由裁量权的大小则取决于问题属性和授权；（3）对于产品的种类、属性，以何种方式、途径筹集、配置都有比较具体的安排。

国际能源署能源技术合作项目实施框架规定，所有的项目都应有明确的授权规则（Mandate Rule）和实施协议（Implementation Agreement），应由至少两个国际能源署成员国联合发起，经能源署理事会（Governing Board）和能源技术委员会（CERT）审核通过后成立，并成立一个由参与国代表组成的技术合作项目执行委员会（Exco）。

加入技术合作项目有一定的门槛，也允许"退会"，具体标准和程序由 Exco 制定，一般要求申请国/方在实施协议附件所订目标或议题领域已经取得一些成就或设定进取的政策目标。申请国/方可以合同契约方（Contracting Parties）或资助方（Sponsors）的角色加入技术合作项目。经济合作与发展组织（OECD）或非经合组织国家、欧盟（EU），或其他经合组织国家、非经合组织国家、欧盟指定的实体单位可以申请成为合同契约方；非上述类别的行

第三章 气候俱乐部有效性的影响因素

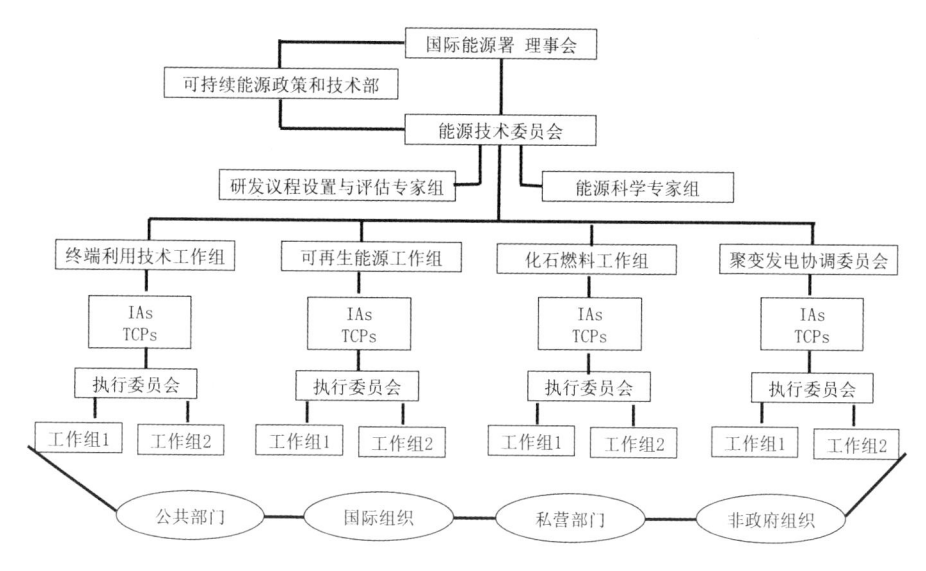

**图22 国际能源署能源技术合作项目组织结构**

资料来源：作者根据实施框架等文件整理。

为体经能源技术委员会同意可成为资助方。

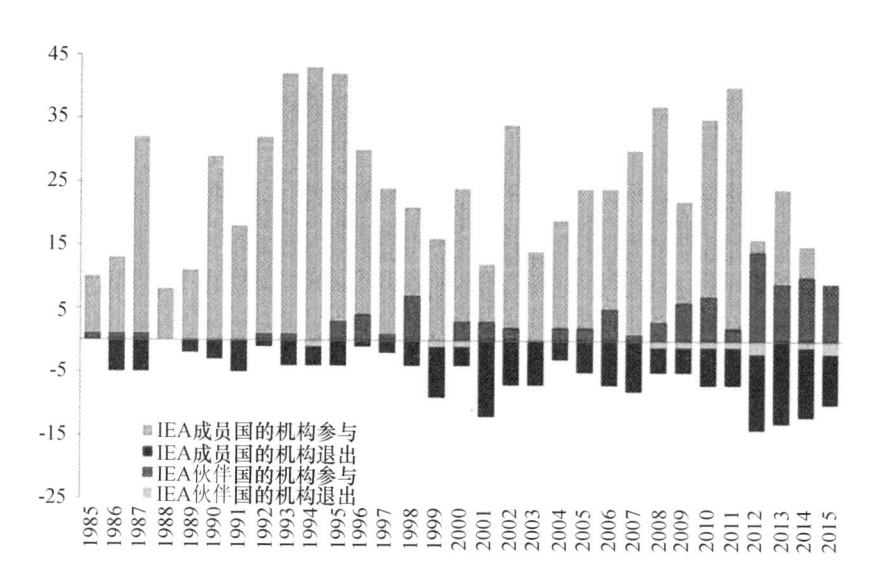

**图23 国际能源署能源技术合作项目历年成员变动情况**

资料来源：IEA, Technology Collaboration Programmes: Highlights and Outcomes, https://iea-industry.org/app/uploads/technologycollaborationprogrammes.pdf。

在单个技术合作项目构成的俱乐部中,每个成员国都享受平等的权益,并应根据执行委员会的要求承担与分担一些责任、任务,比如技术研发方面的联合科研活动与经验交流,联合设计、建设、运营旗舰项目并分享最佳案例,关于国家计划、政策、科技进展、能源立法、政策规制的信息交流等。每个成员国都可以并且应该根据实施协议附件中划定的活动范畴、目标、要求执行特定的政策、落实一些项目工程。技术合作项目的各个工作组都应在资金方面自给自足。参与国以现金或非现金捐助的方式为工作组筹资资源。但具体采用何种方式,由参与国自己决定:如果是成本分摊,就应将资金投入到工作组的共同基金中用于联合项目和工程的落实;如果是任务分担,参与国就应提供相关的人力、物资;还可将这两种方式结合起来。[1]

海洋能源系统技术合作项目(OES TCP)是最近中国参与比较积极的技术合作项目之一,其中文名为"国际能源署海洋能源系统技术合作项目",是英国、丹麦、葡萄牙于2001年发起的,以联合开发北海沿岸地区丰富的海上波浪能和潮汐能、共同研发部署相关技术为目的的海洋能国际合作机制。之前根据成员国协议设立了13个工作组,其中,海洋能系统测试与评价操作规程开发工作组、海洋能电站与输配电网整合工作组都已完成任务而终止。2017年,根据深化工作的需要,新增潮流能数模验证、边远地区海洋能应用两个工作组,并鼓励成员国继续单独或联合发起新的工作组倡议。2017年以前,中国、美国、加拿大、德国、西班牙、日本、澳大利亚、墨西哥、摩洛哥等国家都加入该俱乐部。[2] 目前,成员规模已经扩大到26国。俱乐部执行

---

[1] IEA, "Technology collaboration: Advancing the research, development and commercialisation of energy technologies", https://www.iea.org/areas-of-work/technology-collaboration. (上网时间:2018年1月31日)

[2] 按照时间顺序依次为:2001年,葡萄牙国家工业工程与技术协会可再生能源部;2001年,丹麦能源管理局运输与能源部;2001年,英国能源与气候变化部;2002年,日本佐贺大学;2002年,爱尔兰可持续能源部;2003年,加拿大自然资源部CANMET能源技术中心、国家能源技术实验室;2005年,美国能源部;2006年,比利时联邦公共经济服务部;2007年,德国政府;2007年,挪威研究与发展委员会;2007年,墨西哥政府;2008年,西班牙TECNALA公司;2008年,意大利GSE电力服务公司;2008年,新西兰波浪与潮汐能研究协会;2008年,瑞典能源局;2009年,澳大利亚Oceanlinx公司;2009年,韩国海洋研究院;2010年,南非国家能源研究院;2011年,中国国家海洋技术中心;2013年,尼日利亚海洋研究所;2013年,摩洛哥政府;2014年,新加坡南亚技术大学;2014年,荷兰企业机构;2016年,印度国家海洋技术研究所;2016年法国、欧盟。参见OES TCP官网,https://www.ocean-energy-systems.org/about-us/members/contracting-parties/。(上网时间:2018年1月31日)

委员会还在邀请智利等拉美国家加入。

海洋能源系统技术合作项目对于成员国的要求十分明确，主要分为单独行动和联合行动两种。对于每个成员国，要求它们经常地或定期地在第一工作组框架下展开关于海洋能系统的信息回顾，逐步通过海洋能的研究、开发、示范引导海洋能技术开发向可持续、高效、可靠、低成本及环境友好的商业化应用方向发展。成员国每年还应缴纳7000欧元的年费，用以支持俱乐部框架下的海洋能信息交流与传播。就集体活动而言，俱乐部的工作是以工作组（Task Force）的形式开展的，关于海洋能的世界地理信息系统数据库、能源成本研究、海洋能开发路线图设计、温差能源资源调查与评估等工作组都是由成员国自愿提出，经执行委员会批准成立，其他国家自愿加入的。参加同一工作组的成员国需要分担任务（Share Task）或分摊成本（Share Cost）。[1]

至于G7在非洲推广可再生能源倡议，其之所以能迅速有效地开始兑现承诺，首要原因在于，G7设计了明确的产品供给、配置路径——以外部关系网络为基础的、各司其职的、分散化供给俱乐部产品的行动结构。这样，G7才得以充分调动关系资源，建立起以俱乐部产品为主的联产品结构。相应地，G7成员能从AREI间接获得技术与资本市场、间接的经济收益和政治声誉、战略性优势，这就使成员国有了比较强的选择性激励，以及相对明确的收益预期。

**表15　G7在非洲推广可再生能源倡议 产品供给与配置路径**

| 行动要求 | 任务承担方 |
| --- | --- |
| 强化现有项目 | AREI, RECP（DE）, Power Africa（USA）, ElectriFI（EU）, SE4ALL（IT）, Lighting Africa（IT）[2] |
| 研究银行的可融资性 | AfDB, AREI, SE4ALL, Climate Scope, DAC coding, AIKP, IEA, IRENA, UN Energy Statistics, World Bank |
| 创新融资工具 | Global Innovation Lab for Climate Finance |

---

[1] 国家海洋技术中心，国际能源署海洋能源系统技术合作项目（IEA OES TCP）简介，http://www.notcsoa.org.cn/cn/index/gnwhz/show/1971.（上网时间：2018年1月31日）

[2] 分别为：德国政府发起的可再生能源合作伙伴关系（RECP）、美国政府发起的"电力非洲"行动计划（Power Africa）、欧盟的电力融资倡议（ElectriFI）、联合国秘书长潘基文发起的"人人享有可持续能源"行动计划（SE4ALL）和意大利政府发起的"照亮非洲"（Lighting Africa）。

续表

| 行动要求 | 任务承担方 |
|---|---|
| 明确执行规程 | NEPAD, IRENA, WB, AfDB |
| 建设伙伴关系 | Nordic Countries (Sweden, Netherland), EU, China① |

资料来源：UN FFD3, 2015, "G7 Renewable Energy Initiative", https://www.un.org/esa/ffd/ffd3/commitments/commitment/g7-renewable-energy-initiative.html。

碳收集领导人论坛的工作富有成效也与其明确的俱乐部规则关系密切。一方面，论坛有明确的"宪章"（Charter）和"参考条款"（Terms of Reference）。2003年6月，在美国举行的首届碳收集领导人论坛部长级会议上，有来自包括中国在内的16个国家和欧盟领导人参加，会议主要讨论碳收集技术的经济及技术可行性等问题。在该次会议上签署通过《碳收集领导人论坛宪章》，标志着论坛正式启动。《宪章》规定了论坛的宗旨、组织、职能等内容，是一项行政性安排，并不具备法律约束力。但它对于新成员加入、俱乐部的运行程序、成员国应做什么以及如何落实等事项都有一定的规制效力。②

另一方面，论坛还拥有一套完整的、分工明确的、以"宪章"为基础的运行机制（Implementation Institution），它由专责小组（政策小组、技术小组）及行政秘书处构成。其中，政策小组负责管理论坛总体框架及政策，技术小组负责而作项目进展情况，并就政策小组提出的建议展开必要的行动；行政秘书处负责组织论坛会议，协调成员间沟通，同时作为信息交流、集散中心。政策小组的职责为：主要负责解决知识产权处理方面的潜在问题；为成员间合作及成果报告制定相关准则；定期评估合作项目，关注技术小组的报告进展情况，就合作项目的方向提出建议；确保论坛的行动与目前同领域的国际合作不存在冲突。政策小组每年至少应该举行一次全体会议，由小组委任代

---

① The White House, "U.S. – Nordic Leaders' Summit Joint Statement," https://obamawhitehouse.archives.gov/the-press-office/2016/05/13/us-nordic-leaders-summit-joint-statement；China Africa Advisory, "New Opportunities for EU-China-Africa Trilateral Cooperation on Combatting Climate Change," https://www.die-gdi.de/uploads/media/BP_3.2017.pdf；UK Essays, "Trilateral Cooperation in Africa, Germany and China: A Model towards Poverty Reduction in Africa," https://www.ukessays.com/dissertation/examples/business/trilateral-cooperations-in-africa.php.（上网时间：2018年1月31日）

② CSLF, "CSLF Charter", https://www.cslforum.org/cslf/sites/default/files/documents/CSLFCharter2011.pdf, "Terms of Reference", https://www.cslforum.org/cslf/sites/default/files/documents/CSLF-ToR-Dec2017.pdf.（上网时间：2018年1月31日）

表决定时间及地点，本小组做出的所有决定必须由小组成员协商一致通过。技术小组的职责为：解决关键技术及经济、环境与技术改进有关的其他问题；确定在碳收集和存储方面开展多边合作的潜在领域；促进与国际研究界、学术界、产业界、政府和非政府组织部门开展技术合作；技术小组向政策小组进行工作汇报，技术小组将根据需要召开会议，检查合作项目进展情况，确定有前途的研究方向，并就需要采取的新政策提出建议。

由于"宪章""参考条款"和具体工作组的共同作用，碳收集领导人论坛关于俱乐部联产品的供给与分配有明确的要求、系统的流程。就规则的措辞、文本安排而言，整个组织的运行规章、战略规划、政策路线图和技术路线图都具备，成员国可直接据其设计政策和项目。此外，项目合同会提交政策组、技术组审核，合同质量比较高，后续落实也有保障。

G20农业风险管控平台没有成文的"宪章"或"参考条款"，但有完备的俱乐部机制和行动流程规则。首先是指导委员会（the Steering Committee），它负责预算决策、战略指导，一年开三次会。最近的一届指导委员会包括四个主要捐助方——欧盟、法国发展署（AFD）、意大利发展合作中心（IDC）、国际农业发展基金（IFAD）和非洲发展新伙伴关系。2017年，德国经济合作与发展部（BMZ）、德国复兴银行（KfW）加入而成为观察员。[①] 其次是咨询委员会（the Advisory Committee），它由项目的利益相关方组成，每年开一次会，提供PARM相关的技术建议。最近一届包括联合国粮农组织（FAO）、世

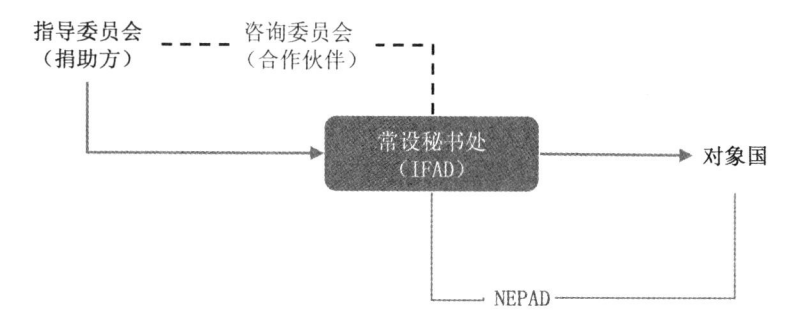

**图24 G20农业风险管控平台的俱乐部产品（资金）供给与流向**

资料来源：PARM, Our Governance, https://www.p4arm.org/our-governance/。

---

[①] PARM, "PARM Third Steering Committee meets in South Africa on October 30th 2014," http://p4arm.org/parm-third-steering-committee-meets-in-south-africa-on-october-30th-2014/.（上网时间：2018年1月31日）

界银行等机构。最后，由国际农业发展基金担任G20农业风险管控平台的常设秘书处，统筹项目执行，负责联络对象国、捐助者、合作伙伴，在服务方、参与方、专家之间建立联系。

## （二）产品结构与配置：构成多元且定向性强

国际能源署能源技术合作项目很重视对非经合组织成员国提供额外收益。也正是因为如此，G20于2014年采纳终端设备能效技术合作项目（IEA Energy Efficient End-Use Equipment，4E TCP）及其有关网络设备储备电源的相关研究与技术突破。该项目最初主要在发达国家间开展，包括澳大利亚、奥地利、加拿大、丹麦、法国、日本、荷兰、瑞典、瑞士、英国、美国，唯一的例外是韩国。[1]

仍以海洋能源系统技术合作项目为例。在国际能源署和利益相关方的支持下，该项目不仅产出年度报告、海洋能开发战略规划和先进技术、最佳案例总结报告等公共产品，还定期参加各成员国缔约机构定期举办的年会或研讨会，如新西兰波浪能潮汐能研究协会年会、葡萄牙波浪能研究中心年会等，应成员国的联络机构、政府的特殊需求提供专门的支持。此外，该项目还可以为成员国筹集技术资源，协助其协调技术标准、开展国内研发和国际人员交流培训，并推动成员国相互间的技术、产品贸易。2016年，印度国家海洋技术研究所（National Institute of Ocean Technology）加入该俱乐部，借此，印度获得仅对该项目成员国开放的关键技术，尤其是它急需的根据公海表层温度利用海洋温差发电（Ocean Thermal Energy Conversion）的技术。[2]

碳收集领导人论坛框架下的公共产品由论坛及其伙伴单位供给，成员国、非成员国享受。比如，由论坛发表的技术路线图、政策路线图、碳捕获与封存进展动态报告已经被确认为世界各地的权威参考书。俱乐部产品由论坛及成员国共同供给，成员国享受。在论坛通过的前提下，成员国可分享给非成员国。如核心技术与方法突破、成员国之间技术互通和最佳经验共享。私人

---

[1] IEA, "4E TCP Introduction", http://climateinitiativesplatform.org/index.php/IEA_Technology_Collaboration_Programme_on_Energy_Efficient_End-Use_Equipment_（4E）.（上网时间：2018年2月22日）

[2] Press Information Bureau Government of India, "Cabinet approves India joining the International Energy Agency-Ocean Energy Systems," 2016.1.13, http://pib.nic.in/newsite/PrintRelease.aspx?relid=134427; Cabinet GKToday, "India to join the International Energy Agency," 2016.1.14, https://currentaffairs.gktoday.in/india-join-international-energy-agency-ocean-energy-systems-01201629706.html.（上网时间：2018年2月22日）

产品则由论坛、发达国家成员国向发展中国家提供，或发达成员国相互提供，如知识产权。这样在论坛框架下，公共产品、俱乐部产品、私人产品都有，且以俱乐部产品、私人产品为主，成员收益充分、选择性激励强，使该机制的有效性比较突出。

G20 农业风险管控平台也有一套严格而明确的项目对象国的选择标准。[①]它的核心原则是"需求导向"，即 G20 筹集的"俱乐部资金"应根据对象国需求来配置、使用。为清楚地了解该国的需求，应事前进行实地考察，在此基础上规划项目路线图（Roadmap），建立国家指导委员会（National Steering Committee）。然后，与项目的利益相关方磋商，评估气候风险，与对象国政府高层开展政治对话和以工作组为单位的行动协调，确定政策要点和项目执行工具。在项目后期，德国复兴银行与非洲发展新伙伴关系作为 G20 农业风险管控平台的合作伙伴和支助单位，还会根据对象国的具体情况提供后续资助，以保持能力建设和技术转移机制的稳定性、连贯性。G20 目前已筹集的 7260583 美元执行资金都是这样使用的，在一定程度上保障了透明度与成本有效性。

项目初始设置 > 风险评估 > 政策对话 > 后续跟进 > 执行

**图 25　G20 农业风险管控平台流程**

资料来源：PARM, What We Do, https://www.p4arm.org/what-we-do/。

（三）网络镶嵌度高

这 11 个气候俱乐部的网络镶嵌程度普遍较高，要么是因为合作伙伴多、中间性中心度较高，要么是因为伙伴机制较多，且拥有强连带关系。

在 G7 在非洲推广可再生能源倡议的产品供给与配置路径规划中，除了 AREI 以外，其他机制都是 G7 的长期合作伙伴，与 G7 的合作框架、模式都很明确、稳定。比如，全球气候融资创新实验室是 2014 年英国、美国、德国、法国、日本与丹麦、荷兰、挪威共同建立的气候融资方案研究、落实机制。该机构已经开展多个气候融资项目，产出实质性结果。2015 年为 G7 正式

---

[①] PARM, "Annual Progress Report 2014", http://p4arm.org/app/uploads/2015/05/PARM-Annual-Report-2014.pdf.（上网时间：2018 年 2 月 22 日）

采纳。

这说明，G7 在非洲推广可再生能源倡议很注意利用与其他机制之间的关系展开活动，依靠主要的跨国合作治理倡议机制建立了中心度都很高的行动网络，并依靠这个自我网络筹措行动资源、凝聚多元行为体的行动。

G8/7 很早就将非洲可再生能源与能源可及性提上优先议事日程，借助成员国在国际能源合作中积累的优势，与能源领域的主要国际机制、跨国合作治理倡议建立伙伴关系。其中包括国际可再生能源机构（International Renewable Energy Agency，IRENA）、联合国环境规划署、非洲发展新伙伴关系等机制，以及"人人享有可持续能源"（Sustainable Energy for All，SE4ALL）、非洲—欧盟能源伙伴关系（Africa-Europe Energy Partnership，AEEP）、非洲电力愿景（African Power Vision）、电力非洲（Power Africa）等在非洲影响力较大的能源项目。此外，在可持续发展委员会注册的跨国伙伴关系中，15%（45/300）专注于能源可持续，主要目的或为提供可再生能源，或为普及可持续使用能源的经济性方式。最活跃的五个跨国伙伴关系依次是全球减少天然气燃烧行动计划（Global Gas Flaring Reduction Partnership，GGFRP）、甲烷市场化合作伙伴关系、国际太阳能协会（International Solar Energy Society，ISES）、可再生能源与能效伙伴关系、21 世纪可再生能源政策网络。G7 与它们都有稳定的合作[①]。而这些关系在 G7 建立与 AREI 合作关系的过程中发挥了关键作用。

这些机制本身就拥有自己的伙伴关系网络，G7 通过与它们构建联系，提高了自己在可持续能源发展国际机制网络中的中心度，建构起用以提供行动资源、社会资本的自我网络。

这个自我网络对 G7 在非洲推广可再生能源倡议主要提供两方面支持。第一，G7 可基于社会资本筹集行动资源。倡议的关键任务是融资，具体又分解为四项子任务，由 G7 的不同伙伴承担：(1) 制定融资与相关的行动计划，由非洲发展新伙伴关系、国际可再生能源机构、世界银行、非洲开发银行负责；(2) 研究非洲地区银行的可融资性，由世界银行、非洲开发银行、国际能源署、联合国能源数据中心、国际可再生能源机构、"人人享有可持续能源"倡议等负责；(3) 设计与利用创新性融资工具，由全球气候融资创新实验室负责，该机制 2014 年由 G7 成员国倡议发起，扩大后于 2015 为 G7 正式采纳，

---

① REEEP, "Annual Report 2010", https://www.reeep.org/reeep-annual-report-20092010.（上网时间：2018 年 2 月 12 日）

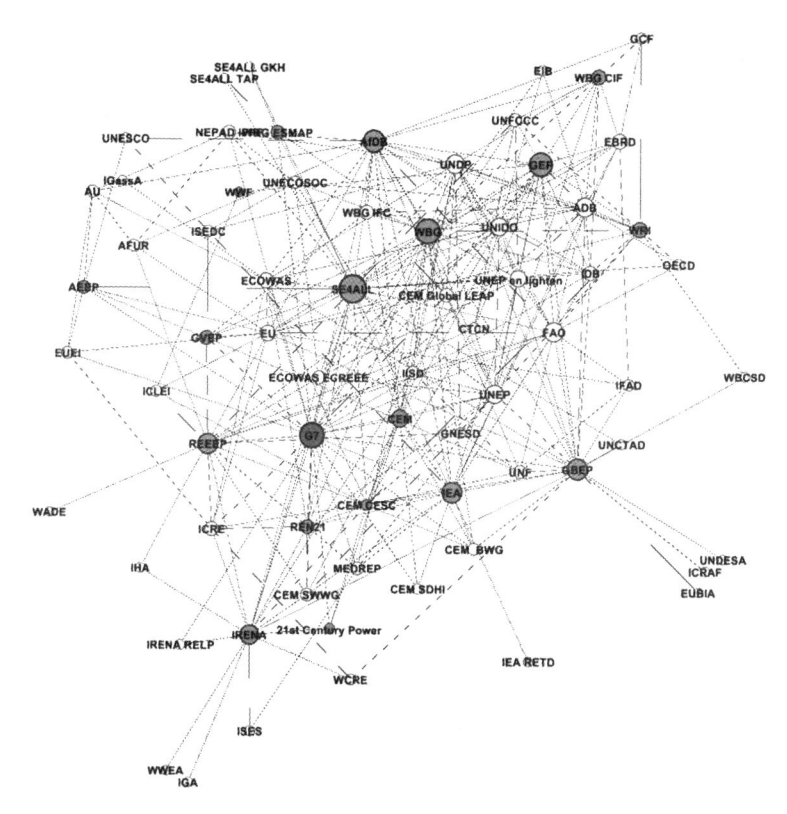

**图26　G7在非洲推广可再生能源倡议的外部关系网络**

资料来源：作者自制。

成为其融资研究与活动的主要伙伴机制；（4）强化现有的资金项目，其中包括G7成员国在以前的G7倡议框架下展开的单独行动，如美国的电力非洲、欧盟主导的电气化融资计划（The Electrification Financing Initiative，ElectriFI）、德国政府发起的可再生能源合作伙伴关系、联合国秘书长发起的"人人享有可持续能源"、世界银行主推的"点亮非洲"（Lighting Africa）以及非盟于2015年巴黎大会前后发起的非洲可再生能源倡议。

第二，G7可利用现有的伙伴关系，联系"伙伴的伙伴"，以吸纳新成员，扩大自己的行动网络。比如，G7利用与全球气候融资创新实验室的关系、美国—北欧领导人峰会机制，吸纳瑞典、荷兰等国参与；而中国等新兴经济体也是可再生能源与能效伙伴关系、德国政府发起之可再生能源合作伙伴关系等项目的成员国，G7又利用这一层关系，吸纳新兴发展中国家参与在非洲推广可再生能源倡议。G7该倡议的主要要支持对象是AREI，而两者间关系的对接与维护、深化又以 G7 与非洲开发银行、非洲发展新伙伴关系、国际可再生能源机构等专注于非洲、在非洲有极大影响力的机制间关系为基础。

　　碳收集领导人论坛的伙伴则不如 G7 多。它最初主要与国际能源署温室气体技术研发合作项目（IEA GHG TCP）、欧盟建立了稳定的战略合作关系。其创始国中本来就有 G8 成员国，加上国际能源署、欧盟与 G8 关系特殊，这种双重强化作用就在碳收集领导人论坛于 G8 之间建立了强连带。为论坛占据碳捕获与封存国际行动网络的相对中心位置，扩大国际影响奠定了社会资本基础。后来，借由国际能源署、欧盟的影响力，论坛实现了组织的扩充。2004 年，法国、德国、意大利、南非加入，到 2017 年已增加 11 个成员国。近年来，论坛认识到利益相关者受到其目标的影响，同时也影响到其目标的实现，于是把利益相关者参与作为论坛活动的一个重要组成部分。因此，论坛各项政策及技术对于利益相关者将保持公开、可见和透明，双方进行交流与合作更加注重公平、效益和效率。

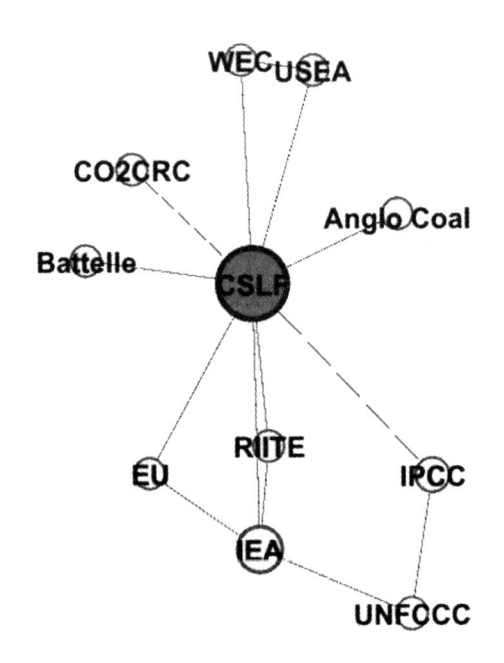

**图 27　碳收集领导人论坛最初的外部关系网络**

资料来源：作者自制。

　　G20 农行业风险管控平台　是 G8、G20 和国际农业基金长期以来合作关系的产物，并通过该基金在非洲与非洲发展新伙伴关系建立战略伙伴关系——后者自 2011 年在《非洲农业综合发展计划》(Comprehensive Afica Agriculture Development，CAADP) 框架下建立了农业与粮食安全风险管理行动计划 (Agriculture and Food Insecurity Risk Management initiative，AFIRM)，恰好需要资金和能力支持。①

此外，清洁能源部长级会议、刚果盆地森林伙伴计划等俱乐部的中心度也很高，具体情况参见附件 3。

## 二、产品规则比较明确但网络镶嵌度比较低的气候俱乐部

产品规则比较明确但网络镶嵌度比较低的气候俱乐部有波罗的海行动计划、小岛屿国家伙伴关系、北极委员会、太平洋岛国岭到礁项目伙伴关系。比如，小岛屿发展中国家伙伴关系有成套的执行与操作规则和筹资方法、模板，成员国解读余地比较小。此外，这四个气候俱乐部恰好都是区域性比较强的俱乐部，合作伙伴较少、中间性中心度较低。

需特别指出的是，业已停止的国际能源与气候行动和亚太清洁发展与气候变化伙伴关系也是此类气候俱乐部的突出案例。其俱乐部规则都相对明确。国际能源与气候行动还创新了融资方式。至于亚太清洁发展与气候变化伙伴关系，很多"事后评估"研究对它给予好评，认为它给新型能源伙伴关系、新型国际气候合作开辟了道路，树立了良好示范作用。

亚太清洁发展与气候变化伙伴关系有 8 个行动倡议，在 7 个成员国之间展开包括 20 个旗舰项目在内的 165 个合作项目。这些项目涉及帮助电厂提高运行效率，促进水泥厂设备节能，推进太阳能光伏发电商业化，改善建筑和家电涉及等各个领域，对开展成员国之间的技术交流、鼓励共同参与、提高能效、建立技术交流机制具有重要意义，有效提高了应对气候变化的能力。

该伙伴关系的目的是建立一个无法律约束力的国际自愿合作框架，通过具体和务实的合作，促进伙伴国开发、传播、利用和转让现有、新兴和未来具有成本效益、更清洁、更有效的技术和实践，以取得实际成果；推动和建立适宜上述目标实现的发展环境；促进伙伴国实现各自关于减少污染、能源安全和气候变化的国家目标；提供各伙伴国交流的论坛，以探讨各自在清洁

---

① UN, Partnerships for the SDGs, "Platform for Agricultural Risk Management," https://sustainabledevelopment.un.org/partnership/? p=21879. (上网时间：2018 年 2 月 12 日)

发展目标框架下解决相互关联的发展、能源、环境和气候变化问题的政策手段，就制定和执行各国发展和能源战略问题交换经验。

其工作的主要依据是2006年通过的一系列章程和计划。2005年7月，在老挝万象举行的第38届东南亚国家联盟部长会议上，澳大利亚、加拿大、印度、日本、韩国、中国和美国共同宣布"亚太清洁发展与气候新伙伴关系"的愿景声明。2006年1月，澳大利亚、加拿大、中国、印度、日本、韩国、美国参与在澳大利亚举行的第一次部长级会议。部长们共同发布了伙伴关系的章程、工作计划和部长联合公布，为计划的工作制定了范围，为合作设定了无法律约束力的框架。

该伙伴关系的分工司职也比较明确，成员国对于应采取的行动、付出的成本、可能获得的收益预期都比较明确。伙伴计划的组织结构由政策与执行委员会（PIC）、行动支援小组及8个工作组构成。其中，政策与执行委员会的职责在于监督整个伙伴计划，指导并定期检查各工作组工作；行政支持小组对政策和执行委员会及伙伴计划提供帮助，协调伙伴计划的通信交流和活动；各工作组由主席和联合主席领导，不是伙伴计划的常设机构，只是为了实现具体目标而设立的。工作组将围绕政策与执行委员会制定的总体战略，针对各自工作方向解决计划中的具体问题，商定行动计划，提出执行方案并进行监督。

此外，2006年悉尼首届部长会议上，应韩国等国代表建议，共同建立亚太能源技术合作中心（ETCC）。该中心以"虚拟中心"形式建设，旨在帮助8个工作组更好地实施项目，协助成员分享能源效率的知识和做法以及与能效有关的技术。中心的基本职能，第一部分是协调和帮助传播有关能源效率的知识和最佳做法，包括评估技术、基准设定和技术交流等；第二部分是为各成员国政府部门和工业街能源技术和能效领域的专家开班培训班或协调服务；第三部分是开展自愿的能源审核，以发现低成本、节能的方法和机会以节省能源和提高效率。

除了俱乐部规则明确、产品结构与配置得当以外，国际能源与气候行动和亚太清洁发展与气候变化伙伴关系另一共同点在于，都未能处理好关键的外部关系。国际能源与气候行动主要依靠公共资源来撬动商业投资[1]，却并未能很好地处理与东非成员国家相关制度的关系，未能贴合当地的能源发展现

---

[1] Walter Leal Filho, Ulisses M. Azeiteiro, Fátima Alves, Petra Molthan-Hill, "Handbook of Theory and Practice of Sustainable Development in Higher Education", Springer, 2017, pp. 373–374.

状与需求，所以于 2015 终止。① 亚太清洁发展与气候变化伙伴关系在成立之初曾遭到多方谴责，也是唯一曾受到"挑战/损害 UNFCCC"谴责的气候俱乐部。这主要有两点理由：第一，从发起国的主观意图方面看，美国、澳大利亚在退出《京都议定书》以后主导发起该伙伴关系，有逃避国际责任，企图根据本国一己私利破坏现行国际体制，另立新秩序之嫌；第二，从该伙伴关系的客观表现上看，其的核心特质与《公约》背道而驰，突出体现在该机制对气候变化影响的评估与判断、发达国家与发展中国家责任区分这两个方面。② 它在减排目标的表述方式、排放量的核算方式等方面的确与 UNFCCC 的核心规范、表达方式不一样。这两点理由，最后也使得该伙伴关系缺乏稳定而持久的政治、资金支持，最后停止工作。③

## 三、产品规则比较模糊但网络镶嵌度比较高的气候俱乐部

俱乐部产品供给与分配规则比较模糊但网络镶嵌程度比较高的气候俱乐部有国际能源效率合作伙伴关系，G8 能效行动计划、G8 打击非法采伐行动计划、G8 碳封存与捕获大型项目计划，G20 能效行动计划，REDD +，G7 气候风险保险计划。这些俱乐部的产品规则普遍接近"参考标准"，成员国自由裁量空间较大。但除了 G8 格伦伊格尔斯能效行动计划（G8 EEAP）以外，这些气候俱乐部的中间性中心度普遍较高，且大多数有强连带（参见附件 2），这对于其俱乐部层面产品的供给产生一定的积极影响，弥补了俱乐部规则不明确的不足。

G8 打击非法采伐行动计划、G8 碳封存与捕获大型项目计划虽有独立的监督、评估反馈体系，但因执行分散、具体操作程序不明，成员国保有较大的自由裁量权。G20 能效行动计划和国际能源效率合作伙伴关系俱乐部的规则都还在制定完善之中，成员国对于俱乐部产品规则的解读余地也比较大。REDD + 则缺乏明确的规则来指导森林碳汇，尤其是具体项目的设计和执行，同时"碳权"不明确。这就导致这些俱乐部普遍存在俱乐部产品的总体供给

---

① International Energy and Climate Initiative (Energy +), "Key Features," https://www.regjeringen.no/globalassets/upload/ud/vedlegg/energi/key_features.pdf.（上网时间：2018 年 2 月 12 日）

② Mcgee Jeffrey, Ros Taplin, "The Asia-Pacific Partnership on Clean Development and Climate: A Competitor or Complement to the Kyoto Protocol," Vol. 18, Issue 3, 2007, pp. 173 – 192.

③ Oscar Widerberg, Daniel E. Stenson, "Climate Clubs and the UNFCCC: Complement, Bypass or Conflict?" FORES Study, 2013.

水平不够高的缺陷，产品结构与配置也就无关紧要了。

G7 气候风险保险计划的中间性中心度其实很高，但缺乏可操作的行动规划和产品供给规则，俱乐部规则只涉及最终目标和主要途径，不太明确。G7 官方文件也明确指出 G7 这个承诺象征意义更大，主要是为了发挥领导力。预期俱乐部产品为主，由于行动要求不太明确，在产品（主要是保险投资）供给与分配过程中，G7 成员国、利益相关方的解读余地都很大，且投资方式、形式都不确定。至于产品结构，最初设计时，该保险计划本预期以俱乐部产品为主，但因行动要求不太明确，收益很有限，俱乐部产品设计尚未转化为实际的选择性激励，网络中的社会资本也未得到开发。

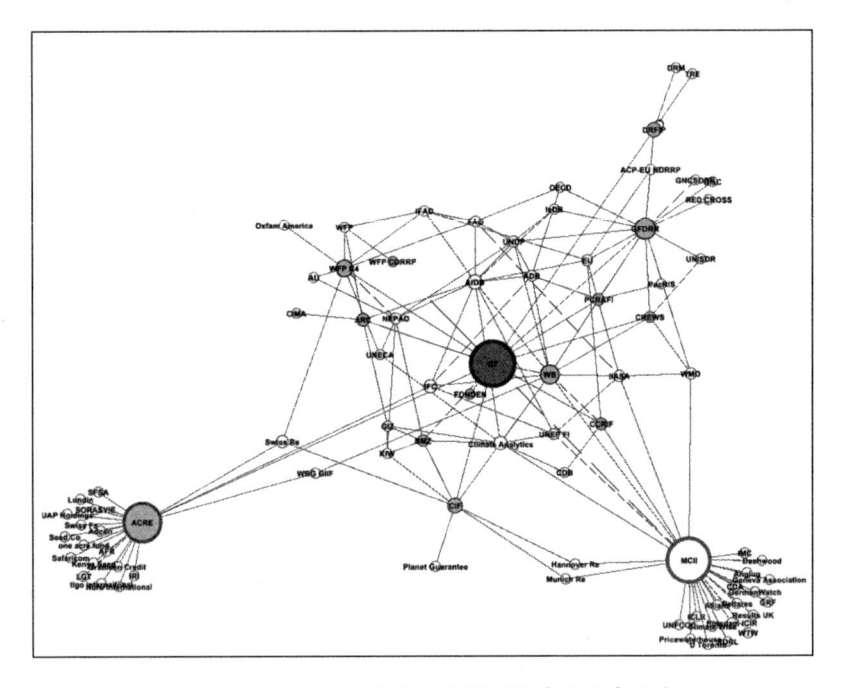

**图 28　G7 气候风险保险计划的网络中间性中心度**

资料来源：作者自制。

就 G8 能效行动计划而言，它的规则主要来自 IEA 的建言献策，IEA 的在政策建议中提供的行动规则比较清楚，但 8 国在选择从哪些方面来落实以及如何落实方面拥有充分的自主权和裁量权。

2005 年的格伦伊格尔斯行动计划虽然分解了目标、明确了优先行动领域，但政策方向比较笼统，首先强调的还是评估既有政策、明确路线图，所以 G8

首脑峰会宣言还要求国际能源署就替代性能源情景、清洁和具有竞争力的未来能源战略提出建议，要求世界银行为清洁能源建立一个新的投资、融资框架。

**表16　2005年格伦伊格尔斯行动计划：转变能源利用方式**

| |
|---|
| 1. 请国际能源署述评发达、发展中国家现有的建筑能效标准与规范，发展评估建筑能效的能效指标、识别最佳政策实践 |
| 2. 支持既有的伙伴关系，如可再生能源与能源效率伙伴关系，以吸纳发展中国家参与行动 |
| 3. 完善各国采购、管理公共建筑的国内指南与标准 |
| 家电设备：促进有关标签、标准设置、测试程序的国际政策协调 |
| 4. 推动执行国际能源署的"1瓦特"倡议（1 Watt Initiative） |
| 5. 要求国际能源署基于在家电设备能效方面的既有工作，述评全球现有的设备标准与规范 |
| 6. 增强商品标签的明晰度和一致性，以提高消费正的节能意识 |
| 7. 通过国内行动、国际合作，改善关键部门产品的能效和环保性能 |
| 8. 根据国际机构既有的案例研究，探索与其它国家协调产品标准的可能性 |
| 9. 提高政策力度，推动所述运输工具在本国的销售，包括充分利用公共采购政策以加速相关市场建设 |
| 10. 要求国际能源署评估现有标准和规范，识别最佳实践 |
| 11. 鼓励技术研发合作，并在适当的情况下推动部署清洁汽油、柴油技术，生物燃料，合成燃料，混合技术，电池性能技术，氢动力燃料电池汽车 |
| 12. 将于11月份英国召开的国际清洁、高效运输工具或以上继续讨论这个问题 |
| 13. 使用燃料标签、能效与排放数据信息公开等方式提高消费者对于交通工具选择环境影响的认识 |
| 航空 |
| 14. 开展一项合作项目以探索、加速实现操作优化，包括航空管制与地面操作等，以提高航空安全、燃料效率，减低航空排放 |
| 15. 与IPCC合作，为其第四次评估报告提供一份有关航空之于气候影响的最新评估 |
| 16. 支持气候科学研究，增进对飞行云、卷云对航空影响的认识，优化应对的技术、操作 |
| 17. 协调各国现有的长期减排研究项目间 |
| 18. 与多边发展银行合作，在新的或现有的高能耗项目投资评估中使用志愿性节能指标 |

续表

| 19. 请国际能源署评估工业行业目前的能效表现，识别在发达、发展中国深化的工业能效措施研究可产生附加值的政策领域 |
| --- |
| 20. 发展部门性、跨部门伙伴关系，以减低主要工业部门的温室气体排放强度 |
| 21. 继续支持 UNFCCC 的技术转移机制（TT：Clear），提高其扩散可用技术信息的功能，推动有关部署能效技术最佳实践、有效政策的知识分享、经验交流 |

资料来源：G8, 2005, Gleneagles Plan of Action: Climate Change, Clean Energy and Sustainable Development, http://www.g8.utoronto.ca/summit/2005gleneagles/climatechangeplan.pdf.

2006 年，国际能源署首先提出 11 条建议，G8 峰会完整采纳四条，并据此确定了全球能源安全原则[①]，要求成员国继续贯彻执行能效计划，并针对跨部门措施、能源生产、运输部门新增行动要求，这使 G8 成为第一个就全球能源合作路径提出全景式蓝图的高级别国际机制。

G8 的高调行动使国际社会对能效问题的重视程度空前提高。2007 年，政府间气候变化专门委员会（IPCC）专门分析了能效政策对于应对气候变化的重要性，以及有效的能效政策框架与路线图。人们都认为激励能效行动是十分必要的，但考虑到各国国情差异，就如何激励，意见分歧比较大。一种可能的办法是提出适用于各国的建议，2007 年联合国基金和世界自然基金会（WWF）分别进行了尝试，都希望能协助 G8 推进其能效行动，但影响有限。原因有二：一方面，这是两个机构自发的行为，而不是应任何政府的要求；另一方面，这两份报告工作组的专家性太强，缺乏与政府机构的联系，也就丧失了"销路"。

在此背景下，国际能源署基于与 G8 强连带关系而拥有的政治资源优势就凸显出来。它的建议是应 G8 领导人 2005 正式要求拟定的——他们要求国际能源署就六个领域提出建议：替代性能源情景和战略；建筑、家电、交通和工业方面的能效；清洁化石能源；碳捕获与封存；可再生能源；加强国际合作。

另一方面，国际能源署、经合组织及其成员国自 1997 年其就开始在绿色建筑上下功夫，经合组织城市地区政策研究小组（the OECD Working Party on

---

① "Africa and energy to dominate EU G8 agenda", Euobserver, July 2006, https://euobserver.com/foreign/22068; "Energy Commissioner Andris Piebalgs to discuss with G8 energy leaders the key global energy security issues", European Commission, March 2006, http://europa.eu/rapid/press-release_IP-06-316_en.htm; "EU: Barroso Calls On G8 To Agree Global Energy Principles", http://www.rferl.org/a/1069765.html.（上网时间：2018 年 2 月 12 日）

Territorial Policy in Urban Areas）和国际能源署能效政策分析小组（Energy Efficiency Policy Analysis Division of the IEA）合作密切。① 2004 年的工作总结联会专门讨论了绿色环保建筑与能效效率的关系，由此构成 2005 格伦伊格尔斯行动计划的政策建议基础。② 因此，2005 计划出台后，各成员国的在建筑能效方面的政策表现出一定的延续性，但在力度、标准等政策属性方面都大大加强，在政策面上有所拓展、政策工具上有所创新。

2007、2008 年，国际能源署主要针对 G8 领导人前两项要求，先后两次提出系统化的能效政策措施路线图，涉及跨部门行动、建筑、家电设备、照明、交通、工业和电力设施。2007 年海利根达姆峰会采纳了 12 条，其中四条针对能效。③ 2008 年，国际能源署最终拟定涉及 7 个领域的 25 条能效政策建议，并列出有效实施这些建议的 8 项必要条件，包括更明确的价格信号机制、优化信息供给、降低交易成本、提高资金可及性、优化公共与私营部门决策框架、积极的能源管理、提高资本存存量、优化技能。

鉴于能效行动的障碍普遍存在于各部门，比较分散又十分复杂，国际能源署秘书处建议将这 25 条意见视为不可分割的"政策套装"。2008 年，国际能源署将这套所谓提高能源安全、应对经济与环境挑战的最快捷有效的综合性方案提交给 G8 能源部长，八国首脑在北海道峰会上承诺最大程度地执行这 25 条措施。据称，如果 25 条措施都得到落实，到 2030 年，每年将能够减少 76 亿吨的温室气体排放。从这个角度看，这个"政策套装"不仅是 G8 成员国的行动目标，更勾勒出全球能效提升、低碳发展的蓝图，所以以 G8 对话伙伴五国（G5）为代表的发展中国家采纳了该项建议。这就促进了 G8 与发展中国家在能效问题上的对话与合作。④

---

① "OECD Work on Sustainable Buildings", http：//www.oecd.org/env/consumption-innovation/oecd-workonsustainablebuildings.htm.（上网时间：2018 年 2 月 12 日）

② OECD, "OECD/IEA Joint Workshop on Sustainable Buildings：Towards Sustainable Use of Building Stock", 2004, http：//www.oecd.org/regional/regional-policy/35896769.pdf.（上网时间：2018 年 2 月 12 日）

③ "IEA Energy Efficiency Recommendations Accepted by G8", 2007, http：//www.facilitiesnet.com/energyefficiency/article/IEA-Energy-Efficiency-Recommendations-Accepted-by-G8 – 6933.

④ OECD/IEA, "IEA Work for the G8：2008 Massages", 2008, https：//www.mofa.go.jp/policy/economy/summit/2008/doc/pdf/0708_06_en.pdf；IEA, "25 Energy Efficiency Policy Recommendations 2011", 2011, https：//www.iea.org/reports/25-energy-efficiency-policy-recommendations-2011；IEA, "Progress with Implementing Energy Efficiency Policies in the G8", 2009, https：//iea.blob.core.windows.net/assets/1cd23690-ccff-417e-8875-996fed0cf754/G8Energyefficiencyprogressreport.pdf.（上网时间：2018 年 1 月 31 日）

### 表 17　国际能源署 25 条能效政策建议

| |
|---|
| 1. 度量不断增加的能效投资 |
| 2. 制定国家能效战略和目标 |
| 3. 遵从、监测、实施、评估能效措施 |
| 4. 设立能效指标 |
| 5. 监测、报告实施国际能源署能效建议的进展 |
| 6. 设定适用于新建筑的建筑条例和设计规范 |
| 7. 被动式节能屋和零碳建筑 |
| 8. 针对现有建筑能效的一揽子政策 |
| 9. 建筑认证方案 |
| 10. 提高釉面部位的能效 |
| 11. 采用强制性能效要求和标签 |
| 12. 推广低功耗模式，包括电子和网络设备的备用电源 |
| 13. 电视机及"机顶盒" |
| 14. 能效测试标准和测量协议 |
| 15. 采用最佳照明设计，逐步淘汰白炽灯 |
| 16. 确保非居住性建筑的照明成本尽可能低，逐步淘汰低效能的燃料照明灯具运输 |
| 17. 省油轮胎 |
| 18. 对轻型车辆实行强制性的燃油效率标准 |
| 19. 确保重型车辆的燃油经济性 |
| 20. 生态驾驶 |
| 21. 采集高质量的工业能效数据 |
| 22. 电动机的能效 |
| 23. 协助增强能源管理能力 |
| 24. 提高中小企业能效的一揽子政策能源 |
| 25. 公共事业终端能效方案 |

资料来源：IEA, 2011, Progress Implementing the IEA 25 Energy Efficiency Policy Recommendations：2011 Evaluation, https://iea.blob.core.windows.net/assets/19d78643-6f1a-4700-9d6b-dd79ce567ce9/25EnergyEfficiencyPolicyRecommendations2011.pdf.

行动计划确定以后，G8 和国际能源署的强连带关系还从评估、审议、反馈的角度促进了行动原则与政策建议的进一步了落实。2009 年阿奎拉峰会（L'Aquila）前夕，国际能源署就 G8 圣彼得堡能源安全行动计划的执行进展发布综合性报告，并就能效方面的进展单独发布一份报告，审议 G8 国家在执行其各项建议方面的进展。① 2011 年，国际能源署又提交了第 2 份行动进展评估报告；2012 年，专门设立能效数据库、可持续建筑中心（SBC）和相应的数据库，以跟踪分析 G8 在两方面的治理进展。

国际能源署的建议比较系统、明确，可操作性很强，但 G8 能效行动计划的执行方式很分散，各国自由裁量权比较大。根据国际能源署的评估，虽然 8 国都在正确轨道上，但没有一个国家贯彻的建议数超过 55%，其建议所蕴含的能效潜力至多实现了 60%。2005—2015 年，G8 与欧盟根据国际能源署建议出台的能效政策总共有 177 项，占 8 国能效政策总数的 47.3%。

由于 G8 一定程度上提供了排他性收益，成员国实现了 60% 的达标度。这种收益主要来自世界银行提供的融资框架和可再生能源与能效伙伴关系提供专业化支持。这样，G8 在能效领域有了相对均衡的产品结构和一定的排他性收益供给渠道。公共产品主要是国际能源署报告。俱乐部产品主要是成员资格有限的新机制（国际能源效率合作伙伴关系、可持续建筑网络倡议），由成员国共同供给，成员国由此获得先占优势和主导权；世界银行、地区发展银行、世界可持续发展商业委员会等伙伴单位供给资金、技术、市场资源。私人收益则主要由 G8 通过可再生能源与能效伙伴关系供给给发展中国家，后者进而获得投资红利。

在 G20 能效行动计划框架下，成员国的自由裁量权更大，这主要是因为 G20 同时采取了"同心小组"的独立工作组模式和自愿倡议、自愿参与行动模式。G20 成员国和非成员国都可自愿地加入任何一个工作组，每个工作组都可以邀请在本组核心议题领域的重要机制参与。比如，在交通领域，G20 能效行动计划提出到 2015 年峰会之前有两项任务：在国际能源效率合作伙伴关系建立新的专门工作组；为行动计划操作化提出建议，尤其是如何设立、提高清洁燃料、车辆排放、燃料效率、绿色物流等方面的国内标准；尤其侧

---

① IEA, "Implementing Energy Efficiency Policies—Are IEA Member Countries on Track?" 2009, https://www.iea.org/reports/implementing-energy-efficiency-are-iea-countries-on-track; Nigel Jollands, et. al, 2010, The 25 IEA energy efficiency policy recommendations to the G8 Gleneagles Plan of Action, Energy Policy Vol. 38, 2010, pp. 6409-6418.

重重型车辆①，轻型车辆方面，有兴趣的国家可考虑支持、参与全球燃料经济性倡议（Global Fuel Economy Initiative，GFEI），它是由多个国际组织联合支持的国际行动倡议。随后，在国际能源效率合作伙伴关系协调、美国牵头下，成立了交通工作组（Transport Task Group，TTG），邀请国际清洁交通委员会（International Council on Clean Transportation，ICCT）、全球燃料经济性倡议、国际交通论坛（International Transport Forum，ITF）等专门性国际组织的专家常驻。除交通工作组以外，其他工作组也按照相同的模式开展工作。这样，便构成多个"同心小组"多轨道并行的局面，使得俱乐部层面的联合行动非常弱、俱乐部产品供给不足，行动激励也就不足。

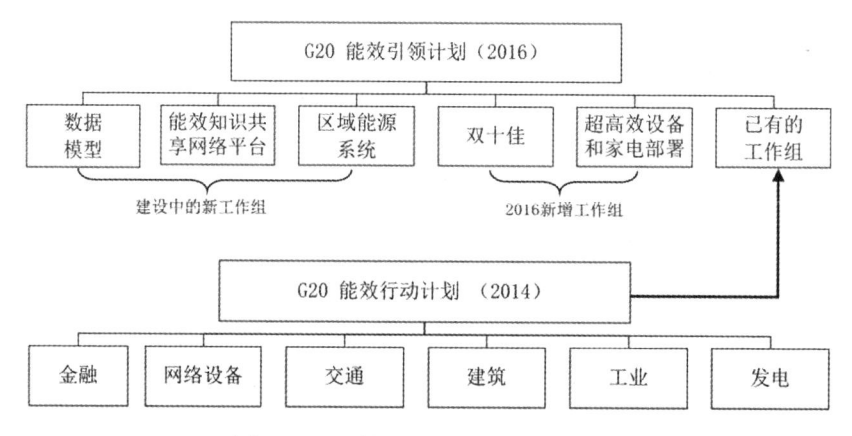

**图 29　G20 能效行动计划的执行结构**

资料来源：作者自制。

在这一类型的气候俱乐部中，G8 能效行动计划的中间性中心度最低，但它具有强连带，所以也产生了强力的国际影响。一方面，G8 能效政策的强化对国际大建筑商产生影响，比如，巴斯夫（BASF）启动"零供暖成本住房"的旗舰项目。另一方面，也是更重要的一方面，吸纳主要发展中国家强化能效治理，2005—2015 年，G8 的 5 个发展中对话国 24% 的能效政策在 G8 能效

---

① 重型汽车——卡车、公共汽车和其他大型车辆是 G20 特别关注的一个领域。在全球范围内，重型车辆只占车辆总数的 10%，但它们消耗掉一半左右的运输燃料、排放比一半更高比重的空气污染物。G20 成员国的重型车辆销售占全球销量的 75%。G20，"Energy Efficiency Action Plan: Voluntary Coolaboration on Energy Efficiency," 2014, http://www.g20.utoronto.ca/2014/g20_energy_efficiency_action_plan.pdf。

行动计划框架下按照国际能源署的 25 条建议作出的。这种联系，很大程度上与可再生能源与能源效率伙伴关系有关。该伙伴关系是 G8 的主要合作伙伴之一，英国、美国、加拿大都与该伙伴关系合作，在发展中国家开展能效项目。2007 年，巴厘气候大会期间，G8 国家和经合组织其他成员国、5 个主要发展中国家共同加入可再生能源与能效伙伴关系的能效联盟（Energy Efficiency Coalition，EEC）。该联盟旨在联系政府、商界以及其他组织共同推进能效的提高，尤其是在发展中国家。首要的政策目标就是建筑，其次是工业和其他部门。G8 还发起可持续建筑网络倡议、国际能源效率合作伙伴关系，两者都成为国际能效合作的重要平台，吸引其他国家参与。

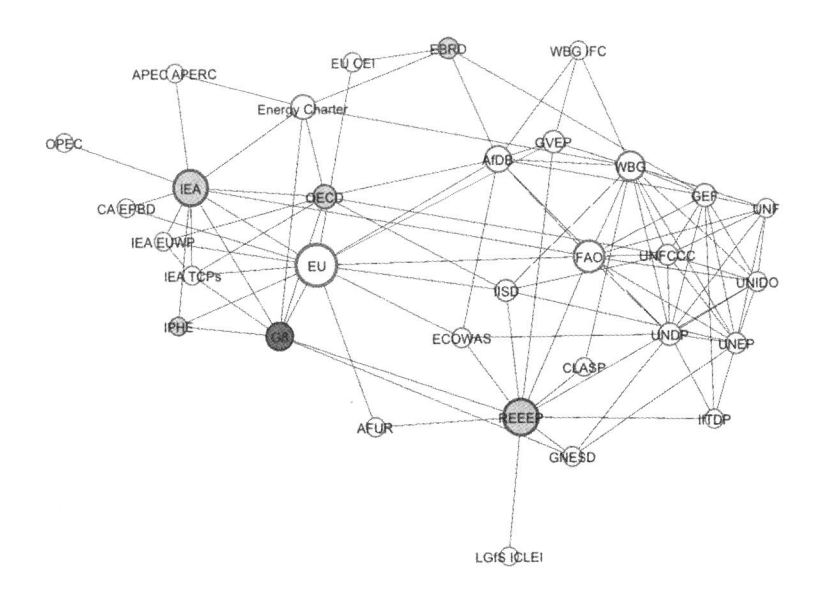

**图 30　G8 发起能效行动计划时在能效治理网络中的地位**

资料来源：作者自制。

## 四、产品规则模糊且网络镶嵌度低的气候俱乐部

产品规则比较模糊且网络镶嵌度比较低的气候俱乐部包括 G20、G20 能源可及性计划、G20 推广可再生能源开发工具计划、日本—加勒比气候变化伙伴关系、国际氢能经济和燃料电池伙伴计划、全球生物能源伙伴关系、国际碳行动伙伴组织、日本和太平洋岛国首脑峰会、低排放发展战略全球伙伴关系、纽约森林宣言、G20 化石能源补贴政策改革倡议、主要经济体论坛和气候减缓，测量、报告与核实国际伙伴关系。

这一组气候俱乐部的有关产品供给与配置的规则普遍不明确,成员国较难明确自己的行为是符合还是违背相关要求。比如,全球生物能源伙伴关系(GBEP)的白皮书和参考条款、国际氢能经济和燃料电池伙伴计划的"参考条款"和《纽约森林宣言》的"自愿行动议程指南"都只是就基本的原则性问题做了说明,至于俱乐部筹集、配置资源的行为以及成员国单独或集体应采取、可采取的行动和行动方式,这些文件在措辞与内容设计上都过于灵活。此外,除了全球生物能源伙伴关系以外,这些俱乐部的产品要么排他性过强,限制了俱乐部规模的扩大,如国际氢能经济和燃料电池伙伴计划;要么公共属性太强,成员国很难对获益产生明确的预期,如低排放发展战略全球伙伴关系。主要经济体论坛的作用与影响不足,在很大程度上也是因为缺乏明确的行动规划。

G20化石能源补贴政策改革倡议由于行动要求不明确,在产品(主要是保险投资)供给与分配过程中,G7成员国、利益相关方的解读余地都很大。自愿汇报机制、中美同行审议以"共同但有区别的改革"为主要目标,兼容不同国家各异的改革出发点、化石能源补贴定义及范围,结果只是彰显了区别,未能提供明确的行动收益预期,也未能针对成员国差异化的需求设计出差异化的产品样式、产品供给方式,也就缺乏选择激励。① 此外,由于的中间

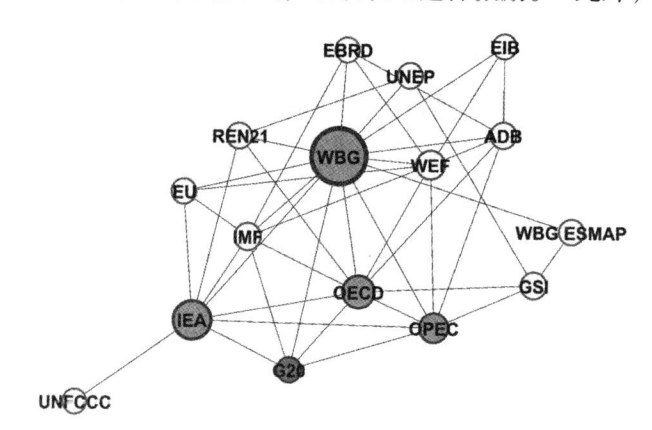

**图31 G20低效化石能源补贴政策改革计划的网络中间性中心度**

资料来源:作者自制。

---

① 刘爽、胡敏:《G20亮点:中美化石能源补贴同行审议》,2016年5月19日,https://www.chinadialogue.net/article/show/single/ch/8932-US-and-China-ready-peer-reviews-of-fossil-fuel-subsidies。(上网时间:2018年1月31日)

性中心度特别低，G20 FFSR 从机制网络中获得的实际支助也很少，除了四大国际机构的研究性报告与政策建议以外，几乎没有别的实际行动支助。

这一类型中，除全球生物能源伙伴关系以外，其他的气候俱乐部的网络镶嵌程度也整体偏低，强连带对象在资源力、国际影响力等方面也比较弱。全球生物能源伙伴关系是 2005 年根据 G8+5 会议结果发起的国际倡议，每年都向 G8 汇报工作，并不断得到 G8 的强化授权和政治支持。2013 年，G20 也正式表达了对全球生物能源伙伴关系的支持。全球生物能源伙伴关系在工作目标方面与 UNFCCC 大体是一致的，并且十分注意与国际贸易体制、国际贸易谈判走向保持一致，在开展工作的过程中则重视与其他气候俱乐部、伙伴关系和国际倡议合作，比如 21 世纪可再生能源政策网络、可再生能源与能效伙伴关系、国际可再生能源机构、全球甲烷行动计划。

主要经济体论坛及其前身（2007 年美国发起的主要经济体会议，Major Economies Meeting，MEM）甚至还被认为与 UNFCCC 部分相悖[1]。这种悖离其实隐含着政治动机，这也是当年欧盟、77 国集团抵制主要经济体会议的原因。[2] 有学者认为，主要经济体会议的这种特征也是全球气候治理架体制露具备冲突性碎片化属性的佐证之一，需妥当处理。

---

[1] Heleende Coninck, Carolyn Fischerc, Richard G. Newella, Takahiro Ueno, "International Technology-Oriented Agreements to Address Climate Change," Energy Policy, Vol. 36, Issue 1, 2007, pp. 335 – 356.

[2] 参见德国环境部长的发言，"EU Threatens to Boycott US Climate Talks," http：//www.spiegel.de/international/world/discord-at-bali-climate-conference-eu-threatens-to-boycott-us-climate-talks-a-523211.html。（上网时间：2017 年 1 月 15 日）

# 总结　本书的研究结论及启示

本书以气候俱乐部为研究对象，并聚焦于气候俱乐部的有效性问题，尝试对所有气候俱乐部的有效性做统一评价和理论性解释。

在有关全球气候变暖这问题的国际政治场域中，"空谈"是一个更为普遍而严重的问题，政客们做出大量的大胆承诺，却极少付诸实践、兑现承诺，所以一切与气候变化议题相关机制的首要目标和基本功能就是确保各国在承诺之余尽早、尽可能多地展开具体的、可观测的、可评估的结果导向的气候行动。[①] 有鉴于此，本书在第二章选取目标行为体行为调整的程度为评价气候俱乐部有效性的指标，并对现有113个气候俱乐部中101个可评估的俱乐部和业已停止的3个俱乐部的有效性进行了统一评估。在此基础上，第三章首先提出有关气候俱乐部有效性关键影响因素的基本假设，并搭建了解释气候俱乐部有效性差异的逻辑框架，然后用既有气候俱乐部的完整数据和个别案例对基本假设进行了验证。

本章首先对前文的研究进行总结、反思，尝试分析明确的产品规则、深度的网络镶嵌与气候俱乐部有效性相关性得以建立的原因；然后，根据本论证的因果关系，就提高气候俱乐部的有效性做出一些思考；最后，简要总结本书研究对于中国参与气候俱乐部合作的启示。

## 一、气候俱乐部的有效性

根据本书的统计评估，可进行有效性评估的101个气候俱乐部中，68个

---

[①] David G. Victor, "Global Warming Gridlock: Creating More Effective Strategies for Protecting the Planet", Cambridge: Cambridge University Press, 2011, p.238.

(67.34%)有效、19 个（18.81%）比较有效，这说明气候俱乐部作为一类国际气候合作机制、一种新的气候治理模式，总体来说符合既有研究和政策主张者的期待。相较 UNFCCC 体制而言，气候俱乐部规模更小，组织和行为模式更强调自愿性、适当性、灵活性，更能适应复杂多变而又互相依赖的国家间讨价还价，更容易将特定的收益以明确而又有针对性的方式提供给成员国，鼓励并促使它们保持或强化合作。也就是说，在速度、效果、效率、参与度等方面，气候俱乐部有明显的独特优势。此外，很多气候俱乐部在实践过程中还体现出构建、利用网络化伙伴关系，使用"同心小组"式的多轨道执行模式，寻求多样性的自我定位以发挥比较优势的特点，不仅对气候治理的物质性资源、社会资本进行有效筹措、最佳配置，支持、提高了成员国的行动与合作，而且扩大了气候俱乐部对全球治理的影响，鼓励更多的行为体协同行动。简言之，气候俱乐部不仅在谈判、治理实效方面表现良好，在推动试验式治理、社会学习、分板块塑造共识和行动力方面卓有成效。

具体而言，本书论证的部门导向执行类俱乐部普遍比较有效，同时涉及几个议题并在它们之间建立强关联性和转换性的俱乐部的有效性则更为突出。这符合既有气候俱乐部研究的一般结论。另外，还有两点发现应特别指出。

第一，本书论证的重要论坛型气候俱乐部中，清洁能源部长会议有效、G7/8 和国际能源效率合作伙伴关系比较有效、G20 比较低效、能源与气候问题主要经济体论坛则属于低效。清洁能源部长会议及其"子"俱乐部不仅推动成员国在所涉的管制性、非管制性政策领域和产品市场领域调整措施，采用新技术新标准，还动员许多跨国公司、社会组织参与进来；G7/8 和国际能源效率合作伙伴关系虽然在国际影响力、吸引新成员参与方面表现得更为突出，但就内部维度而言，对于俱乐部成员的行为规范、认知、政策导向、相互间经验与政策交流的频率和质量等都产生了积极的影响。这说明一个问题：论坛型气候俱乐部的内部执行力通常不被看好，但这种结论有待深入分析考证；论坛型气候俱乐部若能下设"子"俱乐部，并在"子"俱乐部框架下开展具体行动，应该会比较有效。

第二，一般认为，技术、能源政策与项目导向的气候俱乐部比其他议题导向的气候俱乐部更有效，但本书显示的结果并非完全如此。

在本书论证的 11 个有效气候俱乐部中，只有 5 个俱乐部的核心职能是协调技术、能源政策，开展相关项目，即国际能源署能源技术合作项目、碳收集领导人论坛）、清洁能源部长会议、G7 在非洲推广可再生能源倡议、可再生能源与能效伙伴关系。剩下的 6 个气候俱乐部则以森林治理、其他气候污染物减排、智慧农业与气候风险管控、信息与政策沟通交流为主要目标和核心议题，依次是刚果盆地森林伙伴计划、挪威国际气候与森林倡议、减少短期气候污染物气候与清洁空气联盟、全球甲烷行动计划、G20 农业风险管控平台、21 世纪可再生能源政策网络。它们不仅很好地落实了俱乐部层面的既定目标，在影响、调整目标行为体（各国中央政府、地方政府、地方社区、商界企业界等利益相关方）的具体行为方面也是卓有成效的。相反，一些技术、能源领域的俱乐部则不太有效。比如，G20 能源可及性计划、G20 推广可再生能源开发工具计划内部效力较低，未能实现既定要求、推动成员国调整政策；国际氢经济和燃料电池伙伴计划、全球生物能源伙伴关系外部影响力有限，未能引起重要的目标伙伴国、非成员国采取协调性的行动；G20 化石能源补贴政策改革倡议则未能对俱乐部成员国、成员国以外的行为体产生实质性影响。

未来，气候俱乐部还有可能更充分地发挥潜力，在全球气候治理中扮演更重要的角色，这大体可以从两个方面看出来：一是 2015 年巴黎气候大会以后新建的气候俱乐部发展现状；二是美国退出《巴黎协定》后气候俱乐部的整体发展状况。

第一，就 2015 年巴黎气候大会以后新建的气候俱乐部而言，虽然它们的相关资料不足，难以对其有效性、俱乐部规则的明确性、网络镶嵌程度密切程度做统一的完整评估，但可以确定的一点是，国际太阳能联盟、巴统绿色经济倡议、国际零排放汽车联盟、创新使命等新成立的气候俱乐部发展得比较快。比如，创新使命自 2015 年底发起成立以来已经启动了 7 个子项目，且都运行平稳；国际太阳能联盟在短短一两年时间里已经顺利完成了三期目标[1]；在国际零排放汽车联盟（ZEV Allianc）框架下，丹麦等成员国政府已经开始与利益相关方合作或采用市场手段兑现承诺[2]；自瑞士等联合国欧洲经济委员会（United Nations Economic Commission for Europe，UNECE）国家在 2016 年 6 月的第八届欧洲部长级环境会议上发起巴统绿色经济倡议以来，截至 2017 年 11 月 27 日，已有 30 个国家和组织按要求提交了 100 多份政策和行动

---

[1] International Solar Alliance，http：//www.isolaralliance.org/Programmes.aspx.（上网时间：2018 年 1 月 31 日）

[2] 参见 ZEV Alliance 2017 年年会总结，http：//www.zevalliance.org/wp-content/uploads/2017/06/ZEValliance-Assembly-19May2017.pdf。（上网时间：2018 年 1 月 31 日）

承诺，2017年11月3日乌克兰正式表达了加入该倡议的意愿。①

第二，就2017年美国退出《巴黎协定》后气候俱乐部的总体发展状况而言，美国此举对于气候俱乐部总的政治氛围造成一定的负面影响，尤其体现在论坛型气候机制的谈判进程和工作氛围中。② 此外，美国退协却产生了反向的刺激作用，使气候俱乐部强化行动的意愿更加强烈，比如G7中剩余6国和欧盟都明确反对美国退协③，并共同重申了有关尽速执行《巴黎协定》的坚定承诺④，法国、德国、欧盟、英国、意大利、加拿大还在IPCC资金、气候科学研究基金、发展中国家帮扶资助金、气候适应资金等方面做出新的承诺，有可能弥补美国退协所造成的气候资金空缺。⑤ G20也出台了《汉堡更新：推

---

① "Kazakhstan-Establish International Center for Green Technology and Investment", Green Growth Knowledge Platform, https://www.greengrowthknowledge.org/big-e/kazakhstan-establish-international-center-green-technology-and-investment; "Ukraine announced its intention to join the Batumi Initiative on Green Economy," UNRINFORM, https://www.ukrinform.net/rubric-economy/2339473-ukraine-plans-to-join-batumi-initiative-on-green-economy.html.（上网时间：2018年1月31日）

② "U. S. Refuses to Join G7 Climate Change Declaration", Inside Climate News, June 12, 2017, https://insideclimatenews.org/news/12062017/g7-scott-pruitt-climate-change-paris-agreement-international-relations; "Trump policy haze wrong-foots allies ahead of G7 summit", Politico, May 24, 2017, https://www.politico.eu/article/donald-trump-hazy-views-confuse-allies-g7-summit-nato/; "G7 leaders blame US for failure to reach climate change agreement in unusually frank statement", Independent, May 27, 2017, http://www.independent.co.uk/news/world/americas/us-politics/trump-g7-summit-latest-climate-change-consensus-paris-agreement-angela-merkel-a7759231.html.（上网时间：2018年1月31日）

③ The Ferderal Government of German, "Statement on the United States of America's announcement to withdraw from the Paris Agreement on climate change", https://www.bundesregierung.de/breg-en/issues/sustainability/statement-on-the-united-states-of-america-s-announcement-to-withdraw-from-the-paris-agreement-on-climate-change-439328.（上网时间：2018年1月31日）

④ 参见G7意大利峰会最后公报，G7, "G7 Taormina Leaders' Communiqué", May 27, 2017, http://www.g8.utoronto.ca/summit/2017taormina/communique.html。（上网时间：2018年1月31日）

⑤ 相关情况参见，"French president's climate talent search nabs 18 foreign scientists," Science, December 11, 2017, http://www.sciencemag.org/news/2017/12/french-president-s-climate-talent-search-nabs-18-foreign-scientists;《法国巴黎再开气候峰会 马克龙期待新活力》，人民网，2017年12月13日 http://world.people.com.cn/n1/2017/1213/c1002-29704139.html; "France, Germany urge more action on climate after Trump quits", REUTERS, November 16. 2017, https://www.reuters.com/article/climatechange-accord-idINKBN1DF2O2; Government of Canada, "Canada's climate finance Initiatives and Programs", https://climate-change.canada.ca/finance/; "Canada doubles contribution to UN climate science panel", Climate Home News, September 11, 2017, http://www.climatechangenews.com/2017/09/11/canada-doubles-contribution-un-climate-science-panel/; "Concrete Climate Action Commitments at COP23", UNFCCC, November 17, 2017, https://cop23.unfccc.int/news/concrete-climate-action-commitments-at-cop23; "Climate Finance Institutional Update: Adaptation Finance in the Spotlight", IISD, December 12, 2017, http://sdg.iisd.org/news/climate-finance-institutional-update-adaptation-finance-in-the-spotlight/。（上网时间：2018年1月31日）

进 G20 关于 2030 年可持续发展议程的行动计划》（Hamburg Update: Taking Forward the G20 Action Plan on the 2030 Agenda for Sustainable Development）和《G20 促进增长的气候和能源行动计划》（G20 Hamburg Climate and Energy Action Plan for Growth），旨在于《巴黎协定》和 2030 年可持续发展议程的基础上强化气候行动。[①] 而执行类气候俱乐部，虽然很多都由美国倡导发起，但它们在成立以后有相对独立的运行机制和规制化的资金来源，受美国退协的影响不太大，比如全球甲烷行动计划、气候与清洁空气联盟、清洁能源部长会议、创新使命。美国相关部门的代表也尚未完全退出这些俱乐部的工作。[②] 非美国发起的机制则反而有所强化，比如国家自主贡献伙伴关系。2017 年 11 月 15 日，发展中国家和发达国家共同成立了该俱乐部，以期推动《巴黎协定》和可持续发展目标的实现。它旨在帮助各国实现其国家气候承诺，尽可能高效地提供财政和技术援助，以提升各国在应对气候变化方面的合作水平，帮助发展中国家通过更有效的渠道获取资金支持，履行国家自主贡献，应对气候变化和实现可持续发展目标。[③]

本书证实了气候俱乐部具备的突出优势和巨大潜力，也发现了气候俱乐部在调整目标行为体方面存在的一些不足。这就要求相关研究关注本书提出的两项有效性影响因素，并从这些方面入手，对气候俱乐部做一些调整、改良。

## 二、俱乐部产品规则、外部网络关系与气候俱乐部有效性的相关性

根据前文的分析，气候俱乐部的合作模式是自下而上的，其快速发展的

---

① 相关信息参见，Germanwatch, "The Hamburg G20 Summit Outcome on Climate and Energy", July 10, 2017, http://germanwatch.org/en/14098; IGES, "Implications of the 2017 G20 Summit in Hamburg, Germany, for Climate Change, Green Finance and Sustainable Development Goals", July, 2017, https://pub.iges.or.jp/pub/implications-2017-g20-summit-hamburg-germany; G20, "G20 Hamburg Climate and Energy Action Plan for Growth", 2017, https://www.mofa.go.jp/files/000272306.pdf.（上网时间：2018 年 1 月 31 日）

② 相关信息参见，Global Methane Initiative, "Global Methane Forum Agenda (Draft), April 16–18, 2018, Toronto, Canada," https://www.globalmethane.org/GMF2018/agenda.html; "2018 Global Methane Forum Planning Discussion Paper", 2018, https://www.globalmethane.org/documents/events_steer_480_2017Dec8_GMF_planning_discussionpaper.pdf; CEM 8th Meeting, https://cleanenergyministerial.org/events-cem/clean-energy-ministerial-8-cem8.（上网时间：2018 年 1 月 31 日）

③ 相关信息参见，NDC Partnership 官网，https://ndcpartnership.org/members。

背景是全球气候治理体系的网络化转型，所以一些传统意义上对国际制度、国际合作有效性影响重大的内生变量在气候俱乐部中的影响似乎就没有那么关键，这里可以列举三个此类变量。

第一，国家能力。气候俱乐部都是在一定基础上提出倡议的：一方面，各国在相关政策领域已经有一些边做边学的经验；另一方面，在国际组织和专门性机构的努力和支持下，成员国对可行的方法、可实现的目标都有相对明确的认知。所以，各成员国"有条件的承诺"基础上提出的俱乐部初始目标大体是各国稍微努力一下就能够到的目标，国家能力是大是小也就显得不那么重要了。从这个意义上讲，气候俱乐部框架下的"遵约"似乎有一定的自证嫌疑。

第二，与第一点相应的，正式的履约与评估机制存在与否也不是气候俱乐部有效性的关键影响因素。比如，G20 低效化石能源补贴政策改革计划和 G20 于 2010 年发起的多年期行动计划框架下能源基础设施投资行动计划都设置了正式的履约与评估机制，但这两个行动都失败了。2013 年，G20 发展工作组自己评价能演基础设施投资计划"脱轨"（Off-track）。[①]

第三，国际领导力。气候俱乐部框架下的执行过程往往是分散的，只在两个语境下强调"集中"：一是分享经验以降低社会学习和"试错"成本的时候；二是为了凸显气候俱乐部整体的国际领导力和模范作用，要求成员国的行动产生一定的聚合效果，以吸引更多的国家参与集体行动时。既然成员国仍然是各做各的，又没有强制性、惩罚性的监督评估机制，气候俱乐部反而为各国提供了交流、学习的平台，解决了各国单独难以解决的问题，因而就更不需要哪个国家付出额外的成本来扮演公共产品的贡献者角色了。值得注意的是，气候俱乐部框架下"牵头国"这个角色反复出现，比如 G20、国际能源效率合作伙伴关系、气候与清洁空气联盟、清洁能源部长会议、国际能源署能源技术合作项目把综合性的行动框架分解成问题导向的具体行动小组，每个小组有一两个负责协调的国家（Leading Country），这种角色与传统国际政治经济学意义上的"领导国家"不同，更多的是在组织与行动方面

---

[①] 根据 2010 年 MYAP 的相关要求，G20 的确建立起了主司机构——发展工作组，和专门处理基础设施投资意义的高级别小组。2011 年，MDBs 也应要求提交了相关报告。在多边开发银行与高级别小组的共同努力下也遴选出 G20 将支持的 11 个落地项目，其中有三项是针对撒哈拉以南非洲的能源可及性。G20 2011 峰会也宣布支持这 11 个项目，要求 MDB 与涉及的国家、机制展开切实合作，执行这项决定。但没有后文。两种可能，G20 和 MDB 与这些项目的执行机制没有建立起很强的联系；钱不够。这两种情况都会导致工作无法展开。

"牵头",而不是提供国际公共产品。这种角色到底能起到多大的示范、推动作用,有待进一步分析,但至少领导力和权力结构不是影响气候俱乐部有效性的关键自变量。

相反地,行为规则、产品供给与分配、网络关系等"国际政治"属性较弱的因素反而更为重要。

(一)产品规则、网络关系对气候俱乐部有效性的影响

本书的基本假设是:

基本假设1:关于产品供给与分配的规则越明确,气候俱乐部越有效。

衍生假设1.1:关于产品供给规则的解读余地越小,气候俱乐部越有效。

衍生假设1.2:排他性产品(俱乐部产品、私人产品)占气候俱乐部联产品(公共产品、俱乐部产品、私人产品)比重越高,产品分配的定向性/针对性越强,气候俱乐部越有效。

基本假设2:气候俱乐部的网络镶嵌程度越高,气候俱乐部越有效。

衍生假设2.1:如果机制网络中存在与气候俱乐部有强连带关系的重要机制,气候俱乐部会更有效

衍生假设2.2:相对中间性中心度越高,气候俱乐部越有效。

根据第三章的分析,上述假设基本成立。论证结果还说明,就两个自变量的相对重要性而言,产品规则的明确程度比网络镶嵌程度更为关键。

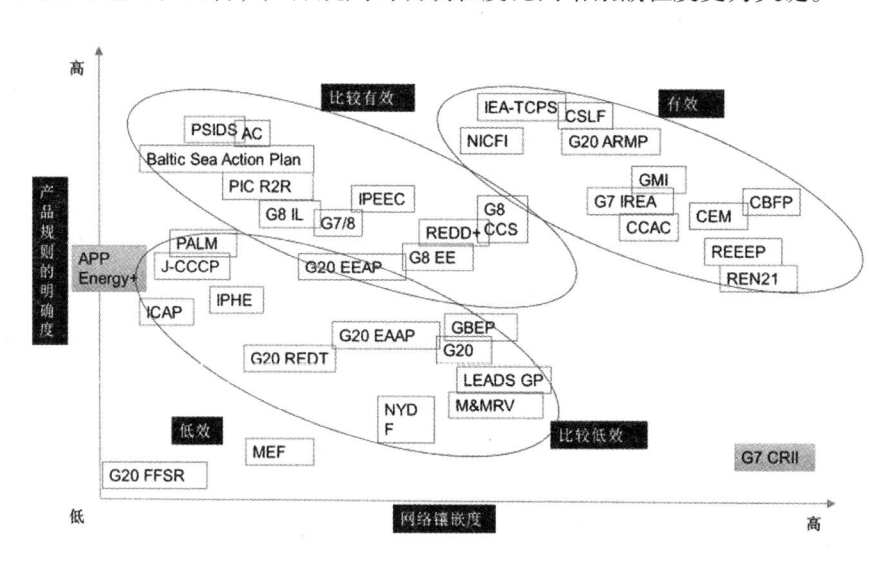

图32 本书论证结果及案例的分布

资料来源:作者自制。

不过，存在三个与众不同的案例——G7气候风险保险计划、亚太清洁发展与气候变化伙伴关系、国际能源与气候行动。G7 CRII的网络镶嵌度很高，潜在的社会资本比较充分，但缺乏关于俱乐部产品（主要是气候保险资金）供给与配置的明确安排，因此难以撬动资源杠杆、挖掘其社会资本的潜力，导致俱乐部产品匮乏、无以分配，所以低效。2017年底，该气候风险保险计划正式为G20"气候与灾害风险金融和保险解决方案全球伙伴关系"（Global Partnership for Climate and Disaster Risk Finance and Insurance Solutions）所继承和替代。[①] 与G7气候风险保险计划相反，亚太清洁发展与气候变化伙伴关系和国际能源与气候行动关于俱乐部的产品规则很明确，但未能处理好与关键的外部机制之间的关系，因而终止。这说明，气候俱乐部产品规则的明确性和外部网络镶嵌的程度存在一个下限，要使气候俱乐部有效，应该至少确保其产品规则明确性和外部网络镶嵌程度同时居于这个底线之上。

（二）产品规则与气候俱乐部有效性相关性产生的原因

因气候俱乐部由"少数国家发起"，这些聚集在一起的少数国家不仅拥有明确的共同意愿，完全出于自愿参与俱乐部，并且对有限的合作目标有较强的共识，能明确预期到采取行动的成本效率较高，会获得显著的收益，所以气候俱乐部框架下实现合作的条件、各国的主观意愿是比较充足的。关键在于，国家是个体理性，个体理性的行为体在缺乏统一行动规则情况下采取共同的行动可能得不到最优结果。这就需要一套明确的规则来指导这些单个的理性行为体向共同的方向努力。

此外，气候俱乐部的合作模式可以和各种气候政策相结合，比如研发、信息、管制、市场，从而创造出俱乐部产品，在成员国单独行动（领导国牵头或各国承担私人化的成本）、联合行动、互惠行动的基础上，通过规模经济效应、网络/系统效应等创造成员国在俱乐部之外单边行动所难以产出的成果、红利。同一种类型的产品以不同的形式供给、分配，也就具备了不同的属性。比如，最佳做法和经验分享、专家培训等，可以以完全公开、免费的报告形式发布，可以通过俱乐部下设的工作组、合作中心提供，也可以由俱乐部特邀专家、工作组应成员国要求做出。第一种是完全的公共产品，一般涉及公共政策、执行措施与工具包等；第二种是具有一定排他性的俱乐部产

---

① 详情参见，InsuResiliance, "Background and mandate of Insuresiliance Global Partnership", https://www.insuresilience.org/about/。（上网时间：2018年1月31日）

品，可能涉及知识产权与核心技术；第三种是一对一的私人产品，针对性很强，完全是为了对象成员国量身打造。由于这些搭配的组合模式多样化、选择范围比较广，缺乏明确的搭配、选择标准，或通畅的信息沟通，灵活性所带来的可能就不是效率，而是混乱。从这个角度讲，明确的产品供给与配置规则也是十分关键的。

换言之，只要俱乐部搞清楚如何采取单独/集体新行动，如何筹集共享的或有针对性的俱乐部资源，如何将所获的收益兑现、分配给各国，它们就能按图索骥、按部就班地行动，坐享收益。

进而，气候俱乐部如果只是提供俱乐部产品、私人产品，产品的供给来源可能不足、产品可能难以物尽其用，那么俱乐部对非成员的吸引力、对国际合作整体局势的影响也将有限。亚太清洁发展与气候变化伙伴关系就是因为排他性太强，2011年终止。如果只是提供公共产品，对于目标行为体提供的选择激励又会不足，所以气候俱乐部不仅要以定向式地生产、配置俱乐部产品、私人产品为主要功能，还要附带创造出一些非排他性的公共产品，优化"联产品"（Joint Products）的结构。

（三）网络关系与气候俱乐部有效性相关性产生的原因

气候俱乐部创造的俱乐部产品在形式和内涵上不仅是具有拥挤效应的排他性产品，还包括受益面更广、且随着俱乐部规模扩大而不断增长的公共产品。有时，即便存在搭便车的非成员国，俱乐部合作的稳定性也不受损害。这意味着，除了排他性收益，由议题关联、机制关联、网络效应产生的旁支付也能创造大量的行动激励。

这主要是因为，气候俱乐部都是在一个机制之间相互关联、关系得到维系、社会资本与行动资源不断流动的机制网络之中运作、行动，开展气候变化的实验治理。俱乐部生产排他性产品、公共产品都需要借助关系的纽带以及关系网络中孕育的社会资本，并通过外溢效应影响到非俱乐部成员和其他国际机制。而机制间的良性互动有助于构建网络关系、创造信任等社会资源。[1]

进而，气候俱乐部与其他相关机制间的关系往往是围绕具体的问题成批量构建、呈网状维系的，所以即便是同一个气候俱乐部，自我网络的状况因

---

[1] Phillip M. Hannam, Vítor V. Vasconcelos, Simon A. Levin, Jorge M. Pacheco, "Incomplete cooperation and co-benefits: Deepening climate cooperation with a proliferation of small agreements," Climatic Change, Volume 144, Issue 1, 2015, pp. 65 – 79.

所针对的问题而异。在这些由气候机制构成的自我网络中,气候俱乐部作为中心,不仅可以充分调动各个节点,利用纽带关系所承载的社会资本和物质资源,还可以决定这些关系、资本、资源发挥作用的方式和流动的路径。而自我网络的网络特征(节点数、平均度、网络密度),以及气候俱乐部在该网络中的地位(中间性中心度、中心度排名)既受气候俱乐部实践模式的影响,也反过来影响气候俱乐部行动的有效性。

简言之,是深深植根于实践过程中的互动、镶嵌在多元行为体社会网络中的关系决定了气候俱乐部在不同问题领域、具体治理项目中的主动性和资源力,进而从主观、客观两个方面决定了气候俱乐部的实际表现。

需要注意的是,气候俱乐部虽作为新型气候治理体系的一块基石而日益受到重视,它与UNFCCC等全球气候机制间的关系也影响到它的最终效果[①],而事实上,气候俱乐部的设置有时并不贴合全球机制的规范性要求。比如CEM和国际可再生能源会议(International Renewable Energy Conference)在功能、运作模式和成员国上都有重叠,有时会相互掣肘。出现这种情况的原因在于,美、德两国在分别发起这两项国际倡议时,为了塑造国际形象、强化国际领导地位,主要考虑政治机会而忽视了当时的能源治理制度格局。

(四)进一步研究的可能性

本书在用社会网络分析的方法分析气候俱乐部这种自下而上国际合作的过程中发现一些问题,觉得有进一步探索、提升的空间。到目前为止,学界对于环境、气候机制在机制网络中节点度、中心度等属性的测量主要是基于"共同成员资格",即某个行为体与其他行为体都参与同一机制,根本标准还是明文确定的制度的明确成员国。但机制的互动过程是跨层次互动,而非在单一层次上的互动,这就要求在研究"外部镶嵌"的同时也分析"内部镶嵌"。

一方面,目前的研究多分析"外部镶嵌",即行为体(个人、组织等)在与其它类似行为体(另一些人、另一些组织)共同构成的网络中的相对位置、互动关系,这对气候俱乐部同样适用。虽然社会网络分析区别于传统的国际关系研究视角,对政府间正式合作的重视有所下降,但在其分析框架下,政府并没有"丧失"传统功能与角色,在特定的气候问题治理领域,面对其

---

① Oscar Widerberg, Daniel E. Stenson, "Climate Clubs and the UNFCCC: Complement, Bypass or Conflict?" FORES Study, 2013.

他机制构成的治理网络，政府组成的气候俱乐部有不同的策略选择——支持、参与、授权、合作或者旁观。这样，气候俱乐部的针对某个气候问题的行动倡议可被视作该问题领域全球治理网络中的节点，其相对位置、与其他机制的关系影响到行动倡议本身的开展进程和最终效果。

另一方面，气候俱乐部本质上只是松散的国家间非正式合作安排，其行动效力很大程度上取决于各成员国的是否采取行动、如何行动，以及这些行动与气候俱乐部相关安排的关系。气候俱乐部几乎每一项倡议都强调自愿性和最小规模，成员国可以选择作为或不作为。所以，需要拓展"镶嵌"的维度——对"内部镶嵌"进行分析，即气候俱乐部作为一个成员国构成的网络，各成员国在其中的相对位置、互动关系、与网络的关系。可将气候俱乐部的各项倡议本身视为一个针对特定气候问题的行动网络，采取行动的成员国为节点。网络的密度与中心势意味着该项倡议的在多大程度为成员国所认可和接受，反过来又会影响成员国的主动性和资源力，最终间接影响到倡议执行的聚合性效果。

此外，气候俱乐部承担的具体功能千差万别，有时是筹集、配置资金和资源，有时是推动试验式治理和社会学习，这给出的提示是，"网络只是管道"，管道的结构固然重要，管道内流动的内容也不可忽略。目前运用社会网络分析国际关系、国际治理的文献较少结合具体的资源分配、地方性知识分析。分析气候治理网络对气候俱乐部执行具体行动时"资源力"的影响可能是下一步研究的一项议程。

## 三、提高气候俱乐部有效性的直接途径：俱乐部设计

从直接成因的角度看，俱乐部规则、产品供给与配置的模式与状态，气候俱乐部在机制网络中关系与镶嵌度都是机制设计的结果。而两者只有共同、均衡地作用于气候俱乐部的参与结构，才能使气候俱乐部比较稳定地保持在有效状态。

（一）产品供给与配置规则

根据本书的理论研究和案例分析，在供给、产出、配置、享用俱乐部产品的四个阶段中，每个阶段都有一些需要注意的问题。

在第一阶段，成员国承担成本、供给俱乐部产品的方式有很多种，应本着"可行""可落实"的原则妥善选择。备选项包括：发展某项气候友好型技术；牵头行动，针对有牵头国、领导国的俱乐部，发起成本或率先采取行

## 总结 本书的研究结论及启示

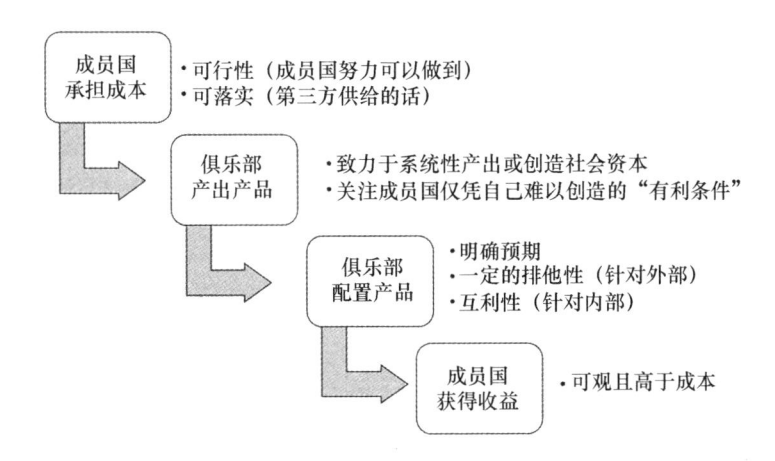

**图33 气候俱乐部产品供给与配置各阶段及其原则**

资料来源：作者自制。

动的风险；联合行动，如资金支持研发、分享信息（如成功经验、政策设计、最佳案例）、共同研发，或在能力建设方面相互支持；互惠行动，如技术转移，信息交换，人员交换，互相承认某些低碳、投资、贸易、补贴标准或产品认证程序、产品标签；各国承担相应的政策成本，比如支持可再生能源开发、部署、利用的官方目标与支持性政策；针对某些产品的比较严格的产品标准；淘汰低效化石能源补贴政策的时间表和补贴节省额；短期、中期、长期目标都有，核算方式、目标值与IPCC结论、UNFCCC要求一致，或高于其要求，并且有相应的行动计划、时间表。

在第二阶段，俱乐部应该根据成员国的具体情况，重视创造"有利条件"（Enabling Conditions），以增加系统性产出或社会资本，这能直接减少成本、间接提高收益，降低"谈判容易执行难"事务的执行难度。比如，REDD+、生物质能开发利用、减少黑碳等活动只能在部分国家进行。

俱乐部可以系统产出的产品有5种：（1）俱乐部聚集的专家、技术等相关信息。比如，可再生能源的储存、转化、配送/电网、市场设计，新技术的示范项目、共同标准、认证要求，人员培训或交流项目，公司之间关于商务、投资的伙伴关系，降低贸易和投资的壁垒，创新融资模型（比如为联合项目共同筹资、或独立的共同融资机制）。（2）稳定的信息、沟通机制以解决/避免信息不对称问题。（3）集体的互信、产权。（4）利益相关方或国际机制的支持。（5）贸易、市场方面的规模效应，比如碳市场俱乐部，有利于可再生能源发展或技术扩散的新市场或有利的贸易条件；只有"领跑者"产品可以享受的优惠市场、国际公共采购政策。

与此同时，还能结合成员国的政治、社会生态，提供一系列非气候、非经济性收益，包括：第一，能效、低碳技术、产品或服务方面的国际统一技术标准，一般与各国的认证项目相联系，能降低企业成本、拓宽市场、优化竞争，进而推动技术创新和扩散，间接增加经济收益。可以从风能、太阳能、智能电网等方面的技术开始，要注意处理与WTO的关系。第二，统一提高绿色产品的管制性标准，以推动竞争、拓宽市场，比如要求某些产品、工程必须使用特定的低碳、清洁、能效技术，并允许成员国政府对符合条件的产品、工程给予一定的政策支持或财政补贴。第三，联合开展可再生能源研发可以实现规模经济效益、挖掘潜在资源、分摊创新可能带来的风险与成本，通过分享经验和现有的案例增强研发能力。可以通过产权和保密机制、技术转移和管制措施确保俱乐部产品的排他性。第四，特定部门的联合研发、贸易、管制措施协调，比如离岸风能开发、太阳能电池板技术升级。统一确立以绩效为基准的监管标准、降低关税、削减贸易壁垒、共同减少国内补贴。第五，温室气体排放监测与汇报机制协调。第六，基于市场手段的减排机制。

在第三阶段，要重视通过信息、评审、会务机制为成员国提供稳定的获益预期。除了象征性收益以外，其他的收益主要有四种配置模式：（1）俱乐部拥有，成员国共同享受。比如绩效更高、更易购买的技术，更容易获得、更清洁的能源、撬动资源杠杆的共同资金/基金，为某些技术突破共同创造有利的条件，如储电、电网技术、下一代光伏技术、新的生物质材料；还可考虑建设合资企业、姊妹企业；联合/共同基金。（2）俱乐部拥有，部分成员可以享受，比如可以设立专门针对发展中成员国的基金。（3）俱乐部专门针对某类/某个成员量身打造。（4）成员互惠。

在第四阶段，可通过评审、媒体、年报、动员次国家行为体和利益相关方等方式，加深成员国、非成员国国内行为体对成员国获益的认知。比如，对技术、技术能力进步的认知；对技术、管理改善带来的直接产出的认知，如能效提高、可再生能源产量与消费量增加；对技术、管理改善带来的间接环境改善、经济创收的认知。

（二）镶嵌策略

从网络关系角度看，提高气候俱乐部有效性有两种策略。如果说G7推动非洲可再生能源发展倡议采取的是伙伴关系战略，尽可能广泛地建立联合行动战线，碳收集领导人论坛采取的就是占据结构洞战略。最重要的不是某个纽带的质量，而是不同的行为体或组成部分是如何被连接起来的。如果某个单个行为体在好几个网络中都有"人脉"，而这些网络基本上又是相互独立、互不影响的，那么这个行为体就可以享受最大的便利。由于这个行为体是连接这些网络的唯一纽带，它可能就是这些网络的"结构洞"。具体采用哪种策略，应参照俱乐部发起、改革时相关问题领域的全球机制网络发展状况。

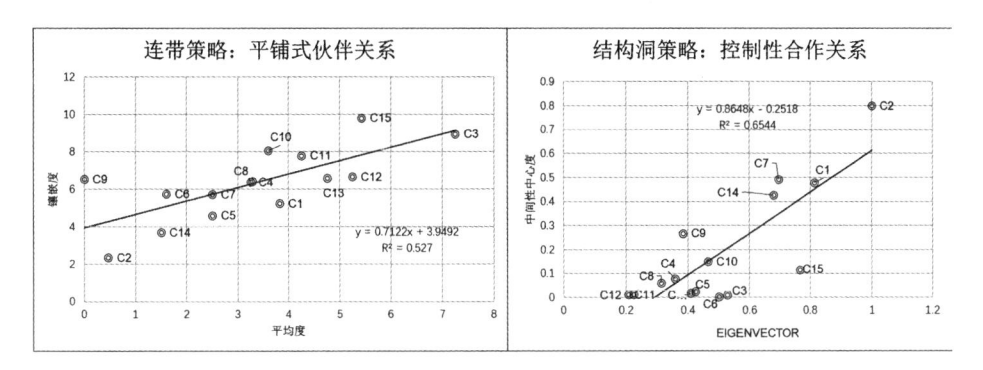

**图34　气候俱乐部的两种网络关系建构策略**

注：C1 - C12为案例编号，参见附件2。
资料来源：作者自制。

## （三）"灵活的参与几何 + 伙伴关系"

俱乐部规则与镶嵌策略的联结点是气候俱乐部的参与结构。根据前文的研究以及俱乐部规则、网络镶嵌的作用情况可见，气候俱乐部实际上有两种典型的参与结构：少数关键国家的组合；开放式的异质国家联合。俱乐部规则明确、产品结构定向性强的时候，气候俱乐部多为少数关键国家间的小集团；俱乐部伙伴多、在机制网络中的结构性镶嵌度高的时候，气候俱乐部多为开放式的异质国家联盟。

这两种模式都有合理性，但任何一种模式都不足以确保俱乐部合作的效用稳定。合作一直局限于少数国家之间是远远不够的，俱乐部自身的收益规模太小、对外可使用的杠杆太轻。所以，需要增加新成员以扩大影响力，并在吸纳新成员的时候注意影响、改变其偏好。随着俱乐部规模的扩大，经济规模增加，管理成本下降，信息资源可及性也应相应提高。但如果规模过大，利益格局过于分散，政策偏好过于多元，交易成本反而会提高，复杂性与不确定性也会相应增加。进而，具体包括哪些国家取决于俱乐部针对的具体问题是什么。如果俱乐部的核心目标是减排，成员就应该是主要的排放大国；

如果俱乐部的目标是强化气候治理的合法性,就应该吸纳气候脆弱国家和欠发达国家;如果目标是凝聚共识,提高国际行动的政治意愿,就应当识别具体问题领域的积极国家,联合之。

在传统的自上而下的国际合作中,"窄而深"模式和"宽而浅"模式相互之间存在张力、不可得兼。但在气候俱乐部这种新型的自下而上国际合作中,通过巧妙的设计和灵活的执行,可以实现这两种模式的互相补充、互相强化,关键在于设计"灵活的参与几何+伙伴关系"。

由于本质上采取的是"自下而上"和"非正式"的治理模式,气候俱乐部主要针对大致的合作方向与协调方式达成共识,而在兑现承诺的过程中,多邀请伙伴组织或专门授权某个专门性机制为代理人,与俱乐部内部特设小组合作展开调研、评估,协助明确、提升政策目标、完善行动计划、监督执行进展、对成员国提供支助。成员国可以根据本国国情和优先议程,选择加入某些小组、列席其他小组或不参与,在整体上构筑多轨道的执行板块、多样化的"参与几何"(Geometry of Participation)。这样,便将集中化的集体行动与分散化的自主实践有机结合起来。一方面,代理人协调开展的磋商、评议、监督过程有助于创造俱乐部产品和公共产品,凝聚政治意愿,提高集体行动有效性;另一方面,气候俱乐部行动框架下的每个行动小组都是"同心小组",一定程度上保障成员的行动意愿与积极性,降低了搭便车风险。不过,在选择伙伴或代理人的时候需要明确俱乐部自身需要的是什么,是资源、国际声望都很强大的国际组织,还是能够充分兼顾效率和灵活性的非正式国际机制。

比如,G20在选择国际能源效率合作伙伴关系作为自己的代理人机构时主要考虑到两点:它不是严格意义上的国际组织,面对不断变化能源形势和政策需求,它具备充分的回应性和灵活性、公开性,这可成为G20吸引非成员国参与行动的重要基础;国际能源效率合作伙伴关系的成员构成基本与G20重叠,并与其他国际机制有成型的合作关系。这样,G20能效行动计划的执行实际上是在第三方机制协调下以高度分散化的模式推行的。

在保持核心成员数量与构成的稳定的同时,可通过"俱乐部+X"的外联方式扩大参与、拓宽影响。但应注意两点:第一,初始成员最好是少数但拥有战略性杠杆的国家(Tipping Set of Countries),以俱乐部核心成员间"深度合作"稳定为前提,才能通过"外联参与"创造更多的公共产品。第二,激励机制的强度与成员规模应保持正相关,这样才能在合作的广度和深度之间实现平衡。俱乐部在不同发展阶段供给产品的方式、能力不同,所针对的国家也有所区别，最初一般针对边际气候损害、损失与减排边际成本相对正平衡的国家。减排成本相对低，或气候损害所致代价相对高的国家最有可能成为俱乐部的创始成员国。考虑到气候变化原因及影响的复杂性，俱乐部在设计俱乐部产品的收支结构时很注意衡量减排的附带效应，以及相关政策推动减排的潜力。俱乐部基本规模稳定后，更倾向于吸引边际气候损害、损失与减排边际成本大致相等，或相对负平衡的国家。很长一段时间内，俱乐部以中等水平的俱乐部产品供给为目标，在稳定现有成员结构的基础上适当吸纳新成员。当规模扩大到一定体量时，它创造非排他性公共产品的能力增强，这才具备实现普遍参与的能力。

## 四、研究启示

中国对气候俱乐部的态度经历了从怀疑到有限接触到积极参与的转变过程，但中国目前在气候俱乐部发挥的作用与其国际地位、战略需求存在差距。在重要的减排类气候俱乐部中，中国参与了31项，只在2项中充当牵头国（见附件3）。

总体看来，中国目前参与气候俱乐部的策略仍是具体需求导向的，而非总体战略导向的，前瞻性有待提高。在中国亟需政策经验、技术支持或需要逐渐开放给市民社会自组织治理的领域，中国参与比较积极，比如清洁能源部长会议、国际能源署能源技术合作项目、碳收集领导人论坛、全球甲烷行动计划、国际氢能经济和燃料电池伙伴计划、创新使命。从作风上讲，中国比较保守，主要选择在目前比较信赖的、历史比较悠久的气候俱乐部或"小多边"场合，并有控制地发挥大国作用，比如可再生能源与能效伙伴关系、G20、国际能源效率合作伙伴关系。中国通过气候俱乐部其实获益不少，突出体现于国际能源署能源技术合作项目、碳收集领导人论坛、清洁能源部长会议等俱乐部方面。

十八大以来，中国开始引导应对气候变化国际合作，成为全球生态文明建设的重要参与者、贡献者、引领者。中国要推动构建人类命运共同体，不仅要完成国家自主贡献，做好自己的事情，还需要通过多样化、小规模的务实合作，利用国际机制资源，动员更广泛的力量。气候俱乐部合作模式贴合中国国际合作的传统与特点，进一步推动镶嵌于气候机制关系网络中的俱乐部式合作可能是中国未来引领气候变化合作的一种有效方法。贴合主要体现在以下三个方面。

首先，作为一种新型、非传统的气候合作模式，气候俱乐部体现出非正式性、灵活性、谈判效率较高等特征，这主要是因为它重视各方的自主意愿、广泛参与、相互平等，强调合作的务实性。而中国在"一带一路"倡议等经济、国际合作设计中非常重视全方位、多层次、立体化，关切相关国家的需求、照顾其国情，习惯于从产业、基础设施、金融等具体领域做起，开放包容、互学互鉴、互利共赢地合作。这种包容而灵活的务实精神恰有助于激发俱乐部合作的灵活性、有效性。①

其次，气候俱乐部强调成员国、伙伴机制之间基于共识的自愿性、自主性，而非受制于成文规定以及责任分摊的义务性、约束性。在一个具体的气候俱乐部中，可能同时包括发达国家、新型发展中大国、欠发展的发展中小国、正式的国际组织、非正式的国际机制和市民社会团体。这使得参与方类属身份标签作用不断弱化，从而打破了国际合作中传统的发达国家—发展中国家之分，以及公—私之分，有助于更加公平、务实地解决问题，更好地处理欠发展地区与群体的诉求，建设更加公平、公正、广泛而有效的自下而上国际气候合作格局。这正是中国在实现构建人类命运共同体，促进全球治理变革目标过程中的必经之路。而中国在外交实践中向来奉行互利共赢和正确义利观，强调包容互惠、兼收并蓄，有助于将不同国家、不同行为体更融洽地黏合到俱乐部合作之中来。②

最后，气候俱乐部的实践特征还说明，合作生成与深化的动力不仅来源于行为体共同面临的问题、拥有的相似利益，更多的时候还在于各方推动全球治理、参与气候合作的规范性偏好与旨趣。行动激励不仅可以通过俱乐部内部的组织结构、政策机制设计获得，还可产生于俱乐部与其他国际机制的关系、以及这些关系所承载的社会资本，而这种关系、这些资本既可由现存的非气候合作拓展而来，也可及时地人为构建起来。中国在国际合作中不拘泥于短期的效用，而是重视关系的构建与维护，致力于构建多层次人文合作

---

① 习近平：《携手推进"一带一路"建设：在"一带一路"国际合作高峰论坛开幕式上的演讲》，新华网，2017 年 5 月 14 日，http：//news.xinhuanet.com/politics/2017-05/14/c_1120969677.htm。

② 习近平：《共同构建人类命运共同体——在联合国日内瓦总部的演讲》，参见中国共产党新闻网，2017 年 1 月 20 日，http：//cpc.people.com.cn/n1/2017/0120/c64094-29037658.html。王毅：《共建伙伴关系，共谋和平发展——在中国发展高层论坛年会上的午餐演讲》，参见外交部网站，2017 年 3 月 20 日，http：//www.fmprc.gov.cn/web/ziliao_674904/zyjh_674906/t1447084.shtml。（上网时间：2018 年 1 月 31 日）

机制，搭建更多合作平台，开辟更多合作渠道。① 这与中国社会的关系传统密切相关。若能将这种智慧运用于俱乐部的制度设计、实践进程之中，或许能更好地挖掘气候俱乐部的潜力。

表18 气候合作的理论与实践：中外对比

|  | 理论研究 | 合作实践 | 对气候治理的现实影响 |
| --- | --- | --- | --- |
| 西方 | 立足个体的物质主义<br>重利益 | 结果导向<br>重器物手段 | 国际合作的短期效用比较突出<br>方法措施的针对性很强 |
| 中国 | 立足整体的理念主义<br>重道义 | 过程导向<br>重关系养护 | 国际合作的长远基础相对牢固<br>灵活务实的同时兼顾公平正义 |

资料来源：作者自制。

气候俱乐部是一种低成本、高收益，又兼顾参与度、平等性的治理方式，也是有力推动国际气候合作，完善全球气候治理格局的切实可行方案。中国在借鉴、研究、运用它的过程中可参考国外气候俱乐部研究提供的几点启示，在充分挖掘气候俱乐部合作潜力，提高气候俱乐部整体有效性方面做出贡献。

第一，气候俱乐部研究的主要阵地在美国，这不仅仅是因为美国学者善于运用科学实证的方法和模型推演，更是美国气候政策需求所致。美国气候合作的实践与气候政策的研究关系密切，学术界的科研背后有较强的政策动力。这是中国气候政策研究过程中应当重视的问题。

第二，气候俱乐部策略应为中国所用，但用法与美国不同。在气候治理与合作方面，中国学界多气候政治、战略与政策研究，少国际机制研究、合作方案设计。考虑到气候俱乐部的效用和潜力，以及中国不断增强的参与、引导国际气候合作的意愿，应重视研究气候俱乐部的理论与实践。但中国建设、参与气候俱乐部的基本原则应与美国有三点不同。

首先，以坚持UNFCCC为全球气候治理唯一合法性来源为前提，以强化UNFCCC、履行《巴黎协定》为目标，支持、推广气候俱乐部的合作模式。在美国退出《巴黎协定》、英国退出欧盟导致全球气候治理前景不甚明朗②，

---

① 习近平：《携手推进"一带一路"建设：在"一带一路"国际合作高峰论坛开幕式上的演讲》。

② 董亮：《欧盟在巴黎气候进程中的领导力：局限性与不确定性》，《欧洲研究》2017年第3期，第74—92页。

《协定》履约内部风险仍存的背景下，中国可利用气候俱乐部，聚合少数"积极国家"或"志同道合"的"重要国家"，围绕或结合 NDCs 协调政策与行动，推动试验式治理，率先取得突破，再逐步扩大联合阵线。比如与欧盟、印度、南非、巴西组成"气候变化五国（方）俱乐部"[①]，或是借鉴英国藉由主办 2005 年 G8 峰会的机会成功推动 G8 转型为气候俱乐部的经验，在基础四国、金砖五国等平台上下功夫，推动将这些发展中大国的气候协调机制转型为新的气候俱乐部。

其次，在规则的设计过程中，更加重视气候俱乐部的提高参与、增进平等的功能，推动建设发展中国家自己的气候俱乐部。将俱乐部合作模式的研究与国别研究、国家集团研究结合起来，以议题、问题领域、行动方案为导向，在不同利益面上寻求不同的参与结构、合作结构和关系结构，推动发展中国家更好地合作处理气候变化相关诉求，将互惠共荣的发展与地方化的气候治理项目结合起来，构建富有生机、美美与共的多样化治理格局。

最后，在气候俱乐部建设、运行过程中贯彻中国独特的外交风格、合作习惯，发挥有别于美国的"引导"作用。关注气候俱乐部与金砖集团等发展中国家间国际机制、可持续发展目标（SDGs）等全球发展机制、东南亚国家联盟（ASEAN）等区域性机制间的具体关联，研究这种关系对俱乐部产品供给、分配的影响，配合中国当前的国际战略和发展战略，找准中国在气候俱乐部中的角色定位，发挥应有的作用。

第三，气候俱乐部有望成为多元行为体，各类气候机制之间的汇集、联结点，信息、资源流动的桥梁。俱乐部式合作不仅可以是中国参与、促进国际气候合作的有效办法，还有助于中国通过跨层次、多轨道的路径，配合、支持、协调、引领非国家行为体的多样化行动。为达此目的，需注意以下两个问题。

其一，在气候合作研究中，增加对跨国气候倡议的研究。随着机制之间相互交叉、重叠、嵌套程度的不断增加，各种国际机制、行动倡议对气候俱乐部的支持日益体现出全过程、多方位的属性，气候俱乐部决策过程、执行过程、评估与问责过程都出现"去中心化"和"非正式"特点。所以，深化、拓展研究巴黎大会以后迅速扩大的气候行动倡议版图，研究气候俱乐部与这些倡议、正式国际组织、非正式国际机制的相互关系和关系模式，有助

---

① 张海滨、戴瀚程、赖华夏等：《美国退出〈巴黎协定〉的原因、影响及中国的对策》，《气候变化研究进展》2017 年第 5 期，第 439—447 页。

于中国更有效地参与国际气候合作,更有针对性地推动俱乐部式合作。

其二,在气候合作实践中,重视各取所需的务实性共识。合作机制所针对的合作议题、目标应比较明确、具体,可以是某个经济部门、某个地区,或某种温室气体、某个排放源、某种减排或适应措施。若参与方同意,合作机制可以是约束性的,否则不需要。此外,面鼓励少数行为体达成部门性、地区性协议,并且行为体不限于国家,也可以是次国家政府、公司、非政府组织或国际组织。

# 参考文献

## 一、中文书籍

柴麒敏、高翔、徐华清：《"基础四国"：从哥本哈根到巴黎的气候之路》，中国计划出版社2016年版。

崔大鹏：《国际气候合作的政治经济学分析》，商务印书馆2005年版。

樊勇明等著：《区域国际公共产品与东亚合作》，上海人民出版社2014年版。

荷兰政府政策科学理事会，康磊、杨勇主译：《气候战略：理想与现实之间》，中国环境出版社2013年版。

林聚任：《社会网络分析：理论、方法与应用》，北京师范大学出版社2009年版。

罗家德：《社会网分析讲义》，社会科学文献出版社2010年版。

秦亚青：《实践与变革：中国参与国际体系进程研究》，世界知识出版社2016年版。

桑东莉：《气候变化与能源政策法律制度比较研究》，法律出版社2013年版。

世界银行，廖玫主译：《国际贸易与气候变化——经济、法律和制度分析》，高等教育出版社2010年版。

唐颖侠：《国际气候变化治理：制度与路径》，南开大学出版社2015年版。

孙振清：《全球气候变化谈判历程与焦点》，中国环境出版社2013年版。

田成川：《道生太极：中美气候变化战略比较》，人民出版社2017年版。

# 参考文献

魏一鸣、王兆华、唐葆君、廖华等主编：《气候变化智库：国外典型案例》，北京理工大学出版社 2016 年版。

吴静、王铮、朱潜挺、朱永彬、马晓哲：《应对气候变化的全球治理研究》，科学出版社 2016 年版。

原嫄、李国平、孙铁山：《全球气候变化下的国际经济格局与碳排放政策研究》，科学出版社 2016 年版。

张海滨：《环境与国际关系：全球环境问题的理性思考》，上海人民出版社 2008 年版。

张乾红：《气候变化适应制度研究》，上海社会科学院出版社 2012 年版。

朱杰进：《国际制度设计：理论模式与案例分析》，上海社会科学院出版社 2011 年版。

朱松丽、高翔：《从哥本哈根到巴黎：国际气候制度的变迁和发展》，清华大学出版社 2017 年版。

朱守先、庄贵阳：《气候变化的国际背景与条约》，科学技术文献出版社 2015 年版。

邹骥、傅莎、陈济、祁悦、王克：《论全球气候治理：构建人类发展路径创新的国际体制》，中国计划出版社 2015 年版。

［法］罗格·格斯奈里、［比］亨利·托尔肯斯，杨鞞鞞主译：《气候政策设计》，高等教育出版社 2011 年版。

［美］安德鲁·德斯勒、爱德华·帕尔森，李淑琴等译：《气候变化：科学还是政治》，中国环境科学出版社 2012 年版。

［美］奥兰·扬等主编，廖玫主译：《制度与环境变化——主要发现、应用及研究前沿》，高等教育出版社 2012 年版。

［美］戴维·诺克著，杨松译：《社会网络分析》，上海人民出版社 2015 年版。

［美］格瑞希拉·齐切尔尼斯基、克里斯坦·希尔瑞恩，李秀敏、史桂芬译：《拯救〈京都议定书〉》，经济科学出版社 2017 年版。

［美］罗伯特·基欧汉，苏长和、信强、何曜译：《霸权之后：世界政治经济中的合作与纷争》，上海世纪出版集团 2012 年版。

［美］约瑟夫·奈著，王吉美译：《权力大未来》，中信出版社 2012 年版。

［美］詹姆斯·R. 罗西瑙主编，张胜军、刘小林译：《没有政府的治理》，江西人民出版社 2001 年版。

［斯］莫汉·穆纳辛哈、［美］罗布·斯沃特，徐影等译，秦大河等校：

《气候变化与可持续发展入门教程》，气象出版社 2013 年版。

［英］戴维·赫尔德、安格斯·赫维、马丽卡·西罗斯主编，谢来辉等译：《气候变化的治理：科学、经济学、政治学与伦理学》，社会科学文献出版社 2012 年版。

［英］克里斯托弗·卢茨主编，徐凯译：《西方环境运动：地方、国家和全球向度》，山东大学出版社 2012 年版。

［英］理查德·S. J. 托尔，齐建国等译：《气候经济学：气候、气候变化与气候政策经济分析》，东北财经大学出版社 2016 年版。

［英］迈克尔·格拉布、让—夏尔·乌尔卡德、卡斯滕·努豪夫，刘哲等译，潘家华校：《星球经济学：能源、气候变化和可持续发展的三个领域》，东北财经大学出版社 2017 年版。

［英］尼古拉斯·斯特恩著，武锡申译：《地球安全愿景：治理气候变化，创造繁荣进步新时代》，社会科学文献出版社 2011 年版。

## 二、中文论文

薄燕："合作意愿与合作能力——一种分析中国参与全球气候变化治理的新框架"，《世界经济与政治》2013 年第 1 期。

曹德军、陈金丽："国际政治的关系网络理论：一项新的分析框架"，《欧洲研究》2011 年第 4 期。

陈冲、刘丰："国际关系的社会网络分析"，《国际政治科学》2009 年第 4 期。

董亮："欧盟在巴黎气候进程中的领导力：局限性与不确定性"，《欧洲研究》2017 年第 3 期。

高翔："《巴黎协定》与国际减缓气候变化合作模式的变迁"，《气候变化研究进展》2016 年第 12 期。

高尚涛："关系主义与中国学派"，《世界经济与政治》2010 年第 8 期。

胡王云、张海滨："国外学术界关于气候俱乐部的研究述评"，《中国地质大学学报（社会科学版）》2018 年第 3 期。

刘宏松："正式与非正式国际机制的概念辨析"，《欧洲研究》2009 年第 3 期。

刘笑阳："国家间共同利益：概念与机理"，《世界政治与经济》2017 年第 6 期，第 102 - 121 + 159 页。

卢静:"当前全球治理的制度困境及其改革",《外交评论》2014 年第 1 期。

毛维准:"'国际责任'概念再审视:一种类型学分析框架",《世界政治与经济》2016 年第 12 期。

牟初夫、王礼茂:"气候谈判集团的演化过程与演变趋势分析",《工程研究——跨学科视野中的工程》2015 年第 3 期。

庞中英:"效果不彰的多边主义和国际领导赤字——兼论中国在国际集体行动中的领导责任",《世界经济与政治》2010 年第 6 期。

秦亚青:"关系本位与过程建构:将中国理念植入国际关系理论",《中国社会科学》2009 年第 3 期页。

尚宏博、王华:"建立推动机制应对全球环境治理面临的挑战",《环境与持续发展》2013 年第 1 期。

薛澜,俞盼之:"迈向公共管理范式的全球治理:基于'问题—主体—机制'框架的分析",《中国社会科学》2015 年第 11 期。

王瑜贺、张海滨:"国外学术界对《巴黎协定》的评价及履约前景分析",《中国人口·资源与环境》2017 年 9 月第 09 期。

韦宗友:"非正式集团、大国协调与全球治理",《外交评论》2010 年第 6 期。

杨昊:"全球公共物品分类:外交决策的视角",《世界经济与政治》2015 年第 4 期。

杨辰博:"国际核不扩散机制的社会网络分析",《世界经济与政治》2015 年第 6 期。

查晓刚、周铮:"多层公共产品有效供给的方式和原则",《国际展望》2014 年第 5 期。

张海滨,戴瀚程,赖华夏等:"美国退出《巴黎协定》的原因、影响及中国的对策",《气候变化研究进展》2017 年第 5 期。

张严冰、杜胜平:"当前二十国集团机制化困境及应对之策",《现代国际关系》2015 年第 12 期。

张勇:"制度变迁视阈下的全球治理新取向与中国应对",《理论月刊》2017 年第 9 期。

朱杰进:"金砖银行、竞争性多边主义与全球经济治理改革",《国际关系研究》2016 年第 5 期。

庄贵阳、陈迎:"试析国际气候谈判中的国家集团及其影响",《太平洋学报》2001 年第 2 期。

孙立新："社会网络分析法：理论与应用"，《管理家学术版》2010 年第 9 期。

## 三、外文书籍

Anne-Marie Slaughter, "The Chessboard and the Web: Strategies of Connection in a Networked World", New Haven and London: Yale University Press, 2017.

AseemPrakash, Matthew Potoski, "The voluntary environmentalist? Green Clubs and ISO 14001", Cambridge: Cambridge University Press, 2006.

Aseem Prakash, Matthew Potoski, eds, "Voluntary programs: a club theory approach", Cambridge, Massachusetts: MIT Press, 2009.

Bernard Hoekman and Michel Kostecki, "The Political Economy of the World Trading System: The WTO and Beyond", Oxford: Oxford University Press, 2009.

Colin Wight, Agents, "Structures and International Relations: Politics as Ontology", Cambridge: Cambridge University Press, 2006.

Daniel G. Arce M, Todd Sandler, "Regional Public Goods: Typologies, Provision, Financing, and Development Assistance", Stockholm, Sweden: Almkvist & Wiksell International, 2002.

DavidG. Victor, Kal Raustiala, Eugene B. Skolnikoff, eds., "TheImplementation and Effectiveness of International Environmental Commitments: Theory and Practice", Cambridge, Massachusetts: MIT Press, 1998.

David G. Victor, "Global Warming Gridlock: Creating More Effective Strategies for Protecting the Planet", Cambridge: Cambridge University Press, 2011.

ErkkiJ. Hollo, Kati Kulovesi, Michael Mehling, eds., "Climate Change and the Law", Dordrecht: Springer, 2013.

Ernesto Zedillo, "Global Warming: Looking beyond Kyoto", Washington, D. C.: Brookings Institution Press, 2009.

Farhana Yamin, Joanna Depledge, "The International Climate Change Regime: A Guide to Rules", Institutions and Procedures, Cambridge: Cambridege University Press, 2004.

GeertVan Calster, WimVandenberghe, Leomie Reins eds., "Research Handbook on Climate Change Mitigation Law", Cheltenham: Edward Elgar, 2014.

James M. Griffin, "Global Climate Change: The Science, Economics and Politics", Cheltenham: Edward Elgar, 2003.

Jeroen van der Heijden, "Innovations in Urban Climate Governance", Cambridge: Cambridge: Cambridge University Press, 2017.

JorgeE. Rivera, "Business and public policy: responses to environmental and social protection processes", Cambridge: Cambridge University Press, 2010.

Joseph E. Aldy, Robert N. Satvins, "Architectures for agreement: addressing global climate change in the post-Kyoto world", Cambridge: Cambridge University Press, 2007.

Joseph E. Aldy, Robert N. Stavins, "Post-Kyoto International Climate Policy: implementing architectures for agreement", Cambridge: Cambridge University Press, 2010.

Kal Raustiala, Eugenes Skolmikoff, David G. Victor, eds. , "The Implementation and Effectiveness of International Commitments: Theory and Practice", Laxenberg: International Institute of Applied System Analysis, 1998.

Mancur Olson, "The logic of Collective Action: Public Goods and the Theory of Groups", Cambridge and London: Harvard University Press, 1971.

Matthew Potoski, Aseem Prakash, "Voluntary Programs: A Club Theory Perspective", Cambridge, Massachusetts: MIT Press, 2009.

MicheleStua, "Frome the Paris Agreement to a Low-Carbon Bretton Woods: Rationale for the Establishment of a Mitigation Alliance", Dordrecht: Springer, 2017.

Miles Kahler ed. , "Networked Politics: Agency, Power and Governance", New York: Cornell University Press, 2009.

Mlada Bukovansky, Ian Clark, eds. , "Special Responsibilities: Global Problems and American Power", Cambridge: Cambridge University Press, 2012.

M. Özgür Kayalıca, Selim Çağatay, Hakan Mıhçı, "Economics of International Environmental Agreements: A Critical Approach", London and New York: Routledge, 2017.

Nicholas Stern, "Why Are We Waiting? The Logic, Urgency, and Promise of Tackling Climate Change", Cambridge, Massachusetts: MIT Press, 2015.

Oscar Widerberg, Daniel E. Stenson, "Climate Clubs and the UNFCCC: Complement, Bypass or Conflict?" FORES Study, 2013.

Oran R. Young ed., "The Effectiveness of International Environmental Regimes: Casual Connections and Behaviour Mechanisms", Cambridge, Massachusetts: MIT Press, 1999.

Oran R. Young, "Governing Complex Systems: Social Capital for theAnthropocene", Cambridge, Massachusetts: MIT Press, 2017.

Peter R. Monge, Noshir S. Contractor, "Theories of communication networks", Cambridge: Cambridge University Press, 2003.

Regina S. Axelrod, Stacy D. Vandeveer, eds., "The Global Environment: Institutions, Law, and Policy", Washington, D. C. : CQ Press, 2014.

Philippe Le Prestre, "Global Ecopolitics Revisited: Toward a ComplexGovernance of Global Environmental Problems", London and New York: Routledge, 2017.

RichardCornes, Todd Sandler, "The theory of externalities, public goods, and club goods", Cambridge: Cambridge University Press, 1996.

Robert Falknered., "The Handbook of Global Climate and Environment", New York: John Wiley & Sons Ltd, 2013

Scott Barrett, "Environment and Statecraft: The Strategy of Environmental Treaty Making", Oxford: Oxford University Press: 2003.

Todd L. Cherry, Jon Hovi, and David M. McEvoy, eds., "Toward a New Climate Agreement", London and New York: Routledge, 2014.

Tim Cadman, Rowena Maguire, Charles Sampford, "Governing the Climate Change Regime: Institutional Intergrity and Intergrity System", London and New York: Routledge, 2017.

Tim Codman, Rowena Maguire, Charles Sampfrod, "Governing the Climate Change Regime: Institutional Integrity and Integrity Systems", London and New York: Routledge, 2016.

William Antholis, Storbe Talbott, "Fast Forward: Ethics and Politics in the Age of Global Warming", Washington, D. C. : Brookings Institution, 2010.

## 四、外文论文

AndrewHurrell, Sandeep Sengupta, "Emerging Powers, North-South Relations and Global Climate Politics," International Affairs, Vol. 88, Issue 3, 2012.

AndrewJordan, R. K. W. Wurzel, Anthony R. Zito, "New Models of Environmental Governance: Are 'New' Environmental Policy Instruments Supplanting or Supplementing Traditional Tools of Government?" Zeitschrift der Deutschen Vereinigung für Politische Wissenschaft, 2007, No. 39.

Andrew Pfluger, "Why the Montreal Protocol Is Not a Template for Multilateral Environmental Agreements: An Examination of Why China and India Ratified," Middle States Geographer, 2010, No. 43.

Anu Bradford, "The Brussels effect," Northwest University Law Review, Vol. 107, No. 1, 2013.

AnthonyBrenton, "'Great Powers' in Climate Politics," Climate Policy, Vol. 13, Issue 5, 2013.

Aseem Prakash, Matthew Potoski, "Racing to the bottom? Trade, Environmental Governance, and ISO 14001," American Journal of Political Science, Vol. 50, Issue 2, 2006.

Aseem Prakash, Matthew Potoski, "Collective action through voluntary environmental programs: A club theory perspective," The Policy Studies Journal, Vol. 35, Issue 4, 2007.

Aynsley Kellow, "A new process for negotiating multilateral environmental agreements? The Asia-Pacific climate partnership beyond Kyoto," Australian Journal of International Affairs, Volume 60, Issue 2, 2006.

Aynsley Kellow, "Is the Asia-Pacific Partnership a Viable Alternative to Kyoto?" Wiley Interdisciplinary Reviews: Climate Change, Vol1. , Issue 1, 2010.

Barry Carin, Alan Mehlenbacher, "Constituting global leadership: Which countries need to be around the summit table for climate change and energy security?" Global Governance, Vol. 16, Issue 1, 2010.

Benjamin K. Sovacool, "Energy policy and climate change," in Robert Falkner ed. , The Handbook of Global Climate and Environment Policy, Wiley-Blackwell, 2013.

BrittaRennkamp, Andrew Marquard, "South Africa's multiple faces in current climate clubs," South African Journal of International Affairs, Vol. 24, Issue 4, 2017.

Camilla Bausch, Michael Mehling, "Alternative Venues of Climate Cooperation: An Institutional Perspective", in Erkki J. Hollo, Kati Kulovesi, Michael Mehling, eds. , Climate Change and the Law, Springer, Dordrecht, 2013.

Camilla Bretteville Froyna, Jon Hovib, "A climate agreement with full participation," Economics Letters, Vol. 99, Issue 2, 2008.

Cass Sunstein, "Montreal and Kyoto: A Tale of Two Protocols," . John M. Olin Program in Law and Economics Working Paper, Available at, https://chicagounbound. uchicago. edu/cgi/viewcontent. cgi? referer = https://www. google. com/&httpsredir = 1&article = 1323&context = law_and_economics.

Charles F. Sabel, David G. Victor, "Governing global problems under uncertainty: Making bottom-up climate policy work," Climatic Change, Vol. 144, Issue 1, 2017.

Chukwumerije Okereke, "Climate Justice and the International Regime," Wiley Interdisciplinary Reviews: Climate Change, Vol. 1, No. 3, 2010.

David G. Victor, "International Agreements and the Struggle to Tame Carbon," in James M. Griffin, Global Climate Change: The Science, Economics and Politics, Edward Elgar Pub, 2003, Chapter 9.

David G. Victor, "Toward Effective International Cooperation on Climate Change: Numbers, Interests and Institutions", Global Environmental Politics, Vol. 6, Issue 3, 2006.

David G. Victor, "Plan B for Copenhagen," Nature, 2009, No. 461.

David G. Victor, "The case for climate clubs," Paper for International Centre for Trade and Sustainable Development (ICTSD) and World Economic Forum (WEF), Geneva, 2015, http://e15initiative. org/publications/the-case-for-climate-clubs/.

David Roberts, "A way to Win the Climate Fight?" The American Prospect, 2009, http://prospect. org/article/way-win-climate-fight.

Fergus Green, "Nationally Self-Interested Climate Change Mitigation: A Unified Conceptual Framework," Centre for Climate Change Economics and Policy Working Paper No. 224, Available at, http://www. lse. ac. uk/GranthamInstitute/wp-content/uploads/2015/07/F_Green_Nationally_Self_Interested_Climate_Change_Mitigation. pdf.

Frank Biermann, Philipp Pattberg, Harro van Asselt, Fariborz Zelli, "The Fragmentation of Global Governance Architectures: A Framework for Analysis,"

Global Environmental Politics, Vol. 9, Issue 4, 2009.

Håkon Sælen, "Side-payments: An Effective Instrument for Building Climate Clubs?", International Environmental Agreements: Politics, Law and Economics, Volume 16, Issue 6, 2016.

Hannah Murphy, Aynsley Kellow, "Forum Shopping in Global Governance: Understanding States, Business and NGOs in Multiple Arenas," Global Policy, Vol. 4, Issue 2, 2013.

Harrovan Asselt, Fariborz Zelli, "Connect the Dots: Managing the Fragmentation of Global Climate Governance," Environmental Economics and Policy Studies, Vol. 16, Issue 2, 2014.

Heleen de Coninck, Richard Lorch and Ambuj D. Sagar, "The Way Forward in International Climate Policy: Key Issues and New Ideas," Climate Strategies and CDKN, 2014, Available at, https://cdkn.org/wp-content/uploads/2014/09/CDKN_climate_strategies_the_way_forward_in_international_climate_policy_2014.pdf.

James M. Buchanan, "An economic theory of clubs," Economica, Vol. 32, No. 125, 1965.

Jessica F. Green, "The strength of weakness: pseudo-clubs in the climate regime," Climatic Change, Vol. 144, Issue 1, 2017.

Jeffrey Mcgee, Ros Taplin, "The Asia-Pacific partnership on clean development and climate: A complement or competitor to the Kyoto protocol?" Global Change, Peace and Security, Volume 18, Issue 3, 2006.

Jon Barnet, "Adapting to Climate Change: Three Key Challenges for Research and Policy-an Editorial Essay," Wiley Interdisciplinary Reviews: Climate Change, Vol. 1, Issue 3, 2010.

Jon Hovi and Detlef F. Sprinz, "The limits of the least ambitious program," Global Environmental Politics, Vol. 6, Issue 3, 2006.

Jon Hovi, Detlef F. Sprinzc, Håkon Sælenb, Arild Underdala, "The Club Approach: A Gateway to Effective Climate Cooperation?" 2014, https://www.diw.de/documents/dokumentenarchiv/17/diw_01.c.502663.de/paper_sprinz_theclubapproach.pdf.

Jon Hovi, Detlef F Sprinz, Håkon Sælen, Arild Underdal, "Climate change mitigation: a role for climate clubs?" Palgrave Communications, Vol. 2, 2016.

Jonatan Pinkse, Ans Kolk, "Multinational enterprises and climate change:

Exploring institutional failures and embeddedness," Journal of International Business Studies, Volume 43, Issue 3, 2012.

Joseph E. Aldy, Peter R. Orszag, Joseph E. Stiglitz, "Climate change: an agenda for global collective action," Prepared for the Conference on the Timing of Climate Change Policies. Pew Center on Global Climate Change, Washington, D. C., October 2001. Available at, https://www.c2es.org/docUploads/stiglitz.pdf.

Jopseph E. Aldy, Scott Barrett, Robert N. Stavins, "Thirteen plus one: a comparison of global climate policy architectures," Climate Policy, Vol. 3, Issue 4, 2003.

Joshua W. Busby, "After Copenhagen: Climate Governance and the Road Ahead," Council on Foreign Relations Working Paper, 2010, Avaiable at https://www.cfr.org/sites/default/files/pdf/2010/07/IIGG_Working%20Paper5_After-Copenhagen.pdf.

Judith L. Goldstein, Douglas Rivers, Michael Tomz," Institutions in International Relations: Understanding the Effects of the GATT and the WTO on World Trade," International Organization, Vol. 61, Issue 1, 2007.

KasturiDas, "Climate Clubs Carrots Sticks and More," Economic & Political Weekly, Vol. 1, No. 34, 2015.

Karen J. Alter, Sophie Meunier, "The Politics of International Regime Complexity," The Perspectives on Politics, Vol. 7, Issue 1, 2009.

Kenneth Abbott, Robert Keohane, et al., "The Concept of Legalization", International Organization, Vol. 54, Issue 3, 2000.

Klaas van't Veld, Matthew J. Kotchen, "Green clubs," Journal of Environment Economical Management, Volume 62, Issue 3, November 2011.

Lorand Bartels," The WTO Legality of the Application of the EU's Emission Trading System to Aviation," European Journal of International Law, Vol. 23, Issue 2, 2012.

Lutz Weischer, Jennifer Morgan and Milap Patel, "Climate Clubs: Can Small Groups of Countries make a Big Difference in Addressing Climate Change?" Review of European, Comparative and International Law, Vol. 21, Issue 2, 2012.

Lutz Weischer, Jennifer Morgan, "The Solar Economy Club: Leadership Club Approach to International Climate Policy," a short study commissioned by the Green Party Parliamentary Group in the German Bundestag, 2014, Available at, https：//www. hermann-e-ott. de/bt2014/fileadmin/content/dokumente/Downloads/ WRI_Study_Climate_Clubs_Greens. pdf.

Matthew Potoski, Aseem Prakash, "Green Clubs and Voluntary Governance： ISO 14001 and Firms'Regulatory Compliance, American Journal of Political Science, Volume 49, Issue 2, 2005.

Matthew Potoski, "Green Clubs in Building Block Climate Regimes," Climate Change, Volume 144, Issue 1, 2017.

Michele U. Fratianni, John C. Pattison," International organizations in a world of regional trade agreements：Lessons from club theory," The World Economy, Vol. 24, Issue 3, 2007.

Michael Faure and Jurgen Lefevere, "Compliance with Global Environmental Policy：Climate Change and Ozone Layer Cases," in Regina S. Axelrod, Stacy D. Vandeveer, eds. , The Global Environment：Institutions, Law, and Policy, Washington, D. C. ：CQ Press, 2014.

Moises Naim, "Minilateralism：The Magic Number to Get Real International Action", Foreign Policy, 2009, No. 17.

Nathaniel O. Keohane, Annie Petsonk, A. Hanafi, "Toward a Club of Carbon Market," Climatic Change, Volume 144, Issue 1, 2015.

Neil Hirst, Yang Yufeng, "Global energy governance reform and China's participation-Final report," Grantham Institute, 2016, Available at, http：//www. imperial. ac. uk/grantham/publications/global-energy-governance-reform-and-chinas-participation—final-report. php.

Nico Jaspers, Robert Falkner, "International Trade, the Environment, and Climate Change," in Robert Falkner ed. , The Handbook of Global Climate and Environment, John Wiley & Sons Ltd, 2013.

Nicholas Stern, "Stern Review：The Economics of Climate Change," http：// www. wwf. se/source. php/1169157/Stern%20Report_Exec%20Summary. pdf.

Peter M. Morrisette, "The Evolution of Policy Responses to Stratospheric Ozone Depletion," Nature Resources Journal, 1989, No. 29.

Phillip M. Hannam, Vítor V. Vasconcelos, Simon A. Levin, Jorge M. Pacheco, "Incomplete cooperation and co-benefits：Deepening climate cooperation with a proliferation of small agreements," Climatic Change, Volume 144, Issue 1, 2015.

Rafael Leal-Arcas, "Top-Down versus Bottom-Up Approaches for Climate

Change Negotiations: An Analysis," The IUP Journal of Governance and Public Policy, Vol. 6, No. 4, 2011.

Raymond Clémençon, "The Bali Road Map: A First Step on the Difficult Journey to a Post-Kyoto Protocol Agreement," Journal of Environment and Development, Vol. 17, Issue 1.

Regine Andersen, "The Time Dimension in International Regime Interplay," Global Environmental Politics, Vol. 2, Issue 3, 2002.

Richard E. Benedick, "Striking a new deal on climate change," Issues in Science and Technology, 2001, No. 1.

Richard N. Cooper, "Toward a real treaty on global warming," Foreign Affairs, Vol. 77, Issue 2, 1998.

Richard B. Stewart, Jonathan B. Wiener, "Reconstructing Climate Policy: The Paths Ahead," 2001, Available at, http://scholarship.law.duke.edu/cgi/viewcontent.cgi?article=2054&context=faculty_scholarship.

Richard B. Stewart, Michael Oppenheimer, Bryce Rudyk, Building blocks for global climate protection, Stanford Journal of Environmental Law, Vol. 32, Issue 2, 2013.

Richard B. Stewart, Michael Oppenheimer, Bryce Rudyk, "A new strategy for global climate protection," Climatic Change, Vol. 120, No. 1-2, 2013.

Richard B. Stewart, Michael Oppenheimer, Bryce Rudyk, "Building blocks: A strategy for near-term action within the new global climate framework," Climatic Change, Vol. 144, Issue 1, 2017.

Robert Keohane and David Victor, "The Regime Comples for Climate Change," Prepared for The Harvard Project on International Climate Agreements, 2010, Available at, https://www.belfercenter.org/sites/default/files/legacy/files/Keohane_Victor_Final_2.pdf.

Robert O. Keohane, David G. Victor, "Cooperation and discord in global climate policy," NatureClimate Change, 2016, No. 6.

Robyn Eckersley, "Moving Forward in the Climate Negotiations: Multilateralism of Minilateralism?" Global Environmental Politics, Vol12, No. 2, 2012.

RobertFalkner, "The burning hole at the heart of the G8 agenda. Why was climate change marginalised at the 2013 G8 summit?", 2013, http://blogs.lse.ac.uk/politicsandpolicy/the-burning-hole-at-the-heart-of-the-g8-agenda-why-was-climate-change-marginalised-at-the-2013-g8-summit/.

Roert Falkner, "A minilateral solution for global climate," Perspectives on Politics, Vol. 14, Issue 1, 2015.

Robert Falkner, "A miniateral solution for global climate change? On bargaining efficiency, club benefits and international legitimacy," Center for Climate Change Economics and Policy, Working Paper No. 222, 2015, Available at, http://www.lse.ac.uk/GranthamInstitute/publication/a-minilateral-solution-for-global-climate-change-on-bargaining-efficiency-club-benefits-and-international-legitimacy/.

Sander Chan, Pieter Pauw, "A Global Framework for Climate Action (GFCA): Orchestrating Non-State and Subnational Initiatives for More Effective Global Climate Governance," Discussion Paper for Deutsches Institut für Entwicklungspolitik, 2014, Available at, https://www.die-gdi.de/uploads/media/DP_34.2014.pdf.

Sebastian Harnisch, "Minilateral Cooperation and Transatlantic Coalition-Building: The E3/EU-3 Iran Initiative," European Security, Vol. 16, Issue 1, 2003.

ScottBarrett, "A portfolio system of climate treaties," in Joseph E. Aldy, Robert N. Stavins eds., Post-Kyoto international climate policy: Implementing architectures for agreement, Cambridge: Cambridge University Press, 2010.

Steinar Andresen, "Exclusive Approaches to Climate Governance: More Effective than the UNFCCC?" In Todd L. Cherry, Jon Hovi, and David M. McEvoy, eds., Toward a New Climate Agreement, London: Routledge, 2014.

StefanieBaile, Florian Weiler, "A political economy of positions in climate change negotiations: Economic, structural, domestic, and strategic explanations," The Review of International Organizations, Vol. 10, Issue 1, 2015.

Stewart Patrick, "The New 'New Multilateralism': Minilateral Cooperation, but at What Cost?" Global Summitry, Vol. 1, Issue 2, 2015.

Stine Aakre, Steffen Kallbekken, Rita Van Dingenen and David G. Victor, "Incentives for small clubs of Arctic countries to limit black carbon and methane emissions," Nature Climate Change, 2018, No8.

Thomas P. Lyon, "The pros and cons of voluntary approaches to environmental regulation", Written for Reflections on Responsible Regulation Conference Tulane University, 2013, Accessibale at, https://pdfs.semanticscholar.org/93e0/3bf07947e5e816bbf6d336ae6687b28ad4b8.pdf.

Todd Sandler, John Tschirhart, "The Economic Theory of Clubs: An Evaluative Survey," Journal of Econoic Literature, Vol. 18, Issue 4, 1980.

ToddSandler, John Tschirhart, "Club theory: thirty years later," Public Choice, Vol. 93, No. 3/4, 1997.

Todd Stern, William J. Antholis, "Climate Change: Creating an E8," 2007, Available at, https://www.brookings.edu/articles/climate-change-creating-an-e8/.

William Nordhaus, "Climate Clubs: Designing a Mechanism to Overcome Free-riding in International Climate Policy," Presidential Address to the American Economic Association January 4, 2014, http://carbon-price.com/wp-content/uploads/2015-01-Nordhaus-Climateclub_123014-main-wm.pdf.

William Nordhaus, "Climate Clubs: Overcoming Free-riding in International Climate Policy," American Economic Review, Vol. 105, Issue 4, 2015.

## 五、国际机构报告

International Centre for Trade and Sustainable Development, "Networked Carbon Markets: Carbon Market Clubs under the Paris Climate Regime," 2016, https://thedocs.worldbank.org/en/doc/323531476453676433-0020022016/original/1700505CarbonMarketClubsWeb.pdf.

IPCCWGIII, "Climate Change 2014: Mitigation of Climate Change", 5th Assessment Report, 2014, https://www.ipcc.ch/pdf/assessment-report/ar4/wg3/ar4-wg3-chapter3.pdf.

OECD Joint Working Party on Trade and Environment, "Climate Change and Trade Policy Interaction: Implications of Regionalism," 2017, http://www.oecd-ilibrary.org/environment/climate-change-and-trade-policy-interactions_c1bb521e-en.

OECD, "Enhancing Developing Country Access to Eco-Innovation: The Case of Technology Transfer and Climate Change in a Post-2012 Policy Framework", Environment Working Papers, No. 12, 2010, Available at, http://dx.doi.org/10.1787/5kmfplm8xxf5-en.

UNEP, "The Emissions Gap Report 2017: A UN Environment Synthesis Report", https://www.unenvironment.org/resources/emissions-gap-report.

World Bank Group, "Reforming Foreign Aid: The Role of International Public Goods," 2000, Available at, http://documents.worldbank.org/curated/en/120591468782158305/Reforming-foreign-aid-the-role-of-international-public-goods.

WRI, "Two Degrees Clubs: How Small Groups of Countries Can Make a Big Difference on Climate Change,", 2012, http://www.wri.org/blog/2012/10/two-degrees-clubs-how-small-groups-countries-can-make-big-difference-climate-change.

## 六、数据平台信息

InternationalIISD, "International Institute for Sustainable Development 2007b," Earth Negotiations Bulletin 12, No. 346, Available at, http://enb.iisd.org/enb/vol12/.

UN DESA The Partnership Platform, Available at, https://sdgs.un.org/partnerships.

UNFCCC, CDM Project Activities, http://cdm.unfccc.int/Statistics/Public/CDMinsights/index.html.

UNFCCC, Portal on cooperative initiativeshttp://unfccc.int/focus/mitigation/items/7785.php.

UNFCCC, Climate Initiatives Platform, http://climateinitiativesplatform.org/index.php/Welcome.

Partnerships For SDGshttps://sustainabledevelopment.un.org/partnership/search/?str=.

# 附件1 目前正在运行的气候俱乐部

| 发起时间 | 气候俱乐部名称 | 缩写 |
| --- | --- | --- |
| 1974 | IEA Technology Collaboration Programmes | IEA TCPs |
| 1974 | Wind Energy | Wind TCP |
| 1975 | Energy Storage | ECES TCP |
| 1975 | Clean Coal Centre | CCC TCP |
| 1975 | Tokamak Programmes | CTP TCP |
| 1977 | Buildings and Communities | EBC TCP |
| 1977 | Concentrated Solar Power | SolarPACES TCP |
| 1977 | Solar Heating and Cooling | SHC TCP |
| 1978 | Heat Pumping Technologies | HPT TCP |
| 1978 | Bioenergy TCP | — |
| 1979 | Emissions Reduction in Combustion | Combustion TCP |
| 1979 | Enhanced Oil Recovery | EOR TCP |
| 1979 | Stellarator-heliotron Concept | SH TCP |
| 1981 | Energy Technology Systems Analysis | ETSAP TCP |
| 1983 | District Heating and Cooling | DHC TCP |
| 1984 | Advanced Motor Fuels | AMF TCP |
| 1988 | Geothermal Energy | Geothermal TCP |
| 1990 | Advanced Fuel Cells | AFC TCP |
| 1990 | Environmental, Safety, Economic Aspects of Fusion Power | ESEFP TCP |
| 1991 | Greenhouse Gas R&D | GHG TCP |
| 1992 | Industrial Technologies and Systems | IETS TCP |

附件1  目前正在运行的气候俱乐部

续表

| 发起时间 | 气候俱乐部名称 | 缩写 |
| --- | --- | --- |
| 1993 | Demand-side Management | DSM TCP |
| 1993 | Hybrid and Electric Vehicles | HEV TCP |
| 1993 | Photovoltaic Power Systems | PVPS TCP |
| 1997 | Spherical Tori | ST TCP |
| 2000 | Hydropower TCP | — |
| 2001 | Ocean Energy Systems | OES TCP |
| 2003 | Climate Technology Initiative | CTI TCP |
| 2003 | Nuclear Technology of Fusion Reactors | NTFR TCP |
| 2004 | Fluidized Bed Conversion | FBC TCP |
| 2004 | Hydrogen TCP | — |
| 2005 | Renewables Energy Technology Deployment | RETD TCP |
| 2008 | Energy Efficient End-use Equipment | 4E TCP |
| 2009 | Advanced Materials for Transportation | AMT TCP |
| 2009 | Fusion Materials | FM TCP |
| 2010 | Smart Grids | ISGAN TCP |
| 2010 | Plasma Wall Interaction | PWI TCP |
| 2013 | Gas and Oil Technologies | GOTCP |
| 2013 | Reversed Field Pinches | RFP TCP |
| 2015 | High-temperature Superconductivity | HTS TCP |
| 1996 | The Arctic Council | AC |
| 1997 | Pacific Islands Leaders Meeting | PALM |
| 2002 | Renewable Enery and Energy Efficiency Partnership | REEEP |
| 2002 | Congo Basin Forest Partnership | CBFP |
| 2003 | International Partnership for Hydrogen and Fuel Cells in Economy | IPHE |
| 2003 | Carbon Sequestration Leadership Forum | CSLF |
| 2004 | Global Methane Initiative | GMI |
| 2005 | Group of 8 | G8 |
| 2005 | G8 Gleneagles Action Plan-transforming the Way of Using Energy | G8 EE * |
| 2005 | G8 Gleneagles Action Plan-tackling Illegal Logging | G8 IL * |
| 2008 | G8 20 Large-scale CCS Demonstration Project | G8 CCS * |
| 2015 | G7 Climate Risk Insurance Initiative | G7 CRII |

续表

| 发起时间 | 气候俱乐部名称 | 缩写 |
|---|---|---|
| 2015 | G7 Initiative for Renewable Energy in Africa | G7 IREA * |
| 2005 | Renewable Energy Policy Network for the 21st Century | REN21 |
| 2006 | Global Bioenergy Partnership | GBEP |
| 2007 | International Carbon Action Partnership | ICAP |
| 2007 | SupportMarine Protected Areas and a Sustainable, Climate Resilient, Ocean-based Economy in Pacific Small Islands Developing States | PSIDS Partnership |
| 2007 | Strengthening the Implementation of the HELCOM Baltic Sea Action Plan to Support Ocean-related SDGs | Baltic Sea Action Plan |
| 2008 | Norway's Internatioanl Climate & Forest Initiative | NICFI |
| 2009 | Major Economies Forum on Energy and Climate | MEF |
| 2009 | Clean Energy Ministerial | CEM |
| 2010 | CEM Carbon Capture, Use and Storage | CCUS Action Group |
| 2010 | CEM Electric Vehicles Initiative | EVI |
| 2010 | CEM Energy Management Working Group | EMWG |
| 2010 | CEM International Smart Grid Action Network | ISGAN |
| 2010 | CEM Multilateral Solar and Wind Working Group | S&W |
| 2010 | CEM 21st Century Power Partnership | 21 CPP |
| 2012 | CEM Global Lighting and Energy Access Partnership | Global LEAP |
| 2009 | International Partnership for Energy Efficiency Cooperation | IPEEC |
| 2009 | IPEEC Buldings Energy Efficiency Task Group | BEET |
| 2009 | IPEEC High Efficiency Low Emissions Task Group | HELE |
| 2009 | IPEEC Top Ten Energy Efficiency Best Practices and Best Available Technologies Task Group | TOP TENs |
| 2009 | Energy Management Action Network for Industrial Efficiency | EMAK |
| 2010 | Super-efficient Equipment and Appliance Deployment | SEAD |
| 2015 | IPEEC Transport Task Group | TTG |
| 2015 | IPEEC Networked Devices Task Group | NDTG |
| 2015 | IPEEC Energy Efficiency Finance Task Group | EEFTG |
| 2009 | Group of 20 | G20 |
| 2009 | G20 Fossil Fuel Subsidies Reform | G20 FFSR * |
| 2013 | G20 Platform for Agricultural Risk Management | G20 PARM |

附件1　目前正在运行的气候俱乐部

续表

| 发起时间 | 气候俱乐部名称 | 缩写 |
| --- | --- | --- |
| 2014 | G20 Energy Efficiency Action Plan | G20 EEAP |
| 2015 | G20 Energy Access Action Plan | G20 EAAP* |
| 2015 | G20 Renewable Energy Development Toolkit | G20 REDT* |
| 2016 | G20 Task Force on Climate Disclosure | G20 TFCD |
| 2010 | International Partnership on Mitigation and MRV | M&MRV |
| 2010 | REDD + Partnership | REDD + |
| 2011 | Low Emissions Development Strategies | LEDS GP |
| 2012 | Climate and Clean Air Coalition to Reduce Shortlived Climate Pollutants | CCAC |
| 2012 | CCAC Reducing Black Carbon Emissions from Heavy Duty Diesel Vehicles and Engines | CCAC Diesel Initiative |
| 2012 | CCAC Accelerating Methane and Black Carbon Reductions from Oil and Natural Gas Production | CCAC Oil and Gas Initiative |
| 2012 | CCAC Mitigating Black Carbon and Other Pollutants from Brick Production | CCAC Black Carbon Initiative |
| 2012 | CCAC Promoting HFC Alternative Technology and Standards | CCAC HFC Initiative |
| 2012 | CCAC Mitigating SLCPs from the Municipal Solid Waste Sector | CCAC SLCP |
| 2012 | CCAC Reducing SLCPs from Household Cooking and Domestic Heating | CCAC Household Energy Initiative |
| 2012 | CCAC Agriculture Initiative | — |
| 2012 | CCAC Supporting National Action and Planning on SLCPs | CCAC SNAP |
| 2012 | CCAC Financing of SLCPMitigation Initiative | CCAC Financing Initiative |
| 2012 | CCAC Regional Assessments of SLCPs Initiative | CCAC Assessment Initiative |
| 2012 | CCAC Urban Health Initiative | — |
| 2014 | PacSIDS Ridge to Reef Programme Partnership | PIC R2R |
| 2014 | The New York Declaration on Forests | NYDF |
| 2015 | Global Alliance for Buildings and Construction | GABC |
| 2015 | International Solar Alliance | ISA |
| 2015 | Climate Risk and Early Warning Systems Initiative | CREWS |

续表

| 发起时间 | 气候俱乐部名称 | 缩写 |
|---|---|---|
| 2015 | Japan-Caribbean Climate Change Partnership | J-CCCP |
| 2015 | International Zero-emission Vehicle Alliance | ZEV Alliance |
| 2015 | Mission Innovation | MI |
| 2016 | The Kigali Amendment-montreal Protocol on Substances that Deplete the Ozone Layer | Kigali Amendment |
| 2016 | ICAO Carbon Offsetting and Reduction Scheme for International Aviation | CORSIA |
| 2016 | Batumi Initiative on Green Economy | BIG-E |
| 2016 | Cooperation onClimate Change Vulnerability, Adpatation and Mitigation between Italy and the Caricom Member | Italian-Caribbean partnership |
| 2016 | The Blue Network-global Action Network for Blue Growth & Food Security | Blue Growth |
| 2016 | NDCPartnership | — |

## 附件 2 气候俱乐部有效性及其影响因素

| 气候俱乐部 | 有效性 | | | 俱乐部规则 | | 网络镶嵌程度 | |
|---|---|---|---|---|---|---|---|
| | 有效性 | 成员国行为变迁 | 非成员国行为变迁 | 内部规则明确性 | 产品定向性 | 中心度 | 强连带 |
| IEA Technology Collaboration Programmes (IEA TCPs) | 高 | 合作项目从1个增加到39个；TCPs还通过6种途径影响了成员国：原理论证、田野调查、旗舰与示范项目、评估标准与政策工具、应用研究、公众意识 | 差异比较大，但普遍为个别国家发起，多个国家后来加入，且包括发展中国家；最初在IEA29个成员国内部进行，1985年中国第一个加入，到2017年共有52个国家参与 | 所有的TCP都有一项国际协议（IA）作为合同/契约基础，据此成立一个执行委员会（Exco），以监督"执行规则"的实施 | 以工作组的形式展开工作，成员国分担任务或分摊费用；强调参与国的差异化收益，尤其是非OECD国家应获得更大的权益或更多的收益 | 因项目而异，但大多数较高 | IEA<br>OECD |

续表

| 气候俱乐部 | 有效性 | 有效性 | | 俱乐部规则 | | 网络镶嵌程度 | |
|---|---|---|---|---|---|---|---|
| | | 成员国行为变迁 | 非成员国行为变迁 | 内部规则明确性 | 产品定向性 | 中心度 | 强连带 |
| Renewable Enery and Energy Efficiency Partnership（REEEP） | 高 | 主要通过市场手段、地方性合作和落地示范项目改变国家政策和次国家层面的行为 | 吸引许多发展中国家参与，充分动员利益相关方 | 因项目而异，但每个项目都有合同和执行规则 | 公共产品、俱乐部产品、私人产品 | 因项目而异，但大多数较高 | PFAN UNIDO |
| Congo Basin Forest Partnership | 高 | 大规模还林 | 创始国为5个，现在有21个成员国和欧盟 | 成员国在申请担任协调人的时候需要事先明确自己的工作方式 | 一定的公共产品、俱乐部产品和私人产品 | 多伙伴，中心度较高 | COMIFAC, AFDB, WB |
| Carbon Sequestration Leadership Forum（CSLF） | 高 | 成员国单独或联合达成CCS项目协议，在CSLF技术组、政策组通过后，可享受CSLF提供的俱乐部产品，并为CLSF积累经验和最佳案例 | 新成员加入并开展有工作组、新项目；截至2017年12月11日，已增加11个成员国，认证项目中发展中国家项目逐渐增多，合作伙伴增加WB等 | 宪章、参考条款、战略规划、政策组的行动计划、技术组的技术路线图、新建能力建设基金 | 公共产品、俱乐部产品、私人产品比较均衡 | 中心度高，并在有意识地增加伙伴 | IEA, GCCI, G8 |

附件2 气候俱乐部有效性及其影响因素

续表

| 气候俱乐部 | 有效性 | 有效性 成员国行为变迁 | 有效性 非成员国行为变迁 | 俱乐部规则 内部规则明确性 | 俱乐部规则 产品定向性 | 网络镶嵌程度 中心度 | 网络镶嵌程度 强连带 |
|---|---|---|---|---|---|---|---|
| Global Methane Initiative（GMI） | 高 | 到2011年实现的12800万吨的$CO_2$减排 | 2004年14个国家；2010年更名改组；2015年有41个成员国和欧盟 | 加入门槛官方网页上的参考条款等 | 以俱乐部产品和私人产品为主 | 1100多个合作伙伴、中心度高 | US EPA-ASG, WB |
| G7 Initiative for Renewable Energy in Africa | 高 | 迅速落实资金，受到合作对象的好评 | 动员非成员国采取协同行动 | 筹资、配置资金的路径比较明确 | 俱乐部产品、私人产品 | 多伙伴、中心度高 | AREI, AFDB, REEEP, REN21 |
| Renewable Energy Policy Network for the 21st Century (REN21) | 高 | 政策报告为G20等国家集团直接采纳成员国的市场、非成员国家都采用其工具 | 对其他国际组织、国际机构产生影响 | 会费与其他规则 | 公共产品、俱乐部产品、私人产品 | 多伙伴、中心度比较高 | IADB, IRENA, IEA, UNEP, UNFCCC, UNIDO |
| Norway's Internatioanl Climate & Forest Initiative (NICFI) | 高 | 普遍认为比较有效，尤其是有效地动员了非成员国的政策行为执行相关项目；但仍存在透明度与核算方面的问题 | 鼓励了一些重要的非成员国，并且项目落实情况良好 | 明确的注资规则 | 私人产品为主，俱乐部产品和公共产品相对平衡 | 多伙伴，但因项目而异 | REDD+ |

续表

| 气候俱乐部 | 有效性 | | | 俱乐部规则 | | 网络镶嵌程度 | |
|---|---|---|---|---|---|---|---|
| | 有效性 | 成员国行为变迁 | 非成员国行为变迁 | 内部规则明确性 | 产品定向性 | 中心度 | 强连带 |
| Clean Energy Ministerial (CEM) | 高 | 普遍认为比较有效，推动成员国技术研发与部署，相关问题领域的交流与政策协调，并有效动员了非国家行为体执行相关项目 | 很多非成员国参与进来，还有次国家、跨国层面的利益相关方 | 每个子俱乐部有自己的规则，差异较大 | 产品种类丰富且均衡 | 因具体项目而异，普遍中心度高，多伙伴，且伙伴种类较多 | IPEEC<br>IEA<br>G20<br>WB |
| Climate and Clean Air Coalition to Reduce Shortlived Climate Pollutants (CCAC) | 高 | 在提高意愿、改变/强化政策、撬动资源、扩散知识、落实项目方面成效显著；且工作组的授权范围扩大，项目从最初的7个增加到11个；最成功的一点是充分发挥了私人部门的作用 | 很多国家、非国家行为体根据自己的兴趣参与了子工作组；参与方从最初到111个 | 每个子俱乐部有自己的规则，比较明确 | 公共产品，俱乐部产品，私人产品相对均衡 | 16个IGOs和45个NGOs，中心度很高 | 因项目而异，但往往有稳定的、资源力强的合作伙伴 |

附件2　气候俱乐部有效性及其影响因素

续表

| 气候俱乐部 | 有效性 | 有效性 | | 俱乐部规则 | | 网络镶嵌程度 | |
|---|---|---|---|---|---|---|---|
| | | 成员国行为变迁 | 非成员国行为变迁 | 内部规则明确性 | 产品定向性 | 中心度 | 强连带 |
| G20 Platform for Agricultural Risk Management | 高 | 2013年12月发起，2018年到期；截至2017年底，已在9个国家完成相关项目 | 在非洲与NE-PAD建立战略伙伴关系，NEPAD自2011年在CAADP框架下建立了农业与气事安全风险管理行动计划 | 对象国选择，支助和技术供给程序、筹资规则都很明确，且有指导委员会和咨询委员会 | 俱乐部产品和私人产品 | EU, IFAD, NE-PAD, 中心度相对高 | IFAD担任秘书处, G20与IFAD关系的产物 |
| The Arctic Council | 较高 | 改变认知、政策调整，尤其是在环境、排放方面对各国管制性政策产生实质影响 | IPCC采纳，但对俱乐部外的国家影响有限 | 加入门槛与规则WG—科学研究议—执行指南 | 俱乐部产品为主 | 较低 | IPCC |
| G8 Gleneagles Action Plan-transforming the Way of Using Energy | 较高 | 政策转变，但IEA统计调整度可能只有50% | 由G8扩大为G8+5，发起成立IPEEC | IEA给出的建议很明确，但成员国解读余地和自由裁量权比较大 | 公共产品、俱乐部产品为主 | 中心度较高 | IEA, REEP, IPEEC |

续表

| 气候俱乐部 | 有效性 | | | 俱乐部规则 | | 网络镶嵌程度 | |
|---|---|---|---|---|---|---|---|
| | 有效性 | 成员国行为变迁 | 非成员国行为变迁 | 内部规则明确性 | 产品定向性 | 中心度 | 强连带 |
| G8 Gleneagles Action Plan-tackling Illegal Logging | 较高 | 成员国调整政策 | G8各成员国的合作对象国调整政策 | 独立的监督、评估反馈体系，指示很明确，但成员国保有自由裁量权 | 有公共产品，以俱乐部产品、私人产品为主 | 中心度较低 | IUCN, FAO, CIFOR |
| G8 20 Large-Scale CCS Demonstration Project | 较高 | 项目任务基本完成 | 吸引大量商业企业界行为体参与，但对非成员国影响有效 | IEA给出的建议很明确，但成员国解读余地和自由裁量权比较大 | 俱乐部产品和私人产品为主 | 中心度较高 | IEA, CSLF |
| Strengthening theImplementation of the HELCOM Baltic Sea Action Plan to Support Ocean-related SDGs | 较高 | 到2016年，60%的联合行动已经完成，减少地区航空、航海排放，并覆盖了11.8%的波罗的海保护区；30—65%的海保计划已经完成 | 对于外国家影响有限 | 专门开发了地区的行业标准 | 以俱乐部、私人产品为主 | 伙伴较少，但中心度相对高 | Baltic Marine Environment Protection Commission (HELCOM) |

附件2 气候俱乐部有效性及其影响因素

续表

| 气候俱乐部 | 有效性 | 有效性 | | 俱乐部规则 | | 网络镶嵌程度 | |
|---|---|---|---|---|---|---|---|
| | | 成员国行为变迁 | 非成员国行为变迁 | 内部规则明确性 | 产品定向性 | 中心度 | 强连带 |
| International Partnership for Energy Efficiency Cooperation (IPEEC) | 较高 | 普遍认为比较有效，推动成员国相关问题领域的交流与政策协调，并有效协调了非国家行为体执行相关项目；但政策落实情况有待强化 | 很多非成员国参与进来，还有次国家、跨国层面的利益相关方 | 每个子俱乐部有自己的规则，普遍解读余地大 | 公共产品居多，有俱乐部产品 | 因具体项目而异 | G20 CEM |
| G20 Energy Efficiency Action Plan | 较高 | 推进中，在政策协调和路线图设计阶段 | 非G20国家加入或列席观察 | 各工作组的规则尚未定型，成员解读余地大 | 公共产品，一定的俱乐部产品 | 伙伴较少，中心度较低 | |
| REDD + Partnership | 较高 | 虽然各级政府一般情况下都给予支持，但是在与政府合作开展森林碳汇的过程中，所有森林碳汇项目时不时遇到各种挑战 | 虽然各级政府一般情况下都给予支持，但在与政府合作开展森林碳汇的过程中，所有森林碳汇项目时不时遇到各种挑战 | 成系统的筹资和使用规则，不明确的气候变化政策和法规指导森林碳汇（尤其是REDD+机制的设计和执行），"碳权"界定也不明 | 俱乐部产品居多，公共产品少，私人产品单一 | 伙伴较多 | UNFCCC及UN相关机构 |

续表

| 气候俱乐部 | 有效性 | 有效性 | | | 俱乐部规则 | | 网络镶嵌程度 | |
|---|---|---|---|---|---|---|---|---|
| | | 成员国行为变迁 | 非成员国行为变迁 | 内部规则明确性 | 产品定向性 | 中心度 | | 强连带 |
| PacSIDS Ridge to Reef Programme Partnership | 较高 | 受援国收益多 | 影响限于太平洋地区 | GEF主导设计的规则,比较明确 | 俱乐部产品、私人产品 | 伙伴较少,但中心度比较高 | | GEF, UNDP, FAO, UNEP SPC |
| PSIDS Partnership | 较高 | 到2018年为止,成员国一直在追加资金 | 支援1万多原住民,资助58个太阳能设施,增加2兆瓦太阳能装机容量,减少1200吨温室气体排放 | 有具体的行为融资方法和执行,操作规则,解读余地小 | 公共产品、俱乐部产品、私人产品 | 伙伴较少,中心度相对低 | | 意大利政府 |
| Pacific Islands Leaders Meeting (PALM) | 较低 | 政策讨论和经验交流 | 影响力局限于太平洋地区 | 成员国难以确定自己的行为是否符合规则 | 公共产品为主 | 低 | | 日本政府领导 |
| G20 Energy Access Action Plan | 较低 | 落实有限 | 政治影响为主 | 成员国自由裁量权和解读余地大 | 俱乐部产品为主 | 伙伴多,但中心度较低 | | IRENA |
| G20 Renewable Energy Development Toolkit | 较低 | 落实有限 | 政治影响为主,推动IRENA研究结果的扩散 | 成员国自由裁量权和解读余地大 | 公共产品、一定的俱乐部产品 | 伙伴较少,中心度较低 | | IRENA |
| International Partnership on Mitigation and MRV | 较低 | 成员国普遍认为它在推广意识、方法、塑造共识方面有效;有新成员加入国比较多,但以交流经验为主 | | 成员国自由裁量权大 | 公共产品为主 | 伙伴多,但中心度相对低 | | |

附件2 气候俱乐部有效性及其影响因素

续表

| 气候俱乐部 | 有效性 | 有效性 | | 俱乐部规则 | | 网络镶嵌程度 | |
|---|---|---|---|---|---|---|---|
| | | 成员国行为变迁 | 非成员国行为变迁 | 内部规则明确性 | 产品定向性 | 中心度 | 强连带 |
| Low Emissions Development Strategies (LEDS) Global Partnership | 较低 | 成员国认同通过同行学习收获很多，但实际影响有限 | 基数比较大，难有扩大 | 成员国自由裁量权和解读余地大 | 公共产品为主，有少量的私人产品 | 伙伴多 | — |
| The New York Declaration on Forests | 较低 | 36个国家做出承诺，但落实情况不明 | 没有变化 | 自愿行动议程指南，成员国自由裁量权和解读余地大 | 公共产品为主，俱乐部产品、私人产品 | 欧国家行为体和跨国公司，原住民社区、国际非政府组织和市民社会组织 | IUCN |
| Japan-Caribbean Climate Change Partnership | 较低 | 对这些国家利益相关方产生一定影响，并建设了旨在分享政策工具经验、促进技术转移的地区平台 | 影响仅限于加勒比地区，没有新国家加入 | 解读余地比较大，资源筹集与分配的相关信息透明度不足 | 俱乐部产品、私人产品 | UNDP, Caribbean Community Climate Change Centre, University of West Indies, UNFCCC | 日本领头，UNDP合作 |
| International Partnership for Hydrogen and Fuel Cells in Economy | 较低 | 各国已经在地具备采取氢经济和燃料电池行动的战略、政策、技术基础，俱乐部的成立主要是为了将少数先进国家的经验、立场扩散开来 | 16个国家组织为创始成员国；截至2017年12月11日，共19国外加欧盟，新增南非和奥地利 | 有"参考条款"但关注自愿性及原则性问题时起作用 | 俱乐部产品为主 | 中心度低，开放性太弱 | — |

续表

| 气候俱乐部 | 有效性 | | | 俱乐部规则 | | 网络镶嵌程度 | |
|---|---|---|---|---|---|---|---|
| | 有效性 | 成员国行为变迁 | 非成员国行为变迁 | 内部规则明确性 | 产品定向性 | 中心度 | 强连带 |
| Global Bioenergy Partnership (GBEP) | 较低 | 根据目前的评估，GBEP 标准使用得比较有限 | G8+5 发起成员国和伙伴不断增加 G20 采纳 | 有白皮书和参考条款，但成员国解读余地比较大 | 公共产品产品定向性很弱 | 中心度相对低 | — |
| International Carbon Action Partnership | 较低 | 在加州、魁北克碳市场联合过程中起到一定作用 | 增加 16 个成员（但主要是批量加入）和 4 个观察员 有很多国家、地方政府都有建立 ETS 的愿望，但 ICAP 对它们的影响似乎有限 | 不太明确 | 公共产品为主，有俱乐部产品 | 伙伴少，中心度相对低 | — |
| Major Economies Forum on Energy and Climate (MEF) | 低 | 发起 CEM | — | 不明确 | 公共产品 | — | — |
| G20 FFSR | 低 | 没有落实 | 个别非会员国作出相似声明 | 只有大体目标 | 不明确 | 中心度低 | OPEC, WB, OECD, IEA |
| G7 Climate Risk Insurance Initiative | 低 | 尚未有实质行动 | — | 通过现有其他机制筹集，但不清楚如何募集 | 公共产品 | 中心度较高 | — |

# 附件3 遴选气候俱乐部的中间性中心度

| 案例 | 中间性中心度 | BC排名率 | 案例编号 |
| --- | --- | --- | --- |
| G7 Climate Risk Insurance Initiative | 0.426294 | 0.988235294 | C14 |
| Congo Basin Forest Partnership | 0.478151 | 0.979166667 | C1 |
| CEM Carbon Capture, Use and Storage Action Group | 0.492674 | 0.971428571 | C7 |
| CCAC Promoting HFC Alternative Technology and Standards | 0.267665 | 0.952380952 | C9 |
| G7 Initiative for Renewable Energy in Africa | 0.114659 | 0.943661972 | C15 |
| CEM Global Lighting and Energy Access Partnership | 0.149962 | 0.9375 | C10 |
| Carbon Sequestration Leadership Forum | 0.822222 | 0.909090909 | C2 |
| IPEEC Super-efficient Equipment and Appliance Deployment Initiative | 0.060233 | 0.857142857 | C8 |
| G8 20 Large-scale CCS Demonstration Project | 0.025274 | 0.829787234 | C5 |
| G8 Gleneagles Action Plan-Transforming the Way of Using Energy | 0.077221 | 0.8125 | C4 |
| IEA GHG TCP | 0.055133 | 0.80555556 | 与C7同图 |
| G20 Energy Access Action Plan | 0.011895 | 0.6875 | C12 |
| G20 Energy Efficiency Action Plan | 0.012747 | 0.648148148 | C11 |
| G20 Renewable Energy Development Toolkit | 0.018353 | 0.631578947 | C13 |
| G8 Gleneagles Action Plan-Tackling Illegal Logging | 0.010335 | 0.588235294 | C3 |
| G20 Fossil Fuel Subsidies Reform | 0.001905 | 0.125 | C6 |

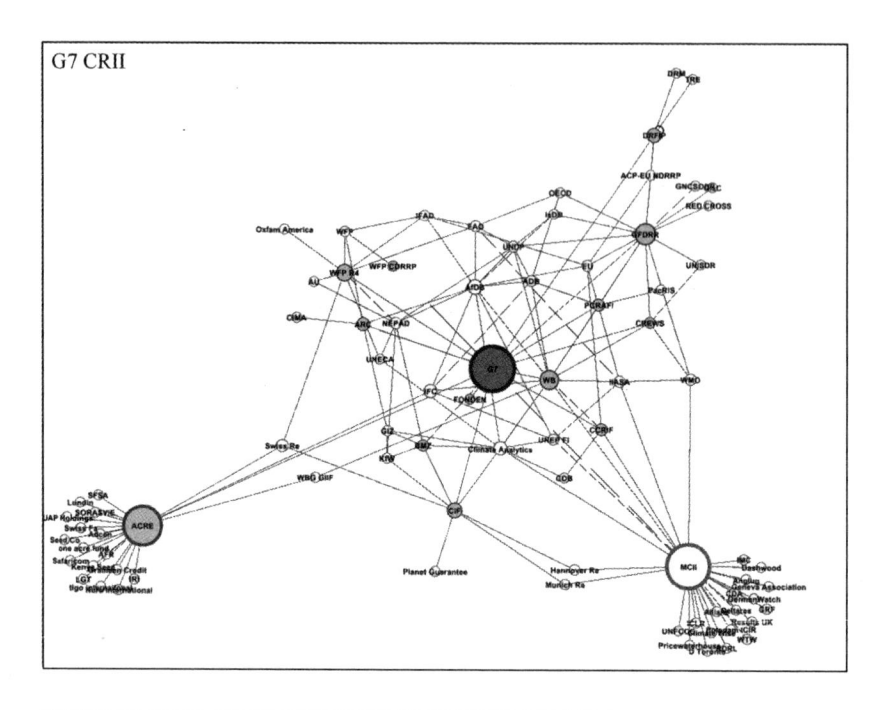

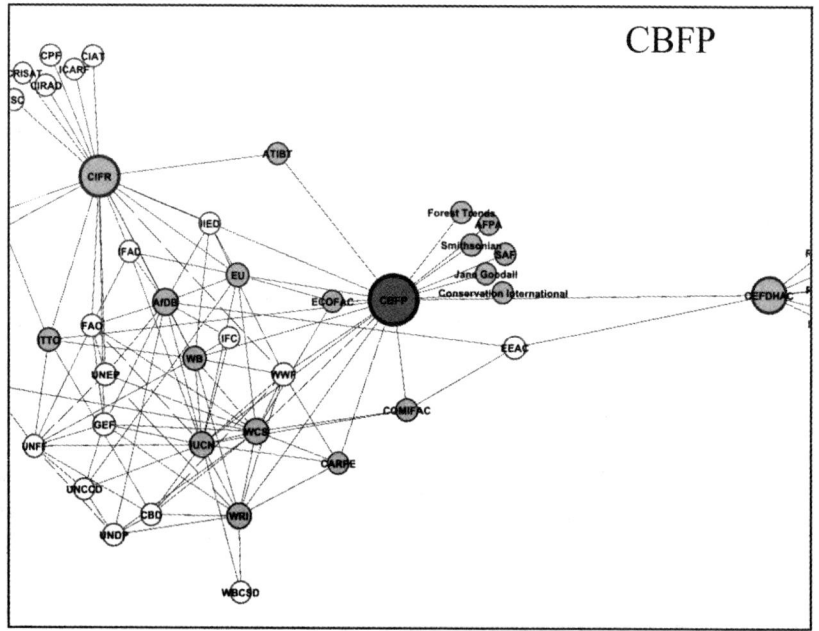

气候俱乐部的有效性研究

附件3 遴选气候俱乐部的中间性中心度

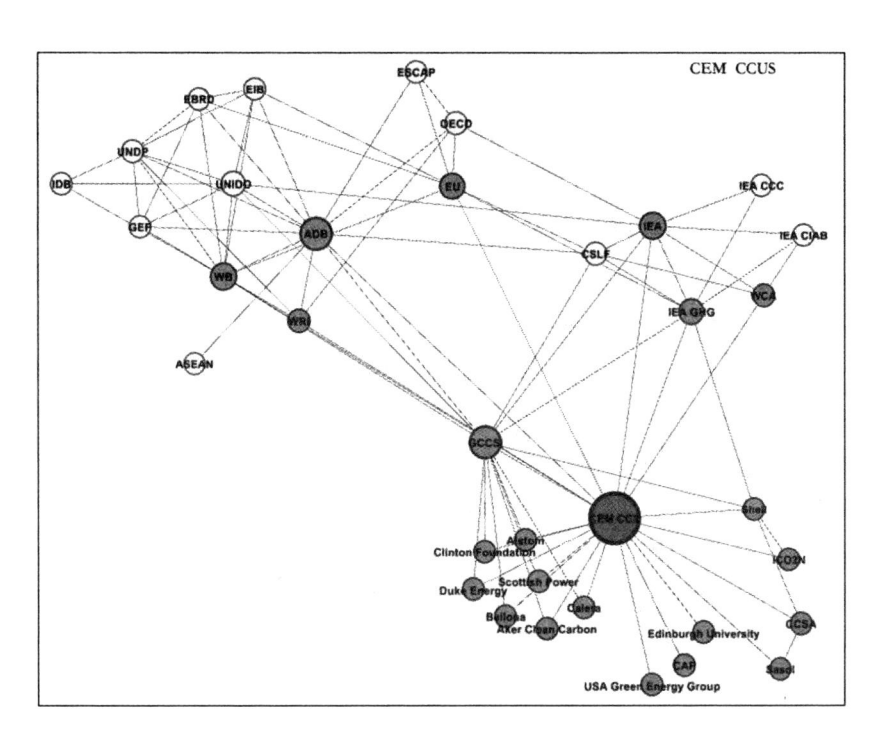

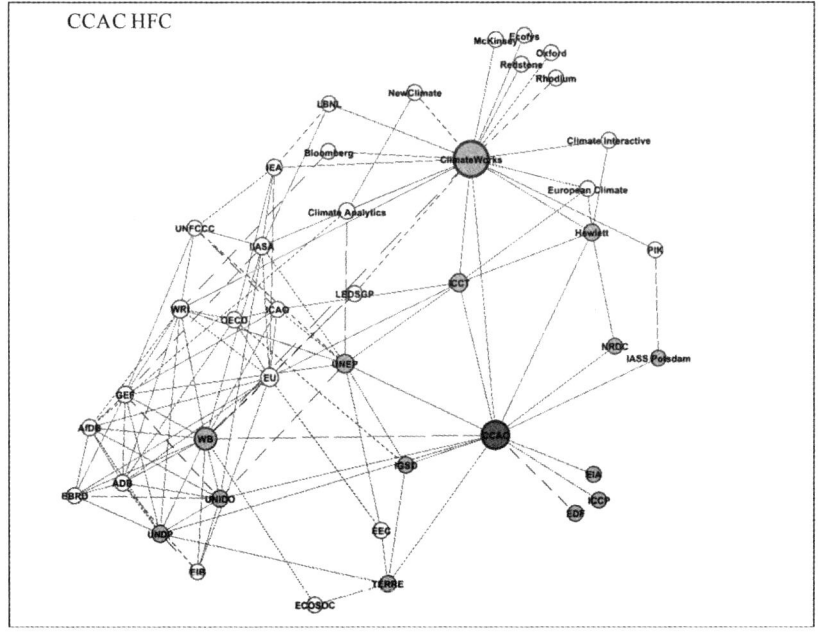

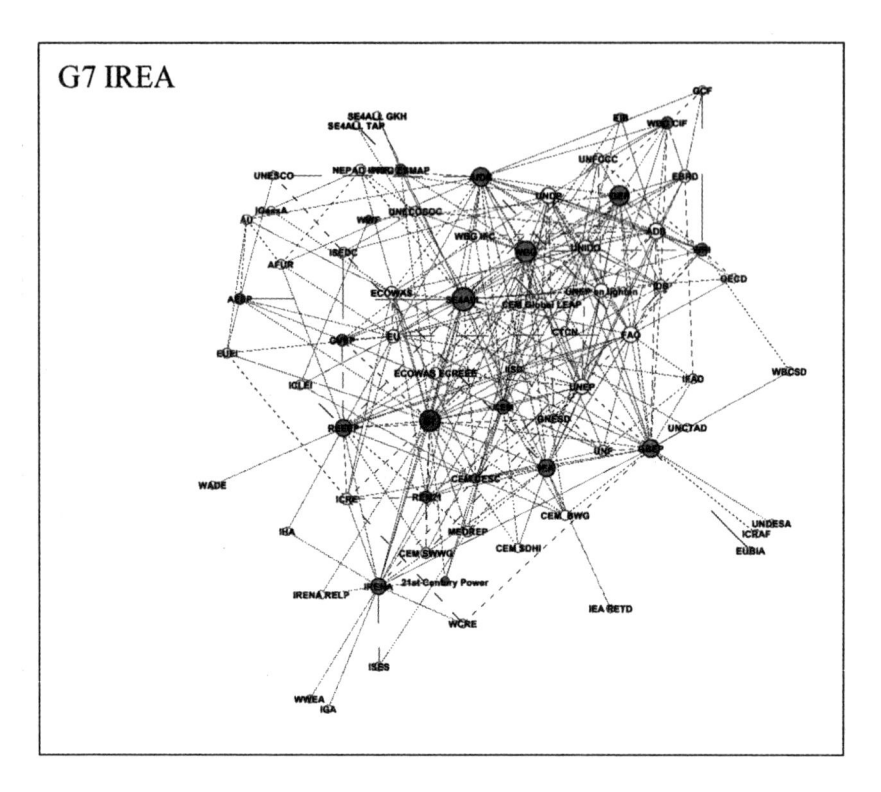

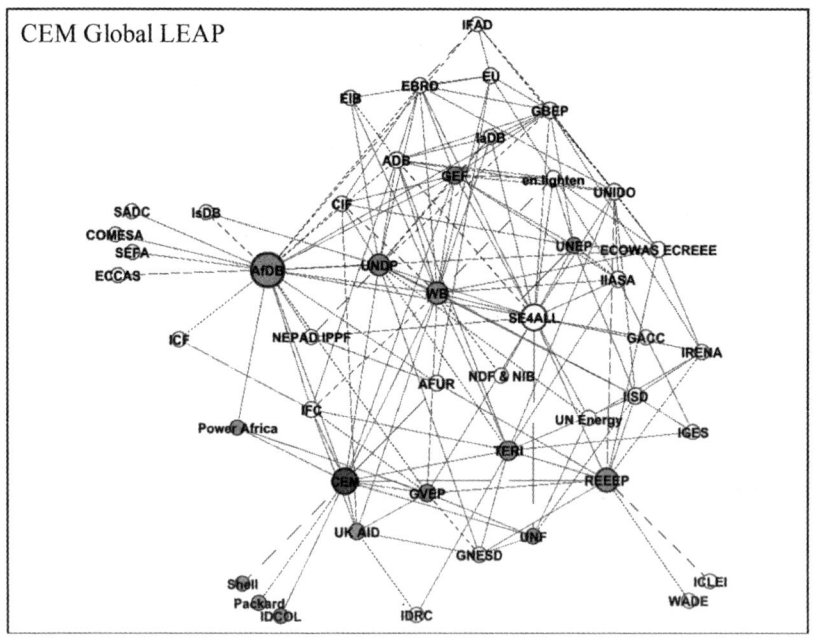

气候俱乐部的有效性研究

附件 3　遴选气候俱乐部的中间性中心度

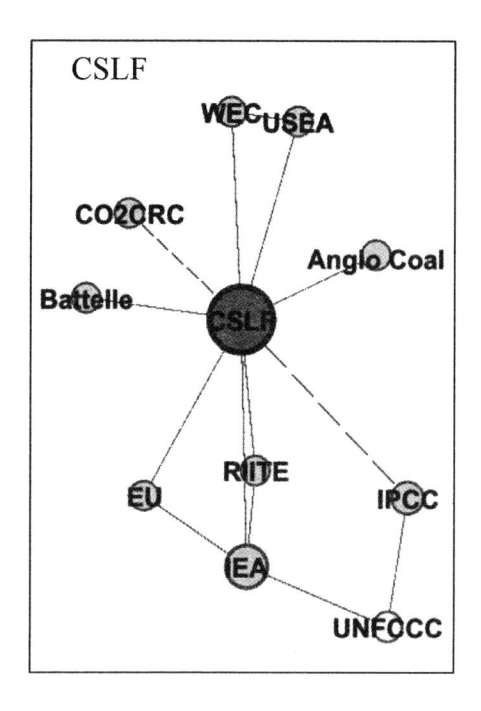

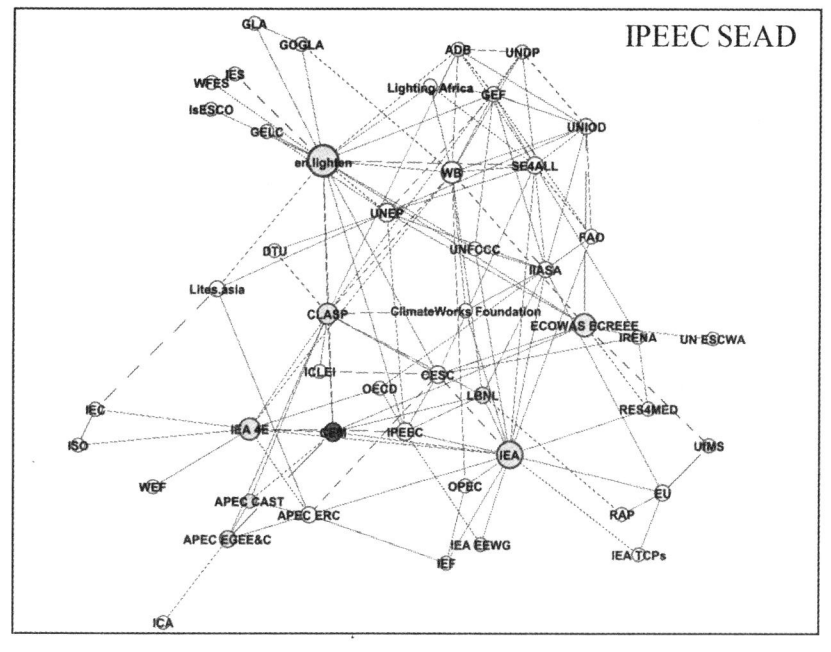

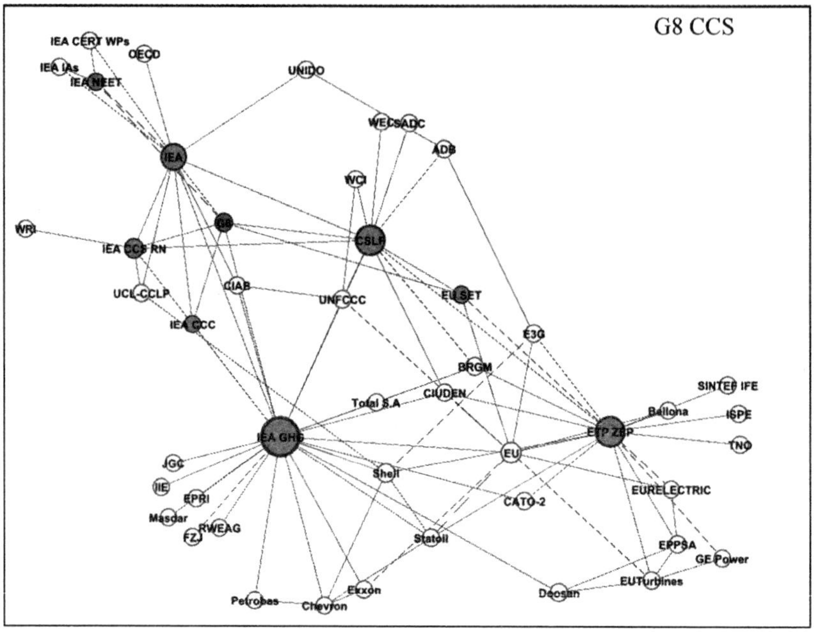
G8 CCS
IEA CERT WPs
OECD
IEA IAs
IEA NEET
UNIDO
WECSADC
ADB
IEA
WCI
WRI
G8
CSLF
IEA CCS RN
UCL-CCLP
CIAB
UNFCCC
EU SET
IEA CCC
E3G
BRGM
SINTEF IFE
Total S.A
CIUDEN
Bellona
ISPE
IEA GHG
ETP ZEP
TNO
JGC
EU
IIE
Shell
EPRI
EURELECTRIC
CATO-2
Masdar
RWEAG
FZJ
Statoil
EPPSA
GE Power
Exxon
EUTurbines
Petrobas
Chevron
Doosan

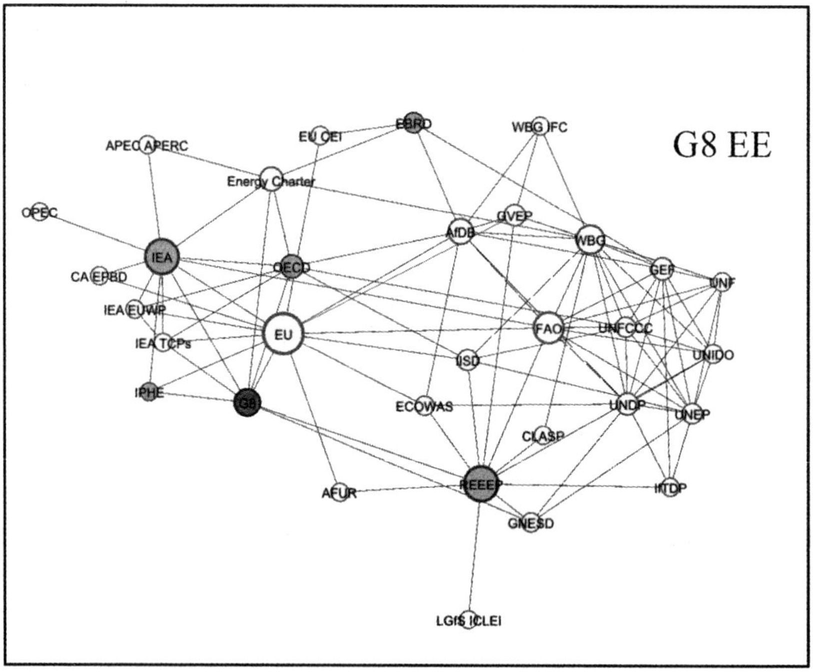
EBRD
WBG IFC
EU CEI
APEC APERC
G8 EE
Energy Charter
OPEC
GVEP
AfDB
WBG
IEA
OECD
GEF
CA EPBD
UNF
IEA EUWP
EU
FAO
UNFCCC
IEA TCPs
UNIDO
IISD
IPHE
G8
ECOWAS
UNDP
UNEP
CLASP
REEEP
ITDP
AFUR
GNESD
LGIS ICLEI

附件3 遴选气候俱乐部的中间性中心度

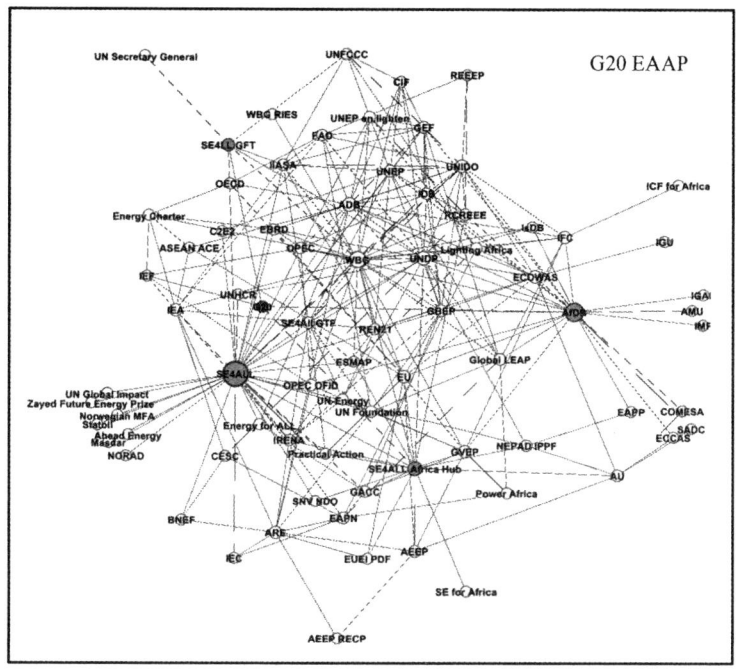

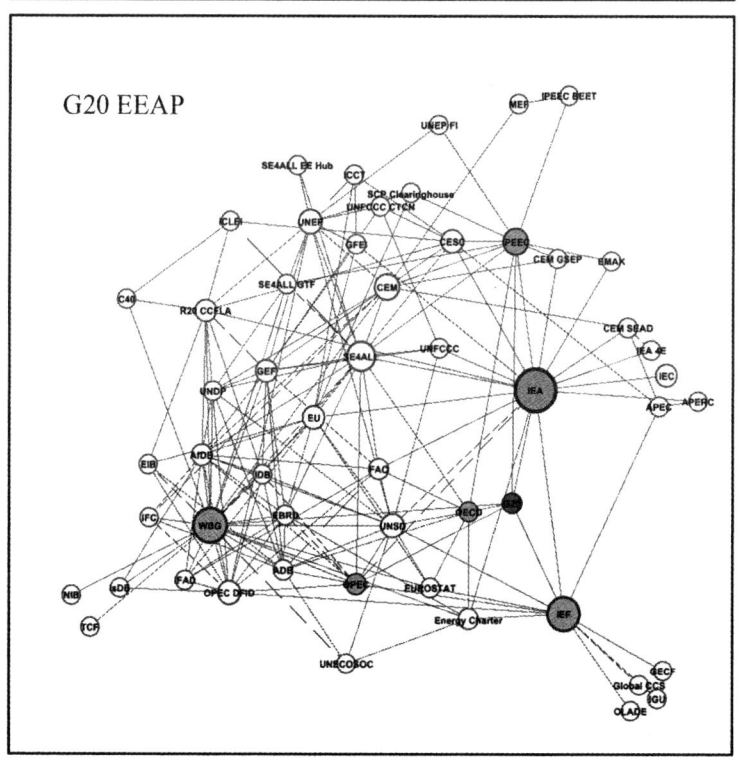

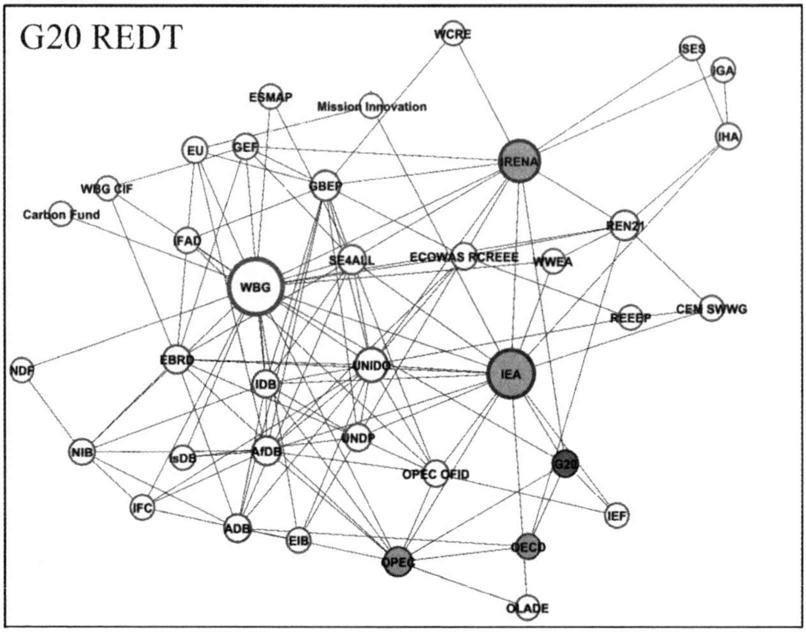
G20 REDT
WCRE
ISES
IGA
ESMAP
Mission Innovation
IHA
EU
GEF
IRENA
WBG CIF
GBEP
Carbon Fund
REN21
IFAD
SE4ALL
ECOWAS RCREEE
WWEA
WBG
REEEP
CEM SWWG
NDF
EBRD
UNIDO
IEA
IDB
UNDP
NIB
IsDB
AfDB
G20
OPEC OFID
IFC
IEF
ADB
EIB
OECD
OPEC
OLADE

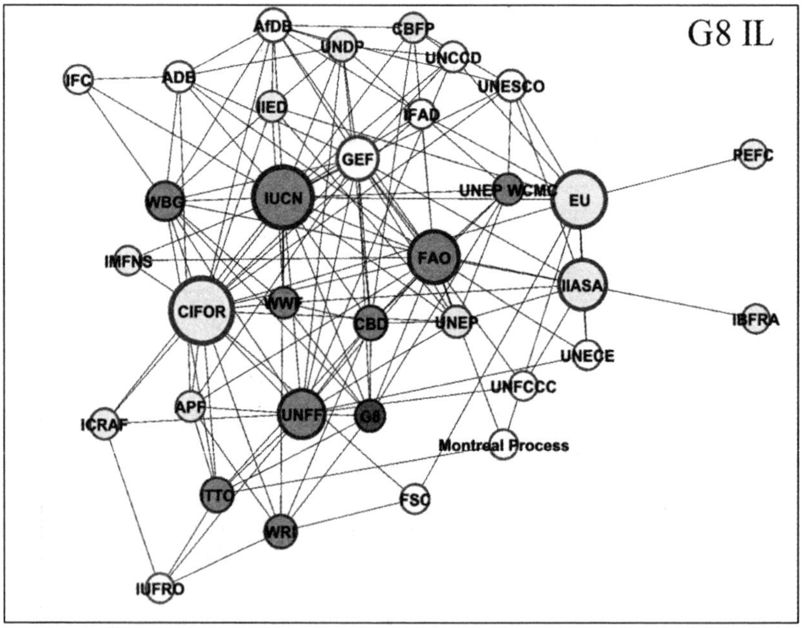
G8 IL
AfDB
CBFP
UNDP
UNCCD
IFC
ADB
UNESCO
IIED
IFAD
PEFC
GEF
UNEP WCMC
WBG
IUCN
EU
FAO
IMFNS
IIASA
CIFOR
WWF
CBD
UNEP
IBFRA
UNECE
UNFCCC
APF
UNFF
G8
ICRAF
Montreal Process
ITTO
FSC
WRI
IUFRO

附件 3 遴选气候俱乐部的中间性中心度

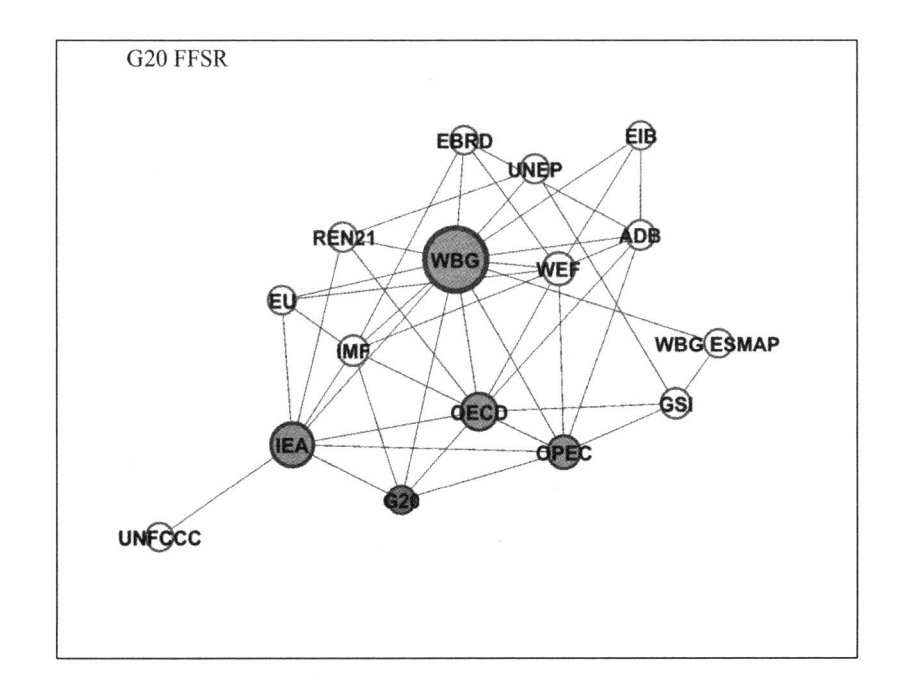

## 附件 4 主要大国参与减排相关气候俱乐部的概况

| | 七国集团和欧盟 ||||||||| 金砖五国 ||||| G20 中的其他排放大国 ||||
|---|---|---|---|---|---|---|---|---|---|---|---|---|---|---|---|---|---|
| | 法国 | 德国 | 加拿大 | 美国 | 日本 | 意大利 | 英国 | 欧盟 | 巴西 | 俄罗斯 | 南非 | 印度 | 中国 | 澳大利亚 | 韩国 | 印尼 | 墨西哥 | 沙特 | 土耳其 |
| 参与数 | 31 | 35 | 39 | 44 | 38 | 24 | 34 | 35 | 19 | 21 | 26 | 27 | 31 | 33 | 31 | 16 | 30 | 9 | 13 |
| 牵头数 | 0 | 2 | 4 | 13 | 3 | 1 | 1 | 1 | 0 | 0 | 1 | 2 | 2 | 0 | 2 | 0 | 3 | 0 | 0 |
| 国际协议 | | | | | | | | | | | | | | | | | | | |
| The Kigali Amendment | ∨ | ∨ | | ∨ | ∨ | ∨ | ∨ | ∨ | ∨ | ∨ | | ∨ | | ∨ | ∨ | ∨ | ∨ | ∨ | ∨ |
| ICAO CORSIA | ∨ | ∨ | ∨ | ∨ | ∨ | ∨ | ∨ | | | | | | ∨ | ∨ | ∨ | ∨ | ∨ | ∨ | ∨ |
| 常设性综合行动框架 | | | | | | | | | | | | | | | | | | | |
| IEA TCPs-4E | ∨ | ∨ | ∨ | ∨ | ∨ | | ∨ | ∨ | | | | ∨ | ∨ | ∨ | ∨ | | ∨ | | |
| IEA TCPs-GHG | ∨ | ∨ | ∨ | ∨ | ∨ | ∨ | ∨ | ∨ | | | ∨ | ∨ | | ∨ | ∨ | | | | |

续表

附件4 主要大国参与减排相关气候俱乐部的概况

| | 七国集团和欧盟 | | | | | | | 金砖五国 | | | | | G20中的其他排放大国 | | | | |
|---|---|---|---|---|---|---|---|---|---|---|---|---|---|---|---|---|---|
| | 法国 | 德国 | 加拿大 | 美国 | 日本 | 意大利 | 英国 | 欧盟 | 巴西 | 俄罗斯 | 南非 | 印度 | 中国 | 澳大利亚 | 韩国 | 印尼 | 墨西哥 | 沙特 | 土耳其 |
| IEA TCPs-RETD | √ | √ | √ | | | | | | | | | | | | | | | | |
| IEA TCPs-others | √ | √ | √ | √ | √ | √ | √ | √ | | | | √ | √ | √ | √ | | √ | | √ |
| IEA TCPs-Transport | √ | √ | | √ | √ | √ | √ | √ | | | | √ | | √ | √ | | √ | | √ |
| IEA TCPs-Buildings | √ | √ | √ | √ | √ | √ | √ | | | | | | √ | √ | | | | | √ |
| IEA TCPs-Industry | | √ | | √ | √ | | | | | | | | | | √ | | | | |
| IEA TCPs-Renewables | √ | √ | √ | √ | √ | √ | √ | √ | √ | | √ | √ | √ | √ | √ | | √ | | √ |
| IEA TCPs-Power | | | √ | √ | √ | √ | √ | √ | | √ | √ | √ | √ | √ | √ | | | | |
| IEA TCPs-Fossil Fuel | √ | √ | √ | √ | √ | √ | √ | √ | √ | √ | √ | √ | √ | √ | √ | √ | | | |
| CEM | √ | √ | √ | √ | √ | √ | √ | √ | √ | | √ | √ | √ | √ | √ | √ | √ | √ | |
| CEM EVI | √ | √ | √ | √lead | √ | √ | √ | | | | | √ | √lead | √ | √ | √ | √ | | |
| CEM EMWG | | √ | √ | √lead | √ | | √ | √ | | √ | √ | √ | √* | √ | √lead | √ | √ | √ | |
| CEM ISGAN | √ | √ | √ | √lead | √lead | √lead | | √ | | √ | | √ | √ | √ | √lead | √ | √ | | |
| CEM S&W | | √lead | | √ | √ | | | | | | √ | | | | √ | √ | √ | √ | |

续表

| | 七国集团和欧盟 | | | | | | | | 金砖五国 | | | | | G20 中的其他排放大国 | | | | |
|---|---|---|---|---|---|---|---|---|---|---|---|---|---|---|---|---|---|---|
| | 法国 | 德国 | 加拿大 | 美国 | 日本 | 意大利 | 英国 | 欧盟 | 巴西 | 俄罗斯 | 南非 | 印度 | 中国 | 澳大利亚 | 韩国 | 印尼 | 墨西哥 | 沙特 | 土耳其 |
| CEM 21 CPP | | | | √lead | | | | | | | | √lead | √ | | | | √ | | |
| IPEEC | √ | √ | √ | √ | √ | √ | √ | √ | √ | √ | √ | √ | √ | √ | √ | √ | √ | √ | √ |
| IPEEC BEET | √ | √ | √ | Lead | √ | √ | √ | √ | √ | √ | √ | √ | √ | √ | √ | √ | √ | √ | √ |
| IPEEC HELE | | | | | √lead | | | | | | | | | √ | √ | √ | | | √ |
| IPEEC SEAD | | √ | √ | √lead | | √ | √ | √ | √ | √ | √ | √lead | √* | √ | √ | √ | √ | √ | |
| IPEEC TTG | √ | √ | √ | Lead | √ | √ | √ | √ | √ | √ | √ | √ | √ | √ | √ | | √ | | √ |
| IPEEC NDTG | √ | √ | √ | √ | √ | √ | √lead | | | | | | | √ | √ | | | | |
| IPEEC TOP TENs | √ | √ | √ | √ | √ | √ | | | | | | | √lead | √ | √ | | | | |
| IPEEC EEFTG | √ | √ | √ | √ | √ | √ | √ | √ | √ | √ | √ | | | √ | √ | √ | √ | | |
| CCAC | √ | √ | √ | √ | √ | v | √ | √ | | √ | | | | √ | √ | | √ | | |
| CCAC Oil and Gas | √ | √ | √lead | √lead | √ | √ | √ | √ | | | | | | √ | | | | | |
| CCAC HFC | √ | √lead | √lead | √lead | √ | | √ | √ | | | | | | | | | √ | | |
| CCAC Waste | | √ | √lead | √lead | √lead | | | | | | | | | | | | √lead | | |
| CCAC Agriculture | | | √lead | √lead | √lead | | | √lead | | | | | | | | | | | |

附件 4  主要大国参与减排相关气候俱乐部的概况

续表

| | 七国集团和欧盟 ||||||| 金砖五国 ||||| G20 中的其他排放大国 |||||
|---|---|---|---|---|---|---|---|---|---|---|---|---|---|---|---|---|---|
| | 法国 | 德国 | 加拿大 | 美国 | 日本 | 意大利 | 英国 | 欧盟 | 巴西 | 俄罗斯 | 南非 | 印度 | 中国 | 澳大利亚 | 韩国 | 印尼 | 墨西哥 | 沙特 | 土耳其 |
| CCAC SNAP | | | | | | | | | | | | | | | | | √lead | | |
| CCAC Financing Initiative | | | √ | √ | | | √ | | | | | | | | | | | | |
| CCAC Assessment Initiative | | | | | | | | √ | | | | | | | | | √lead | | |
| CCAC Urban Health Initiative | | | | √lead | | | | | | | | | | | | | | | |
| 伙伴关系及论坛 | | | | | | | | | | | | | | | | | | | |
| G8 | √ | √ | √ | √ | √ | √ | √ | √ | | √ | | | | √ | | | | | |
| G20 | √ | √ | √ | √ | √ | √ | √ | √ | √ | √ | √ | √ | √ | √ | √ | √ | √ | √ | √ |
| MEF | √ | √ | √ | √ | √ | √ | | √ | √ | √ | √ | √ | √ | √ | √ | √ | √ | | |
| REEEP | √ | √ | √ | √ | √ | √ | √ | √ | √ | √ | √ | √ | √ | √ | √ | √ | √ | | √ |
| REN21 | √ | √ | | √ | √ | √ | √ | √ | √ | √ | √ | | √ | | | | | | |
| GBEP | √ | √ | √ | √ | √ | √ | √ | √ | √ | √ | √* | √* | √ | √* | √ | √* | √ | | |
| M&MRV | √lead | √ | √ | √ | √ | √ | √ | √ | √ | √ | √lead | √ | √ | √ | √lead | √ | √ | | √ |
| 项目执行 | | | | | | | | | | | | | | | | | | | |
| CSLF | √ | √ | | | | √ | √ | √ | √ | √ | √ | √ | √ | √ | | | √ | √ | |
| Energy + | | | | | | | | | | | | | | | | | | | |

续表

| | 七国集团和欧盟 | | | | | | | 金砖五国 | | | | | G20中的其他排放大国 | | | | |
|---|---|---|---|---|---|---|---|---|---|---|---|---|---|---|---|---|---|
| | 法国 | 德国 | 加拿大 | 美国 | 意大利 | 英国 | 欧盟 | 巴西 | 俄罗斯 | 南非 | 印度 | 中国 | 澳大利亚 | 韩国 | 印尼 | 墨西哥 | 沙特 | 土耳其 |
| IPHE | √ | | √ | √ | √ | √ | √ | √ | √ | √ | √ | √ | √ | √ | √ | √ | √ | √ |
| GMI | | √ | √ | √ | √ | √ | √ | √ | √ | | √ | √ | √ | √ | √ | √ | √ | |
| 森林及土地利用 | | | | | | | | | | | | | | | | | | |
| AFP | √ | | | √ | √ | √ | √ | | | | | | √ | √ | √ | | | |
| CBFP | √ | √ | √ | √ | √ | √ | √ | | | √ | | | | | | | | |
| REDD+ | √ | √ | √ | √ | √ | √ | √ | √ | | | | | √ | | √ | √ | | |

# 后　　记

2014年，我考入北京大学国际关系学院国际政治专业攻读博士学位。在北大的这四年里，我在为人处世、学习科研上都获益匪浅。首先，应感谢老师们对我的谆谆教诲、耐心指导；其次，应感谢朋友、同学、亲人对我的关爱、包容、帮助与照顾。

我的导师张海滨教授是国际组织、全球治理、环境与气候合作研究领域的著名学者，但为人谦和儒雅、妙语连珠、幽默有趣，对学生更是包容有爱。四年来，他面面俱到的关怀使我深刻地体会到何为师恩如山，更使我充分领悟到要做一个好教师，应如何为人、如何治学、如何育人。我曾想专攻国际组织和外交战略，但在张老师的引导和帮助下，逐渐从国际组织、环境治理研究转向气候变化治理的研究。跟随张老师研究气候变化的全球治理是我学习和研究生涯中最为幸运和荣耀的事情。气候变化是当今人类社会面临的最大外部性挑战，应对气候变化的工程是复杂、系统、长期而艰巨的。正因如此，研究气候治理不仅开拓了我的视野，更影响、调整了我的思维方式与行为模式。除了方向、专业上的指导外，张老师还为我创造了优越的研究条件和诸多学习机会。其中对我影响最大的是2016—2017年在美国加州大学圣地亚哥分校的联合培养，此番经历于我而言，不仅提高了研究能力，更开拓了视野、磨炼了心性。

我的博士论文选题与设计得益于在美国加州大学圣地亚哥分校为期一年的交流学习。所以，还要感谢我的美国导师大卫·维克多（David G. Victor）教授以及圣地亚哥的其他老师、同学、朋友。大卫·维克多教授是国际关系、能源和气候政策领域的著名国际专家，学术上要求严格，生活中却朴素而风趣。他频频抽出宝贵的时间听我汇报、与我讨论、接受我的访谈，用他的宽广视野、深厚学识、丰富经历引导我跨学科思考、大胆假设、细致设计、严谨实证、及时修正，并在我彷徨、急躁的时候鼓励我坚定方向、砥砺前行、耐心成长。在他的指导下，我不仅完成博士论文的选题、设计与初步撰写，还学习到最前沿的科学研究方法、接触到最新的全球治理动态、养成跨学科跨领域思考的习惯。认识论、方法论上的充实与更新对我以后的学习和研究必将产生深刻的影响。

此外，要感谢北大国关各位老师对我的关怀与培养。李义虎老师、梁云祥老师、尚会鹏老师、李安山老师、唐士其老师、王联老师、张植荣老师、韦民老师、王锁劳老师、李寒梅老师、刘海方老师、韩华老师、钱雪梅老师、初晓波老师、翟崑老师、陈绍峰老师、节大磊老师、刘莲莲老师、潘荣英老师的言传身教、耐心帮助，是我踏实读书、勤学苦思、提升自我的源源动力。

我还要由衷感谢开题答辩、预答辩与答辩委员会的老师们，感谢梁云祥教授、王联教授、张植荣教授、李寒梅教授、翟崑教授、初晓波教授、刘莲莲副教授。他们提出的意见与建议都十分宝贵，促使我不断思考、求证、调整、润色，以完善论文的逻辑框架，优化论文的内容与措辞。感谢潘荣英老师的耐心帮助和细心引导，使我的整个答辩流程平稳而顺利。

另外，要感谢北京语言大学的贾烈英教授和李铁城教授、人民大学的宋伟教授，以及王志芳师姐、李志斐师姐、王彬彬师姐、董亮师兄、王瑜贺师妹。他们给予了我深切的关怀、有力的支持，总在我遭遇坎坷、不知所措时助我坚定道路。感谢我的好室友王丽娜和李瑾，她们的朝夕相伴、悉心照顾也是我前行路上的坚实动力。感谢我的博士生同班同学刘妍辰、李尧星、李国正、戴元杰、王龙林，我的好闺蜜左洁、杨芳菲、王路、冯雪、刘芷彤，我的搏击师父陈平与尊巴师父杨梅，与他们偶约小聚、闲话无聊、结伴运动、以身修心都为我清淡的求学生活注入鲜活的气息，填补明快的色彩。

感谢时事出版社的领导和编辑，给我提供了宝贵的出版发行机会以及专业的指导和协助。

最后，我要认真、衷心地感谢我的父母，感谢他们的养育之恩，感谢他们对我人生选择的无条件支持，感谢他们对我远离家乡攻读博士学位的理解。常年在外，很少陪伴他们左右，却常使他们担心挂念，对此，我也深怀歉意。

人生如逆旅，我亦是行人。在撰写博士论文的过程中，我越发深刻地认识到，我对于自己、对于自己生活的社会、对于这个世界了解得还很不够，了解自我、和谐自我与外部世界的关系如今已不仅仅是哲学家的旨趣，更是全球治理、气候治理、可持续发展治理研究者的历史使命。这不仅是学业，更是事业，为天地立心、为生民立命的事业。我有幸加入这个行列，还将铭记着师长与亲朋好友的期许，不断努力、收获、贡献。

胡王云

2018 年 5 月 20 日　北京大学中关新园

图书在版编目（CIP）数据

气候俱乐部的有效性研究/胡王云著.—北京：时事出版社，2022.8
ISBN 978-7-5195-0499-1

Ⅰ.①气…　Ⅱ.①胡…　Ⅲ.①气候变化—国际合作—研究　Ⅳ.①D996.9

中国版本图书馆 CIP 数据核字（2022）第 112081 号

| | |
|---|---|
| 出 版 发 行： | 时事出版社 |
| 地　　　　址： | 北京市海淀区彰化路 138 号西荣阁 B 座 G2 层 |
| 邮　　　编： | 100097 |
| 发 行 热 线： | （010）88869831　88869832 |
| 传　　　真： | （010）88869875 |
| 电 子 邮 箱： | shishichubanshe@ sina. com |
| 网　　　址： | www. shishishe. com |
| 印　　　刷： | 北京良义印刷科技有限公司 |

开本：787×1092　1/16　印张：14　字数：250 千字
2022 年 8 月第 1 版　2022 年 8 月第 1 次印刷
定价：98.00 元

（如有印装质量问题，请与本社发行部联系调换）